上海名单
SHANGHAI LIST

何宁 著

我和上海犹太难民名单墙的故事

THE JEWISH REFUGEES NAME WALL AND ME

上海社会科学院出版社
SHANGHAI ACADEMY OF SOCIAL SCIENCES PRESS

关于本书作者：画家何宁和他有关犹太题材的艺术创作

本书作者何宁是旅美中国艺术家，出生于浙江宁波，成长于北京。早年先后就读于北京中央美术学院附中、上海大学美术学院油画系研修班。何宁于1986赴欧洲留学，就读于奥地利维也纳美术学院，不久由奥地利赴美，就读于纽约艺术学生联盟美术学校。

自1996年起至今的20多年来，何宁一直应邀与美国的犹太媒体和社团合作，艺术创作的内容几乎全部是犹太民族的历史与现实题材，在犹太社团中产生了相当大的知名度。这在世界上非犹太人艺术家，特别是中国艺术家里是十分独特的。他的作品内容包括了1897年的犹太复国主义运动第一届世界代表大会的召开和1948年以色列庄严建国等近现代犹太民族历史上的重大事件，还有古代来到中国定居于河南开封的犹太先民在清真寺诵读《托拉》经卷的场景。特别是他应邀创作的数量众多的素描肖像，几乎包括了百年来犹太民族在世界上所有的重要人物。

此外，何宁有关犹太题材的艺术创作还延伸到其他的门类和领域，作品包括以犹太难民在二战时期逃亡上海为题材的长篇小说《米拉尼的小提琴》、电影剧本、雕塑纪念碑设计等等。

1999年，美国犹太电视节目曾经播出30分钟的专题访谈，向公众介绍艺术家何宁。

何宁于2002年回国后居住于北京。他受上海市虹口区人民政府有关部门的邀请，自始至终参与了上海犹太难民纪念馆的筹备策划和展陈设计工作，并于2007年正式受聘为上海犹太难民纪念馆的艺术顾问。特别是由何宁倡议、设计，并获得官方通过的《二十世纪三四十年代逃亡上海的犹太难民名单墙》，在各方的大力支持下于2014年落成。名单墙上镌刻了近1.4万个当年逃亡上海而得以躲过德国纳粹法西斯种族大屠杀的犹太难民的名字。这是世界上唯一一座记录活人和以拯救为主题的纪念墙，在全球范围产生了相当大的影响。

2017年9月，正值犹太新年前夕，美国犹太生活电视向何宁颁奖，表彰他20年来作为非犹太裔艺术家的独特贡献。奖辞内容为：

我们高度欣赏和评价您关于犹太民族历史与当代生活的艺术创作，特别是您在上海犹太难民纪念馆各项目上的贡献。我们相信，您取得的成就在世界非犹太裔的艺术家中是独一无二的。

“SHANGHAI LIST

目录

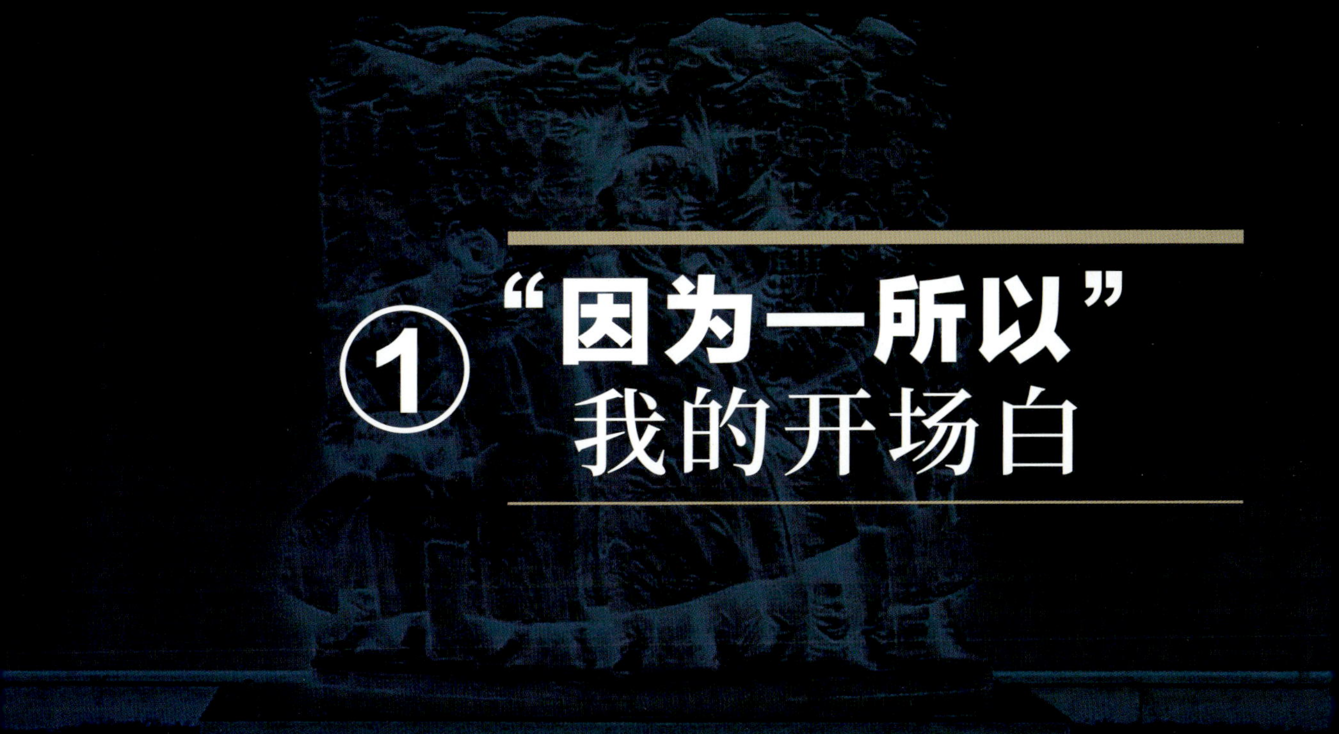

① “因为—所以”我的开场白

2014 年的夏末，在上海虹口区长阳路上犹太难民纪念馆院落里的西墙，建起了一铺 34 米长 2.3 米高的铜质墙面，它的正式名称叫作《二十世纪三四十年代逃亡上海的犹太难民名单墙》，它的别名则更为响亮——“上海名单”。在它的上面，镌刻了 13732 个犹太人的姓名，这是迄今人们所能收集到的在第二次世界大战期间，逃亡上海而得以幸免于纳粹德国种族大屠杀的欧洲犹太难民的名单。世界上存在着无数镌刻着人们名字的“姓名之墙”（Wall of Names），人们用这样的方式记载故人，追念亡者，就此取鉴于历史。然而，我们的这座纪念墙却或许是当今世界上独一无二的铭刻活人姓名的墙，而它的主题是“拯救”！在这一个个姓名背后，是一段温馨和苦难交织的历史。

自从这面墙矗立起来，便吸引了无数中外参观者的眼球。这面墙是怎样建立起来的？它的来龙去脉的本身也是一个非常值得书写的故事。作为首倡者、亲历者与见证者，我很早就有用图文并茂的方式记录这段历史的念头，特别是去年夏尾，上海市政府决定斥资人民币 3 个亿用于犹太难民纪念馆的扩建，包括周边两栋两层居民楼的动迁安置，就此，现有纪念馆的面积将扩大五倍，现有展馆的场地将做大的调整，而这面犹太难民名单墙也会整体移动到另外的位置。这无疑是一个拐点——犹太纪念馆从 2007 年在两手空空的状态下起家，现在在世界上已经闻名遐迩，正如同一个浑身稚气的孩子终于成长为成熟英武的男子汉。于是，我决心暂停手里心爱的绘画创作，采用突击方式将这本书写出来，作为历史的见证。

我想声明的是，这本书并不是对建立上海犹太难民纪念墙前因后果的全面记录和完整报道，而是我个人参与这一项目的亲历与见证，虽然也会涉及到其中的其他人和事，但毕竟由于个人有限的视角，不免会有很多疏漏。另外，我也想强调，这面名单墙的产生其实是犹太纪念馆成长中的一个因果关系和不可分割的部分。就是说，要讲述名单墙的故事，便要先讲明白犹太纪念馆的故事，而这个整体故事的参与者是一个辛勤工作的可爱的合作团队！这个团队中的多人是国家公务员，身上有着非常可贵的书卷气，其中有几位已经渐渐成长，有望成为研究这段中犹历史的第二代专家。正因为如此，我犹豫再三，最终决定还是采取“流水账”的办法，尽量叙述得有趣，将这段历史按照“因为－所以”的时间顺序一一道来。

② 欧洲犹太人逃亡上海

曾经被淡忘的一段历史

20世纪三四十年代的大上海

1933年，以希特勒为首的纳粹法西斯利用德国在第一次世界大战中战败而煽动起来的民族情绪上台。此后，于1935年出台的《纽伦堡法案》中一系列对犹太人排斥、限制、歧视、迫害、屠杀的政策付诸实施。走投无路的犹太人在各国使馆和领馆间奔走求助，上天无路入地无门。然而，慑于纳粹的淫威，或本来就对犹太人不抱好感，或由于本国自身的问题，没有多少国家愿意接收犹太人。而那时的上海却是不需要签证便可登陆的港口。于是，从1933年到1941年间，有2.5万左右的犹太难民从欧洲涌入上海。

当时的中国，正处在抗日战争最为艰苦的时刻，在上海本地和国际上的犹太社团的救助下，在中国人民宽容友善的帮助下，难民们通过辛勤努力开创了自己的新生活。1941年太平洋战争爆发。1943年，日本当局在上海虹口提篮桥地区成立“欧洲无国籍难民指定居住区”，实为犹太隔离区（Ghetto），强制犹太难民迁入居住。在大约一平方多公里的隔离区里，10万多人口拥挤的社区又迁入了1.5万犹太人，这些外来的异乡人和他们的上海邻居们和睦相处，相濡以沫，终于度过了战争的艰苦岁月，迎来胜利。

多年来，当年的犹太难民将曾经使得自己得救的上海看成自己的第二故乡，“上海犹太人”已经成为一个非常特殊的历史名词。

然而，这段值得回味的感人历史，却在过去很长一段时间内被人们淡忘了。

中国驻奥地利领事馆总领事

何凤山

日本驻立陶宛领事馆副领事

杉原千亩

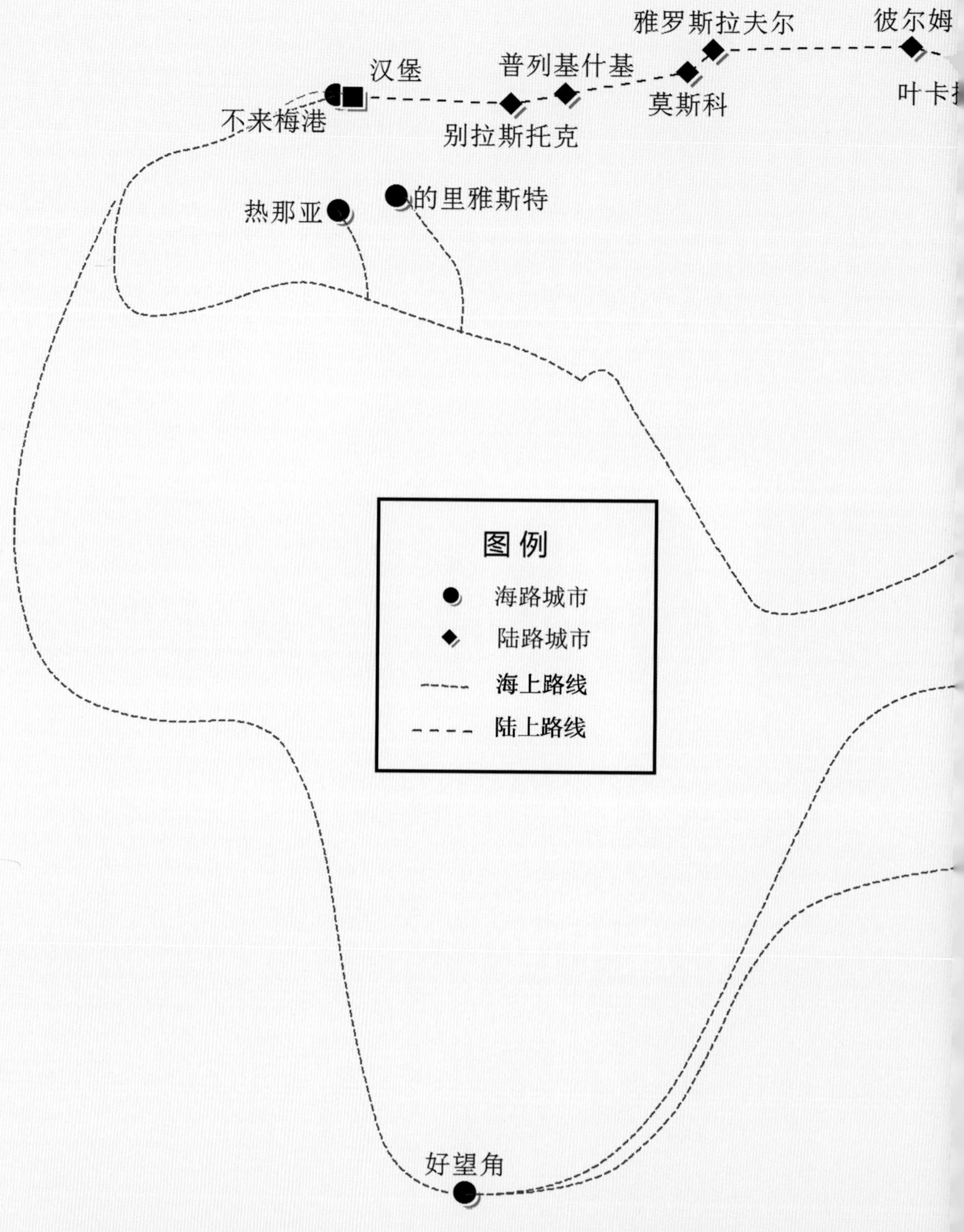
雅罗斯拉夫尔
彼尔姆
汉堡
普列基什基
不来梅港
莫斯科
叶卡
别拉斯托克
热那亚
的里雅斯特
图例
海路城市
陆路城市
海上路线
陆上路线
好望角

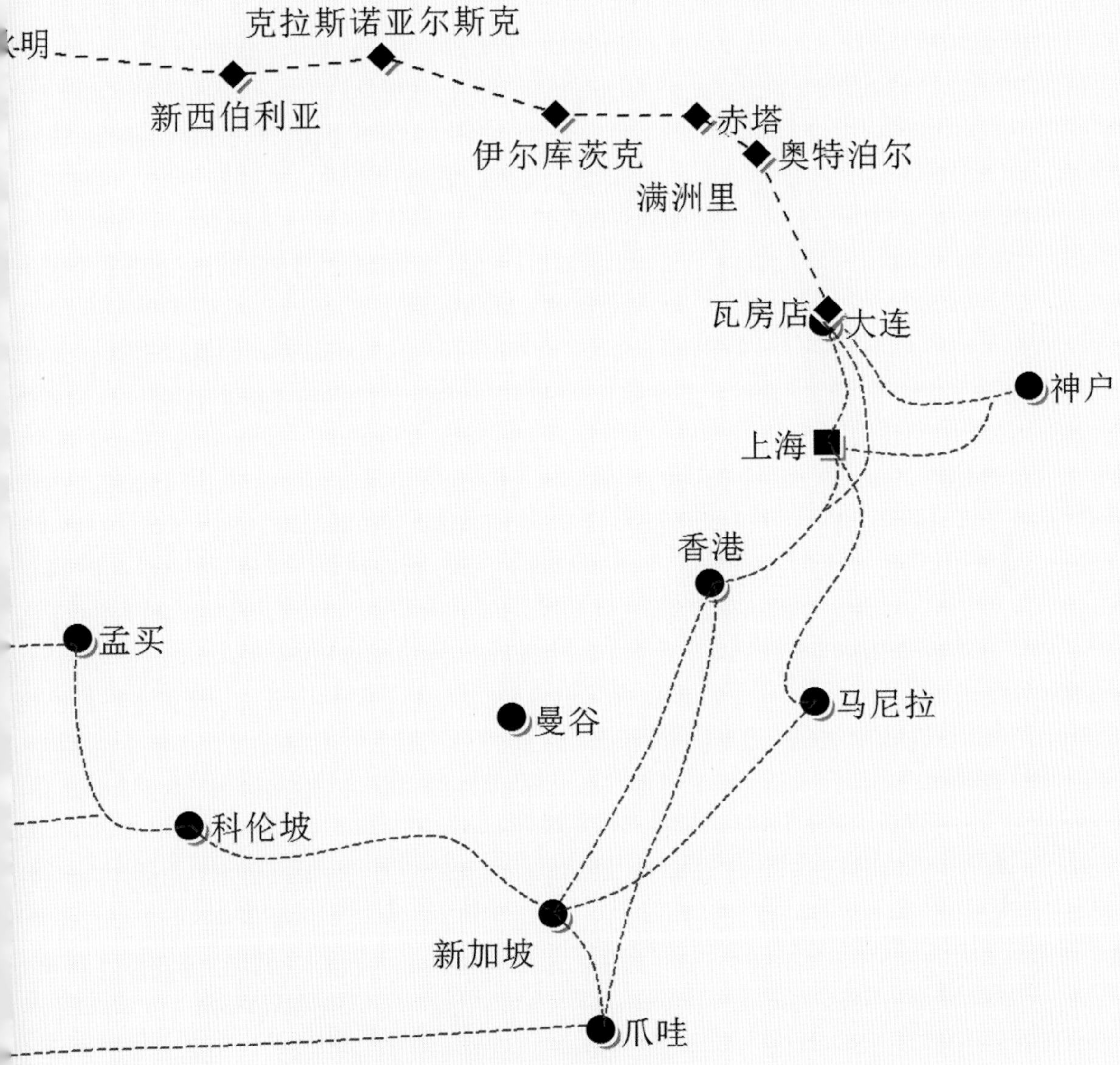

20 世纪三四十年代欧洲犹太难民逃亡上海路线图。本路线图为上海犹太研究中心常务副主任王健教授（左图）最新的研究成果，亦是第一次在媒体书刊上发表

本图绘制：王健 罗婧

在大约一平方多公里的隔离区里，10 万多人口拥挤的社区又迁入了1.5 万犹太人，上海的邻居们和这些外来的异乡人和睦相处，相濡以沫，终于度过了战争的艰苦岁月，迎来胜利。

1933–1941年

大约有2.5万左右的犹太难民从欧洲涌入上海

那时的上海是不需要签证便可登陆的港口

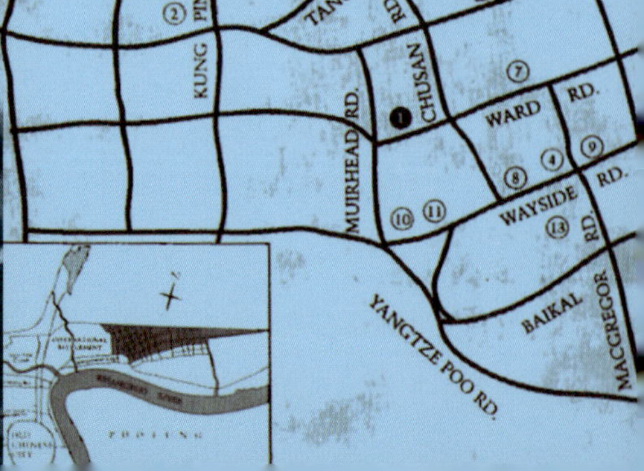

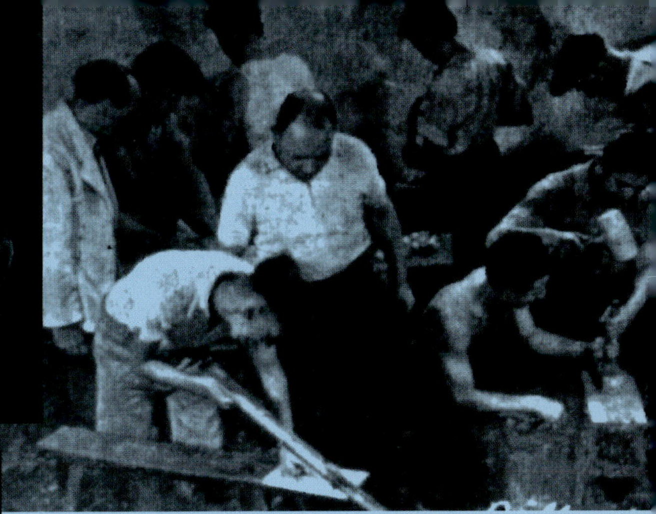

PROCLAMATION

Concerning Restriction Of Residence and Business of Stateless Refugees

(I) Due to military necessity places of residence and business of the stateless refugees in the Shanghai area shall hereafter be restricted to the undermentioned area in the International Settlement:

East of the line connecting Chaoufoong Road, Muirhead Road and Dent Road;

West of Yangtszepoo Creek;

North of the line connecting East Seward Road, Muirhead Road and Wayside Road; and

South of the boundary of the International Settlement.

(II) The stateless refugees at present residing and/or carrying on business in the districts other than the above area shall remove their places of residence and/or business into the area designated above by May 18, 1943.

Permission must be obtained from the Japanese authorities for the transfer, sale, purchase or lease of the rooms, houses, shops or any other establishments, which are situated outside the designated area and now being occupied or used by the stateless refugees.

(III) Persons other than the stateless refugees shall not remove into the area mentioned in Article I without permission of the Japanese authorities.

(IV) Persons who will have violated this Proclamation or obstructed its enforcement shall be liable to severe punishment.

Commander-in-Chief of the Imperial Japanese Army in the Shanghai Area.

Commander-in-Chief of the Imperial Japanese [illegible] in the [illegible] Area.

February 18, [illegible]

ohel Moishe Synagogue
ewish Refugee Association
adoorie School
Wayside Road School
ing Chow Road School
lcock Road Heim
Hospital
Wayside Park
Mimeograph Press
Little Vienna Cafe
Mascot Roof Garden
[illegible] Road Cemetery
Monument
Camp Hospital

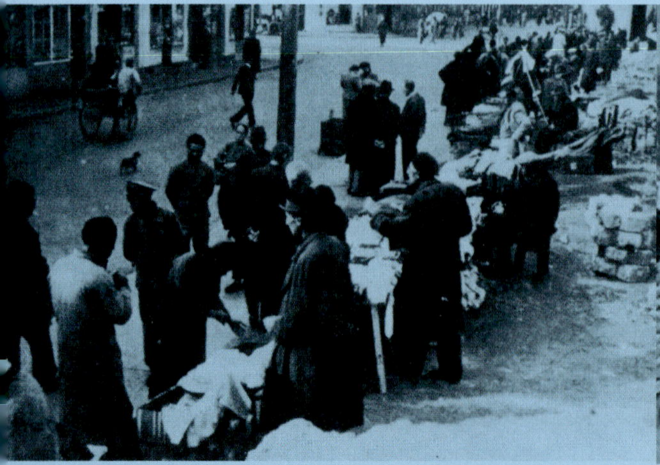

REISEPASS
DEUTSCHES REICH

③ 这段历史需要费点儿唇舌才能说得明白

第一点
为什么上海会成为当时中国吸纳最多犹太人的城市？

因为上海是当时犹太难民无需签证便可登陆的港口。

在第一次鸦片战争之后的1842年，清政府和西方列强签订了中国历史上的第一个不平等条约——《南京条约》。上海是条约中指定开放的五个通商口岸之一。

所以，当时上海对于犹太难民来说是不要求签证便可登陆的港口，其基本的原因是由于上海这个半殖民地的性质使然，就是说，岂止是犹太人不要签证，几乎所有的西方人到上海落地都是不要签证的。这实际上是中国人主权的丧失！但是，在我们谈到“在全世界几乎所有的国家都对犹太人关上了大门，而上海却是唯一的不要求签证便可登陆的港口”这样话语的时候，许多不了解历史背景的人们都会想当然将此情况误读成“这充分体现了我们中国人民的人道主义和慈悲为怀”，于是这类话语渐渐变成了“在犹太人走投无路的时候，上海却向他们敞开了怀抱”这样主动且带有感情色彩的语句。所以，相对而言，有两位犹太作家马尔温·托克耶和玛丽·史瓦茨（Marvin Tokayer & Mary Swartz）的表述相对客观和准确，他们说：“在全世界的国家都对犹太人关闭了大门的时候，这些可怜的犹太人却不知道，在东方的上海，有扇门却静静地开着。”（大意）

第二点

为什么犹太人逃亡上海后能够得到有力的救助，能够顺利地安顿下来？

在经商上嗅觉灵敏的犹太人很早就利用上海这块“飞地”给经商带来的有利条件发迹，很快成为上海滩贸易、金融、房地产等行业内举足轻重的势力，所以在20世纪三四十年代，犹太难民之所以能够在上海“软着陆”，及时得到“自己人”的救助，是和这些早期上海犹太社团的雄厚经济实力和财力分不开的。此外，国际上还有一个极为强大的犹太人救援组织——美犹联合救济委员会（American Jewish Joint Distribution Committee，简称JDC），该委员会成立于1914年，这是一个继承了早年犹太移民登陆北美时期的自助自救传统，为国际上规模巨大、财力雄厚的犹太救济组织。当大量犹太难民由欧洲涌入上海，JDC便很快采取行动，于1939年在上海虹口汇山路（今霍山路）上成立了自己的办事处，想方设法给在上海的犹太难民提供资金贷款和食品援助。就是在太平洋战争爆发之后，这个组织还努力和日本人周旋，尽力给难民力所能及的帮助。

第三点

当时的上海居民们是如何对待这些犹太难民的呢？

当时的中国正在进行着艰苦卓绝的抗日战争，所以，不堪重负的情况下，凭空增加了数万难民，连上海本地犹太人都屡屡发出拒绝接受新难民的抱怨，中国人民展现了宽阔的胸怀，其间从没有发生过一件反犹排犹的事件，使得这些惊魂未定的难民感受到了人性的温暖。

当时的提篮桥地区是犹太难民聚居最多的地方，也是后来日本人建立犹太隔离区的所在，一平方公里居住着十几万中国居民，又搬进来一万多犹太难民。但恰恰是这样的艰苦岁月，才显现出上海普通老百姓的善良和仁爱。

正如当年的犹太难民艾薇琳·鲁宾（Evelyn Pike Rubin）所说的：“明天我们将开始在一个陌生城市里的新生活。一个全然陌生的国度，不熟悉的语言，不熟悉的气候和人群，然而在那里，我们是安全和自由的。”

第四点
逃往上海的这 2.5 万左右犹太难民是由哪里得到，或者说是什么人签发的签证呢？

话说回来，即使登陆上海不要签证便可以下船，但是离开所属国，譬如奥地利或者德国，则还是需要签证的。除去一部分犹太人持其他国家的签证登陆，或者由其他的城市进入中国再辗转来到上海。那么，其余犹太难民则是由哪里得到，或者说是什么人签发的签证呢？这就是当今历史学者们研究搜寻、不断拓展挖掘的一个最引人入胜的课题，也是文学戏剧和影视圈的人们最感兴趣的题材。大量历史事实表明，为了营救这些处在纳粹淫威之下的犹太人，许多素不相识的、不同种族和国籍的人们，做出了艰苦的努力，甚至不惜冒着丢掉性命的危险。我们可以在此列出几个名字：国民政府驻奥地利总领事何凤山博士顶着巨大的内外压力给犹太人发放“生命签证”，还有日本驻立陶宛的副领事杉原千亩，近年来另一位备受争议的人物也引起人们的注意，这便是当年所谓“满洲国”驻德国公使馆的官员王替夫。由于本书并不是以探讨历史史实为主旨，这个话题在此从略。

第五点
占领上海的日本当局对这些来到上海的犹太难民态度又是怎样呢？

日本政府对于犹太难民采取了相当宽容的政策。这也是犹太难民能够在上海相对安全地度过战争岁月的一个重要的因素。

我们很多人在粗粗听到这段历史的时候，往往有个想当然的逻辑推断：

逃脱了纳粹种族大屠杀的犹太人来到上海虽然得到了相对的安全和生存条件，但是鉴于日本军国主义和法西斯纳粹是一丘之貉，所以，犹太人必定是逃出虎口又进狼窝，继续受着生死的迫害和威胁，在这种情况下，中国人民表现出崇高的人道主义和国际主义精神，给予犹太人极大的帮助和关怀，最后，两个被压迫的民族站在共同的战线上，一起反对纳粹法西斯和日本军国主义，一起迎来了 1945 年的胜利。

许多创作影视作品的作家写手也是按着这个先入为主的套路来“照方抓药”、剪裁历史，强行编制故事，结果往往内容虚假，掉进了自己挖的坑里。

历史的真实情况却不尽如此。

事实是，作为亚洲国家的日本，并没有大多数欧洲国家历史上的反犹传统，犹太人来到日本的历史可追溯到1861年，甚至在日本的神户还存在着一个相当发达的犹太社区。日本最高当局也分不清犹太教和基督教的区别，所以对于犹太人的政策实际上相当的温和宽松。

还有一段非常重要的历史影响了日本人后来对犹太人的政策，那就是在19世纪末的沙皇俄国，曾经发生过几次对犹太人的大规模残忍迫害，对沙俄痛恨入骨的犹太人便把复仇的希望寄托于崛起的日本，竟大笔金钱赞助日本海军，其出资竟然占到了日本海军经费的60%，这直接导致了在1904年至1905年爆发的日俄战争，特别是在黄海海战中，配备了先进战舰的日本海军全歼了沙皇俄国的太平洋舰队，进而打破了俄国势力在中国东北的垄断局面。所以，日本人对于犹太人的金钱和政治影响力印象深刻又情感复杂，对于逃亡上海的犹太人一直采取相当宽容的政策，甚至在1942年纳粹种族灭绝犹太人的“最后解决方案”出炉之后，日本人也没有按照纳粹德国所要求的那样把犹太人全部杀死，而是建立隔离区，将欧洲逃亡来的犹太难民集中起来，松散看管。日本当局甚至有一个秘密计划，就是策划在中国的东北接纳安置5万欧洲犹太移民，划定一个类似犹太独立国那样的区域。这个计划的代号，叫作“河豚计划”（Fugu Plan），虽然未能最终得逞，但是日本人企图利用犹太人的金钱和政治影响力的愿望和努力，却一直到战争临近结束的1945年里也没有放弃。

人们总是希望用尽量简洁的话语讲清历史，却往往把历史简单化，使得人们反而得不到准确的轮廓。所以，在讲述和说清楚犹太人逃亡上海的故事的时候，这些直接和间接的因果真的要费一些唇舌，而正是这些错综复杂的史实，反而构成了一幅五彩缤纷、生动立体的历史拼图。

关于历史的叙述到此打住，下面的文字便是我个人的故事了。

为援助逃亡上海的欧洲犹太难民，JDC于1939年在霍山路建立了自己的办事处

上海名单

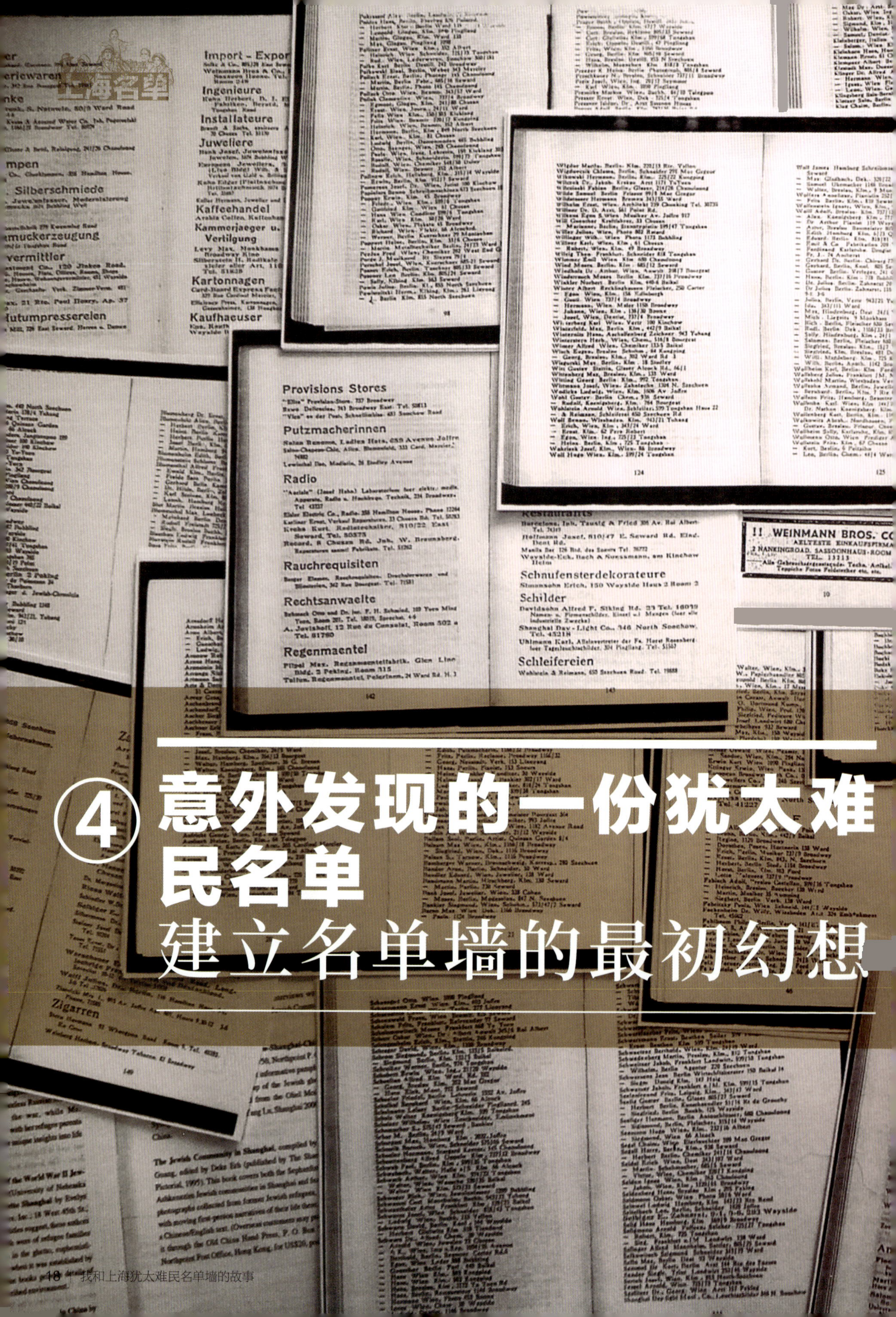

④ 意外发现的一份犹太难民名单

建立名单墙的最初幻想

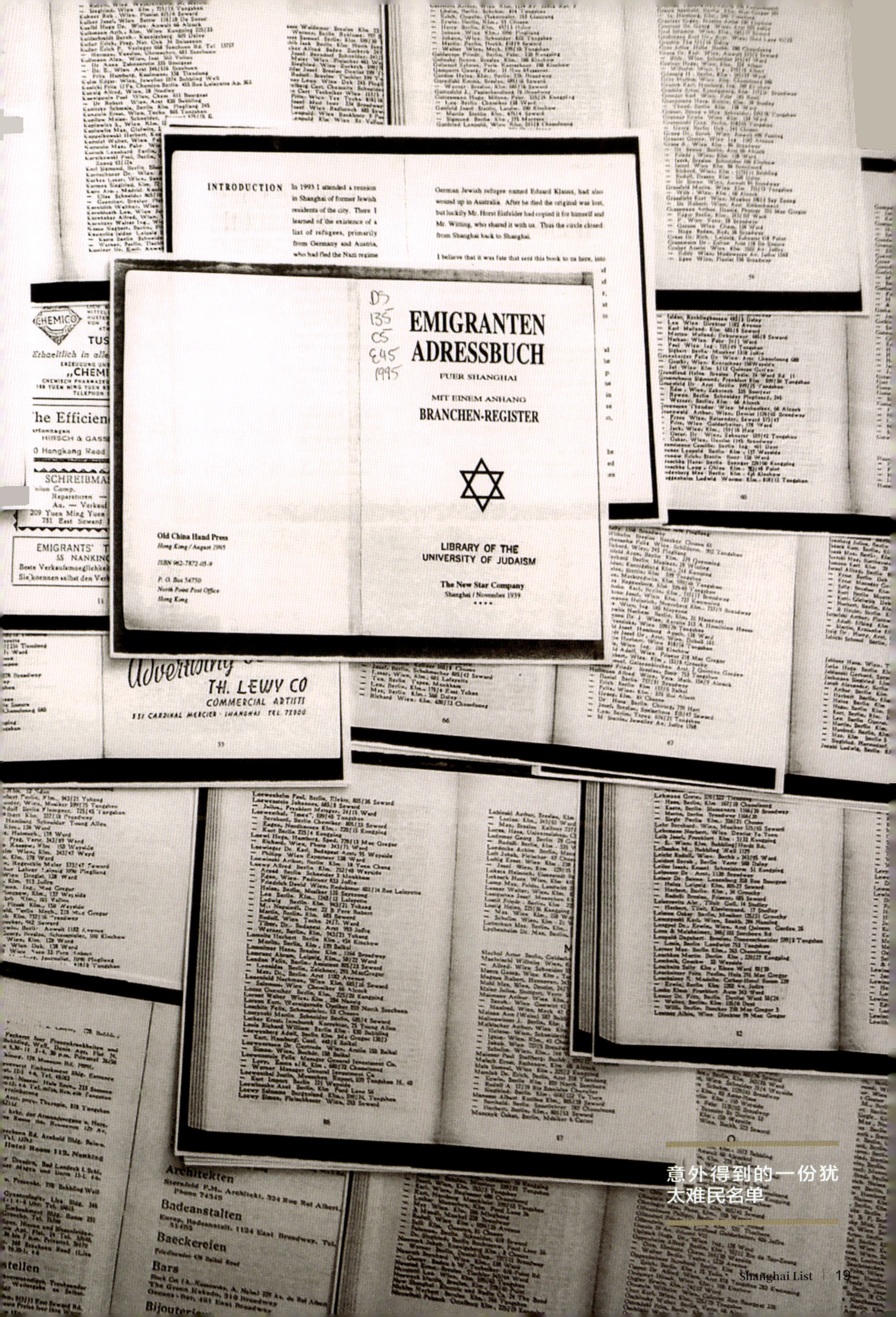

意外得到的一份犹太难民名单

菲尔·布雷泽先生

1998年年底的一天晚上，我收到《洛杉矶犹太新闻报》主编菲尔·布雷泽先生（Phil Blazer）打来的电话，他说明天上午上海电视台的一个节目制作小组要对他进行摄影采访，希望我能够到场，在必要的时候协助他沟通。布雷泽先生是美国非常活跃和有影响的一位犹太社会活动家、媒体人。他也是1991年以色列为避免埃塞俄比亚内战伤害黑人犹太人，而将这些黑人犹太人安置到以色列的“所罗门行动”（Operation Solomon）的重要组织者和参与者。我自1996年底开始和他合作，创作了不少犹太历史和现实题材的绘画作品，我们也成为了好朋友。

底图：菲尔·布雷泽先生关于犹太历史的部分著作

上海电视台安排的这次采访很郑重，内容是关于在第二次世界大战期间，成千上万的犹太人为了躲避纳粹德国的大屠杀而逃亡上海。不久，我就看到了这部制作得十分认真的纪录片，片名叫作《亡命上海》(Fleeing to Shanghai)。

在那天采访的过程中，有一件事情给我留下了十分深刻的印象，那就是在上海电视台的采访人向布雷泽先生发问:“您能否回答这样的一个问题，德意志民族——一个在历史上有着高度文化的民族，却为什么对犹太民族做出大屠杀这样残忍的事情来？”

严格说来，这个问题问得并不十分确切，所以也很难回答。因为2000年来犹太民族遭受迫害的历史，几近于人类苦难史的缩影，这里有着深刻久远的宗教、种族、历史和经济的原因。而20世纪犹太人所遭受的种族灭绝大祸（Holocaust），是长期迫害的极端发展。并不是在历史的某一个时间点上突然跳出来一个叫作希特勒的疯子，或者是一个有着发达文明的德意志民族突然“吃错了药”，执意和犹太人过不去。

布雷泽先生的回答却很巧妙:“您的提问使我想起另外一件事情，那就是与此同时，还有一个同样在历史上有着高度文化的民族，却做出了截然相反的事情——接纳和拯救了几万犹太人的命。这就是你们中国人！”

当时，我坐在采访现场的后面，心中非常感动。尽管我是个画家，但是这种感动促使我渴望了解这段历史，也成为我日后力图用写作小说的方式来表现这段历史的冲动。不久，布雷泽送给了我一本历史著作，是潘光先

何宁创作的长篇小说《米拉尼的小提琴》封面，中国大陆版和台湾地区版，以及韩国版

生编辑的《犹太人在上海》。

2001年，我从中国回到美国，几天后去看望菲尔，菲尔托我为好莱坞的著名电影演员保罗·纽曼创作素描肖像，他同时提出在上海的虹口区，当年日本人建立的“犹太隔离区”的旧址上竖立纪念雕塑的设想，并且委托我来设计这个雕塑的草图。他说，这是洛杉矶犹太社团代表全世界的犹太人送给上海的礼物，用以感谢在第二次世界大战期间对犹太难民的拯救。我非常高兴地接受了这个工作，并且把它看成是一种特殊的光荣。

那时候的网络并不发达，为创作这座雕塑和稍后的小说《米拉尼的小提琴》收集素材，我便开始在图书馆寻找翻阅20世纪三四十年代有关上海犹太人的书籍资料。后来，我来到洛杉矶犹太大学(The University of Judaism)的图书资料室。接待我的是两位图书管理员海依姆（Haim Gottschalk）和保尔(Paul Miller)，等我说明来意，海依姆道：“我的父亲就是上海犹太人啊！你等一下，”他旋即起身，快步走进资料库，出来的时候手里拿着一本红色的小册子，他准确地翻到其中一页，用手中铅笔指着其中的一个名字说：“这一个，就是我父亲的名字。”

如此的巧合令我惊讶，而令我更为惊讶的便是这本小册子，这本尺寸类似中国的连环画的小书竟是当年逃亡上海的犹太难民的名单！我按照行数乘以页数粗粗计算，这里的难民姓名大约有5000多位。海依姆又走过来继续说着什么，可我的脑子已经在翻滚着另外的事情，我想起华盛顿地区的越战纪念墙，上面镌刻着近5万名在越战期间阵亡和失踪的美军将士的名字，我也想起世界上无数的镌刻着亡者的各色各样的纪念墙，但在我面前的这本小册子，分明记录的是活下来的人！如果在上海，特别是在虹口，有这么一面墙，镌刻着上海得到拯救而活下来的人，这将是一面什么样的墙呢？

“你父亲现在身体好吗？”

“很好！他给我们说起在上海的事情不多，因为他到上海的时候刚7岁。但是他说上海那一段经历非常难忘！”

我有些激动，征得海依姆的同意，我便在资料室的复印机上把这本小册子完整地诸页放大复印了。

我从海依姆那里得到了特权，一而再，再而三地续借有关书籍。而保尔则帮助我查找到图书馆里全部的有关上海犹太人的书籍报章。这些书籍是如此吸引着我，一段全然新奇的历史仿佛渐渐拂去尘土，从历史的一个角落里露出面貌。

然而，在这同时，我的脑子里依然常常出现这样的一面墙！我想象着上面镌刻着逃亡上海而免于被德国纳粹法西斯屠杀的成千上万犹太人的名字。我想象着这面墙的近旁，有非常出色的雕塑作品相呼应，我想象着络绎不绝的参观者在它前面驻足，寻找熟悉的名字，缅怀历史……

这事情离我遥远，但是我却时时感到离我很近很亲切。仿佛总归有一天，我能亲手参与设计和制作这面墙。于是，除去查找犹太人逃亡上海的资料，我查找的资料又多了一项内容——关于越战纪念墙的图书和画册，挑选有用的部分复印存做资料。不久，我的一位好友，IBM大中华区大学合作部总经理郭维德（Victor Kuo）先生要去华盛顿，我便托他务必去一下越战纪念墙帮我拍些照片。文化人做事真的是一板一眼，不久我便收到他挂号寄来的包裹，其中包括几十张大号相纸洗印的越战纪念墙的彩照。

我便是这样固执地幻想着，相信着，等待着……

郭维德先生

郭维德拍摄的华盛顿
越战纪念墙照片

本书作者何宁所创作的犹太题材绘画作品选登

生死相依

一九四五年七月十七日中午，美国空军空袭了位于虹口的日本电台，却不幸误炸了犹太难民隔离区，导致大量中国平民和犹太难民死伤。中国人和犹太人相互救助，表现出勇敢和忘我的精神。这个发生在二战最后胜利时刻的事件，被后来的犹太历史学家称为“犹太难民生活中充满英雄主义的悲剧篇章。”

本书作者何宁所创作的犹太题材绘画作品选登

⑤ 结识陈俭

“我们的相识是使命的安排！”

虹口外事办负责人陈俭

2002年初夏一个中午，洛杉矶。一个国内长途电话打进来。

“请问您是何宁先生吗？”打来电话的是上海虹口区外事办公室负责人陈俭。

“我们一直希望能够和您直接联系，但没有您的联系方式。刚刚洛杉矶的中国领事馆的王惟在电话里给了我们您的手机号码！太好了，我相信我和你的相识是使命的安排！”

半个月后陈俭来到洛杉矶，我和他在他下榻的酒店见了面。

陈俭此次来美，是为了面见布雷泽争取落实纪念雕塑，并希望以此为契机为虹口招商引资。为了手续的方便，虽然是公事却办了旅游签证，所以跟着一个旅游团住进了华人新社区附近的一家红狮酒店。于是，待旅游团热热闹闹地集体上了去迪士尼的大巴，我和陈俭便朝相反方向的《洛杉矶犹太新闻报》办公室开去，如约去见布雷泽先生。

初次见面，我对陈俭的印象很好，他真诚谦和，但在和犹太人见面交谈时却从容而且机智。我记得印象很深的，便是布雷泽先生的助手，突然向陈俭问道，“我们向上海虹口捐赠了纪念雕塑，我们是否可以期待得到一些回报吗？”陈俭答道：“虹口正在大力发展，对外商政策非常优惠，所以我代表区政府欢迎你们和你们的朋友来虹口看看。你自然便会明白了你们可以得到什么样的回报了。”

两天后，我们又见面长谈。时间不早，又不是周末，华人社区灯火阑珊，我们就在一家购物角里的台湾小吃店对坐，喝着不知名称的杂牌饮料。我们说起上海虹口区的历史文化资源，说起犹太难民逃亡上海，我便向陈俭说起我在犹太大学无意间得到的 5000 犹太难民名单，说起设计和建立难民名单墙的想法，这一下子引起他的兴趣。陈俭非常赞同，他说他一定要找机会把这件事和区里有关领导谈谈，但是他强调，任何有关犹太的事情都会是敏感和政治化的，所以别抱太大希望。我说是的。

天已经很晚，我开车送陈俭回酒店，他问我什么时候回北京，他希望我去上海虹口当年犹太难民居住的提篮桥地区看看。我确实没有想到，我们的合作从此一发不可收，至今已有 16 个年头，我想，随着时间的流逝，我们一起做的事情，是足以令自己和后代自豪的。确实如同陈俭先前所言：“我们的相识是使命的安排。”

⑥ “我们的话语权在哪儿？”

上海的地名上插着一面日本国旗

会见原虹口区人民政府姚区长

我的心思当然不会放下，不知不觉中，犹太人逃亡上海的这段历史已经渐渐成了我一个放不下的题目。后来，我在另一家图书馆里无意间发现了关于这段历史最权威的著作《日本人、纳粹和犹太人——1938—1945年上海的犹太难民社区》，这是600多页的厚厚的一本大书，作者便是大名鼎鼎的大卫·克兰茨勒（David Kranzler）。按图书馆规定，书在续借了两次后必须按规定还掉，然

会见上海社会科学院犹太研究中心主任潘光教授

而过一阵再去借，这本书却没有了，我只好经常跑去查看，好不容易第三次借到手，我便再也舍不得放，第二天就谎称书丢了，赔钱了事。当了一次“雅贼”。

两个月后，陈俭打来电话，他说他试着和有关区领导谈了建立犹太难民纪念墙的事，但是得到的回复是这样的——做这么一面刻着犹太难民名字的墙，如果巴勒斯坦的哈马斯或者什么激进组织给我们扔炸弹怎么办?

参观摩西会堂三楼陈列室

我说，其实我知道现在提这件事或许太早，时机不成熟。这面纪念墙必定会是在某种大气氛之下应运而生的东西。因为如今真的没有多少人熟悉这段历史和这段历史对于虹口，乃至上海和中国的价值。

2002 年 8 月，我从洛杉矶搬回北京。11 月中旬，陈俭履约，邀请我去上海虹口实地看一看。我在上海虹口四天，首先参观了鲁迅公园内的梅园，这是为了纪念韩国抗日义士尹凤吉（号梅轩）而修建的。然后就是北外滩和当年犹太难民主要的居住区——提篮桥地区，原先在一些难民回忆录中读到的那些耳熟能详的地名和建筑，一一呈现在我的面前，那种感觉是十分亲切的。做事周到的陈俭特地安排了我和时任虹口区姚区长见面，我们谈得非常融洽，主题便是关于虹口犹太历史文化遗产的开发。我趁机向姚区长提出名单墙的事，得到了姚区长非常正面的回应。陪同的杨斌为大家拍照留念，陈俭非常受鼓舞，他告诉我，原本的会见预定时间是半小时到四十分钟，但是他说他也没有想到姚区长这样积极的反应，这次会见事实上是整整一个半小时。

2007 年之前的摩西会堂旧貌

还有一件事我必须说说，就是自从第一次上海虹口之行和之后渐渐介入虹口犹太难民区的事情，使我得以结识外事办公室的不少人员，比如：廖光军（小廖）、韩易（小韩）、田湘君（小田）、王志静（她在 2008 年退休）……在后来的合作中，她们表现出来的专业精神和无私的投入使我非常感动。

2005 年 11 月，我应邀参加在上海举行的“纪念反法西斯战争胜利 60 周年暨犹太难民在上海”的纪念活动及学术讨论会。我当然只是旁听。会上发生的一件事情令我难忘并且在很长时间里让我思考，就是会上前美国卡特政府的财政部长及后来的德国柏林犹太博物馆馆长布鲁门撒尔先生（Werner Michael Blumenthal），在他应邀所作的研讨会主旨发言中说：“我们感谢中国人们的友谊，虽然他们没有主动邀请我们来上海，但是当我们到来之后给了我们宽容的接纳和人性的温暖”（大意）。会上不久便有两位中国学者对此先后作了有针对性的发言，似乎是对于布鲁门撒尔先生关于“没有主动邀请”的话感到“有必要说点儿什么”。他们发言大致的意思是说，中国人民虽然没有“主动”邀请犹太难民来上海，然而请不要忘记中国人民历来是热情友好和慷慨慈悲的。可以想象，假如没有日本人的侵略，假如中国人民可以正常行使权利，犹太难民一定会得到更为慷慨的救助。还有的中国学者也在会上谈到了当时的中国国民政府曾经有意在西南地区划出一块地方，用以专门接纳和安置犹太难民的计划。

历史是过去的生活，“想象和假如”的说法无疑是伸展到文学艺术的范畴了。然而这些发言真是引人入胜，使我受益匪浅。因为听同一件事情由不同的角度解读，由此生出不同的观点和结论，然后又由此衍生出新的课题并连带挖掘出新的历史，有些史实甚至是前所未闻却始终封尘于历史的死角里！

中午的工作餐时间，陈俭告诉我，上面正在考虑修缮和整顿摩西会堂的事情，酝酿不久的将来建立摩西会堂旧址博物馆或者犹太难民纪念馆。

当年犹太难民在虹口提篮
桥地区居住过的弄堂

“你知道，我去过柏林的犹太博物馆，在一幅地图上标着对犹太人有过恩的城市里面，有上海，但是地名上插着一面日本国旗。”陈俭说。

此话一出，我们俩相顾无语。

是啊！细想一想，当年的上海，是英国、美国、法国和其他西方列强的天下。再有，就是在苏州河北拥重兵虎视眈眈的日本人。中国人居住在密集的城南，甚至在自己的国土上反而被洋人反客为主称为“China Town”（中国城），如同当今的纽约或者其他西方的大都市里那样。当年的中国人民没有能力，更何况面对历史的话语权，而如今这段发生在中国上海的历史，话语权应当首先握在我们中国人的手里！

“看来我们迟早要搞一个像样的犹太难民纪念馆，拜托了，你要好好考虑一下。”陈俭说。

陈俭希望我再停留一日，再去摩西会堂看看，他郑重委托我起草未来犹太纪念馆的第一个布展方案。面对陈俭的信任，我认真地答应了。

当我沿摩西会堂那黑乎乎的楼梯而上，稍用力踏步，便会惊动整整一座楼。这座历史建筑一直由虹口区民防办管理。为了应对络绎不绝的参观者特别是那些对这段历史有所记忆的犹太来访者，楼的墙上布置有类如“计划生育”或者“交通安全宣传周”那样的招贴宣传板，由于时间太久，有的板子上面的纸张已经开裂。一会儿，楼下一阵热闹，有人在朗朗说着口音很重的英语。一问，才知道是一位叫王发良的老人，当年便是犹太人的老邻居，眼下已经八十高龄，眼见络绎的外国来客无人接待，便不辞辛苦充当着义务的英语讲解员。

我再次从狭窄的长阳路的街对面端详这座历史建筑——我已经这样做过很多次了。据介绍，它原本的入口是在舟山路上，就是说，现在的正门其实是当年的后门，而当年舟山路被英译为“Chousan Road”，便是远近闻名的“小维也纳”（Little Vienna），那是因为犹太难民不经意带来了欧洲的最新时尚，加上辛苦打拼，使得舟山路的这一段生意活跃，变得像欧洲维也纳的繁华休闲小街。这条长阳路旧名华德路（Ward Road），同样也是大名鼎鼎的上海第一难民救济中心便在摩西会堂向东的一箭之遥。而眼下，摩西会堂早已失去了西方建筑历来重视的堂皇的正脸，在两墙夹起的窄小的过道后面淹没着。前面的左侧，是一家两层铺面的小吃店，右侧则是一家门面花哨的发廊。

“百废待兴！”我想。再转念一想，此事根本上是需要虹口区领导来决断。再者，即便就是对文化和历史有兴趣的人，也未必都能了解“欧洲犹太人因逃亡上海而得救”这段历史和这段历史对于虹口和上海的意义。我又想到，像我这样的一个人微言轻的体制外个体自由艺术家，身后并没有什么大公司大企业的支撑平台，也没有过硬的人脉，而我脑子里思索的这些“大事儿”，其实是充满热情的一厢情愿。想到这些，多少有些沮丧，但是艺术家毕竟是非常感性和理想主义的，我无法阻止自己继续幻想下去，也没办法阻止自己希望建成犹太纪念墙的决心。再仔细想，我心里突然有了一种感觉，那就是犹太纪念馆和犹太纪念墙必然是向前行走的两个轮子，缺一不可。或许是这两件事同时进行，或许是先有犹太难民纪念馆才会应运而生建立犹太难民名单墙！

未来的犹太难民纪念馆会是在摩西会堂的旧址，这是无可非议的。而犹太难民名单墙应当落户在什么地方呢？我们大家——包括我、陈俭、廖光军、王志静……我们在闲聊中都感到，在提篮桥这一片人口密集的地区，相对而言，霍山公园无疑是最佳的，也是唯一的选择。

近年来曾经用作办公室的摩西会堂内观

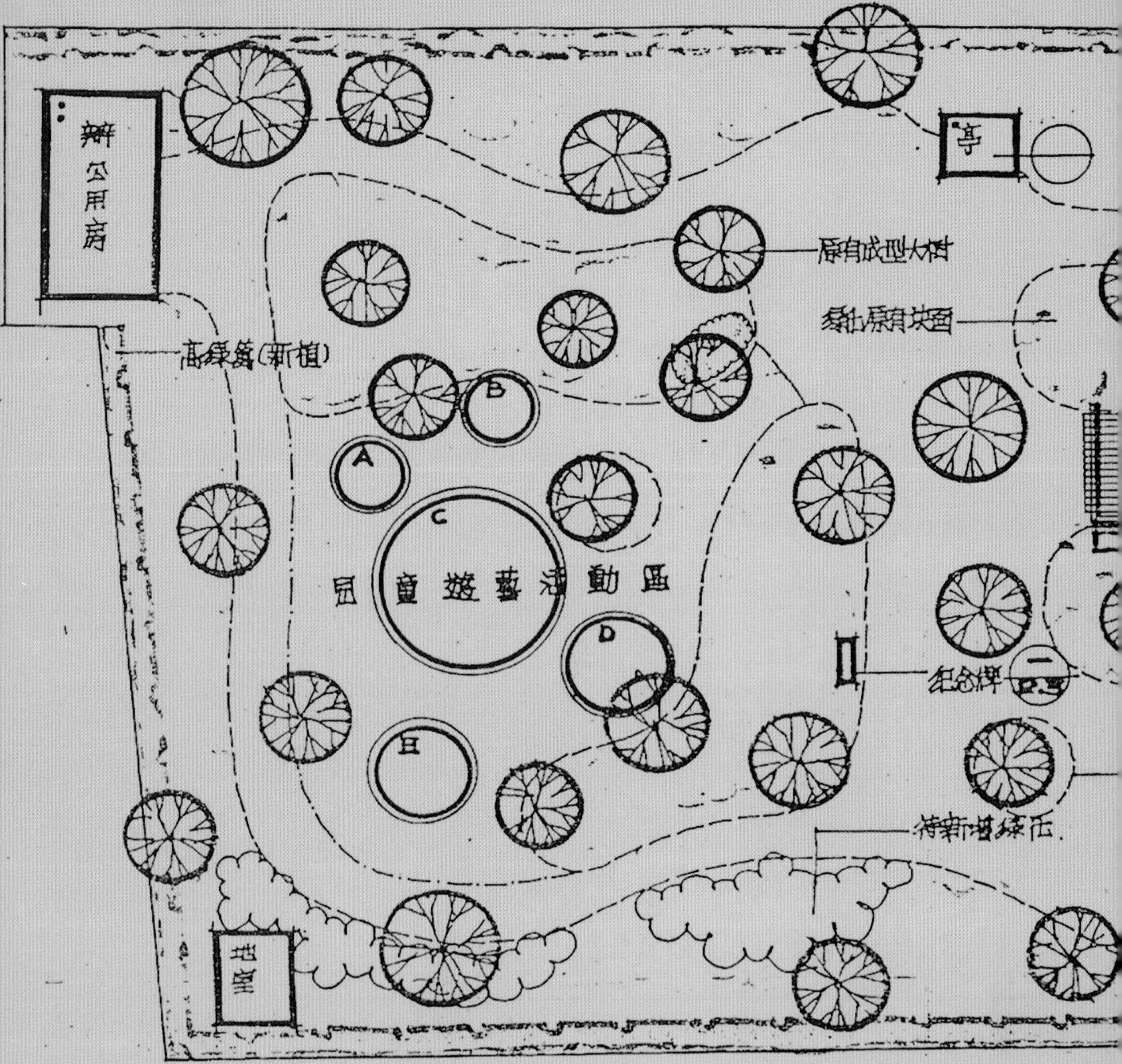

◎ 绿化调查苗木情况

序	品种	量	规格	备注
1	珊瑚树	200M	高150CM 阔60CM	遮挡隔开
2	红叶李	50株	高180~220CM	
3	八角金盘	50株	高60~100CM 蓬60CM	或栀子花
4	金丝桃	100株	蓬30~50CM	或香[illegible]
5	火棘	50株	高50~70CM 蓬50CM	或贴梗海棠
6	白花酢浆草	200M		或葱兰

◎ 游艺设施改进情况

序	名称	现状	改进意向
A	攀高架	良好	油漆粉刷
B	摇摇机	一般	售票亭重新装饰
C	小轿车	一般	售票亭重新装饰
D	大转盘	损坏	拆除·引进新设备
E	滑滑梯	良好	油漆粉刷

*注：全面改造规划见说明。

上海市虹口区园林设计室	[illegible]设计	审定	
	[illegible]	审核	

霍山公园现状图

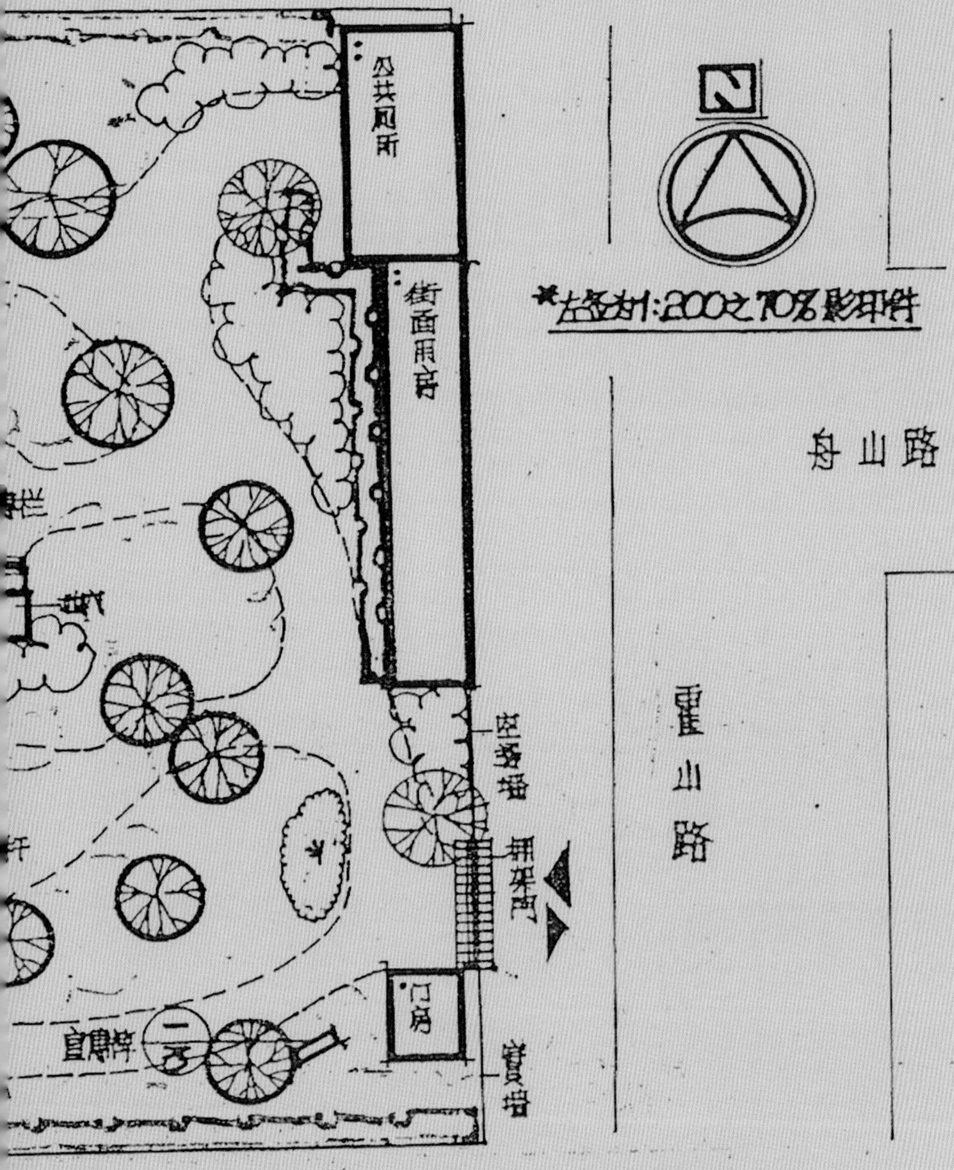

改建设计与施工说明

（一）以校街道中心对霍山公园进行适当改建，力求在保持街道小公园原有风貌特色之上，再进一步达到以对外公园整洁、雅致，在环境需要要求，此为设计与施工的立意。

（二）现阶段主要工作简介：①新路入口楼梯改修（另附）②周边围护墙改添加出入口 ③亭花架门廊的改造与装饰 ④绿化调整一高篱隔断，清除池坡，补种花卉灌木，盆花养护 ⑤完善设施与栏杆的改造与维护 ⑥纪念碑与宣传牌树立 ⑦树木与管理的加强全园管理。

（三）后阶段改建规划：主要在允许情况下对儿童活动区进行全面改造；利用街面用房的背面墙体作装饰墙面（以平面与浮雕作底面），并筹建园内景观。

术负责		项目负责		设 计	潘 洋	比 例	1:200之70%	工程编号	
审 签		校 对		制 图		日 期	93·8	图纸编号	园改一003

⑦ 犹太难民名单墙最初的选址遐想

霍山公园里的精神会餐

霍山公园始建于 1917 年，原名叫作斯塔德利公园（Studley Park），公园的面积不大，大约只有 4000 多平方米，而且门脸很小，路上不留心很容易错过。公园里沿四边绿植丰茂，公园中心树木的环抱中有一块小空地。1994 年，这块空地上建立起了一方一米多高的犹太难民来沪避难在虹口居住区的说明牌，那是因一位名叫库尔特·杜德纳（Kurt Duldner）的犹太难民写了一封致上海市长的信后，由虹口区政府竖立的。此后在 2007 年，以色列的官方和民间人士还捐款修缮了公园西南角上的群众娱乐室。

霍山公园有着非常戏剧性的典型的租界时期历史。在早期，华人曾经一度不准入内。但这座公园最值得书写的一段历史，便是在日本人建立“隔都”时期，在生死威胁下，心力交悴的犹太难民在这块珍贵的“绿地”调整心情，和中国邻居们共同度过艰难的岁月。所以那个时期的霍山公园每天“客满”。

一位外国游客正在拍摄当年犹太难民居住区的说明牌

我已经非常熟悉霍山公园了。我说的“熟悉”不只是进来溜达溜达，而是每次半个小时，甚至一个小时“晕一晕”（艺术圈行话，意为感情体验，使自己身心和要表达的对象融为一体）。特别是有一次我正在公园里待着，周围突然热闹起来，一群几十名犹太造访者到来，见到那块小小的说明牌石碑，竟几乎全部人员掏出相机，一时“噼啪”作响对着猛拍。那场面十分壮观，几同中外领导人在人民大会堂握手时的记者方阵。

我们都认为，鉴于霍山公园和犹太难民在历史上的亲密联系，在人口稠密街道屋舍拥挤的提篮桥地区，这块唯一的空地无疑是未来“犹太难民名单墙”的不二选址。更何况，公园的正对面，坐落着一栋四层红砖小楼，便是当年美犹联合救济委员会（JDC）上海办事处的旧址。至于 JDC, 我在前面已经做了简介，这里就不再重复了。

外办的王志静曾经给过我一份霍山公园的尺寸简图，而后廖光军特地向我提供了更为细节的霍山公园平面图，我也大致有着自己的设计构想，即如何在公园茂密的树木中间，在尽力保持公园景观的前提下，将犹太难民的名单墙分隔成组，并用象征主义风格的不同的雕塑人物造型，提纲挈领，巧妙安排。我、陈俭和外办的大伙儿也粗粗讨论过，得到了大家的赞同。

但是这其中的复杂情况，便是霍山公园归属于当地提篮桥街道办事处管理，人事上的交涉牵扯和批复都非常复杂。再说，霍山公园是周边邻里，特别是老年人的休闲去处，在这样的地盘上安置大型公共艺术装置不啻会占了他们的地盘，压缩了他们的娱乐空间。而作为难民纪念墙这样一个需要相对开放空间的大型公共纪念装置，当然需要开放的空间和远近视线相宜的景观环境。所以，“封闭的”霍山公园只是我们最初“有什么料就做什么菜”的一个“精神会餐”。

1994 年在虹口霍山公园内竖立的当年犹太难民居住区说明牌

坐落在公园内西南角的群众娱乐室是以色列政府和一些企业于2007年夏天出资参与修缮的

⑧ 第二份犹太难民名单出现

“但是，是要付钱的啊！”

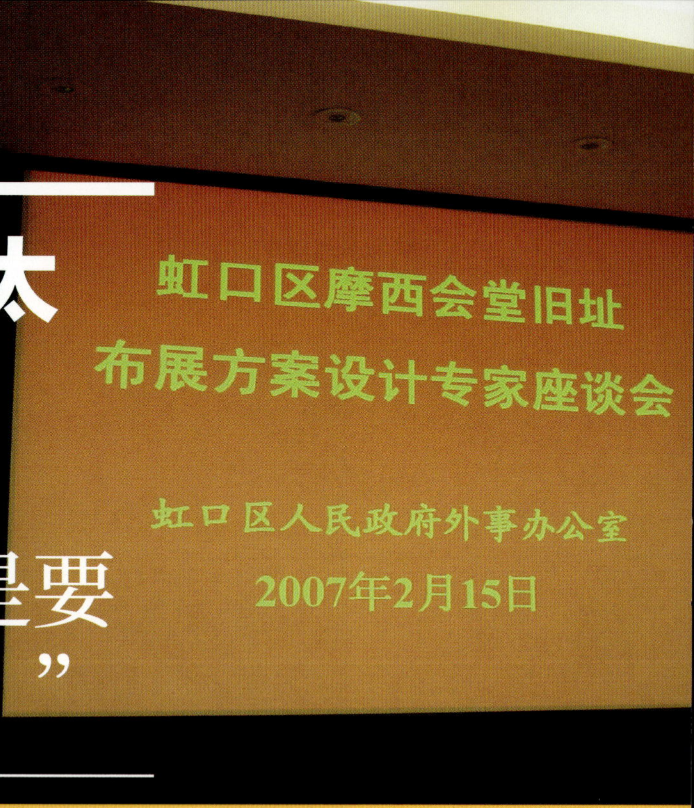

2007年2月，我又一次来到虹口，这次是应邀参加由虹口区委宣传部、区文化局和区外事办共同召开的有关虹口提篮桥地区犹太历史文化的开发保护，以及在不久的未来建立犹太难民纪念馆的研讨会，主持研讨会的是区委宣传部部长宋妍。邀请的专家有上海犹太研究中心主任潘光、上海同济大学教授阮义三、外交学会上海分会副会长夏永芳，还有冠以旅美艺术家头衔的我。这是一次极为认真的讨论会，外办则在十天之前便拟定好了讨论会的问题要点，并提前将这些思考化作题目冠以《关于摩西会堂旧址保护性开发的方案问题》的文字形式分别转发给了与会者。陈俭特别打来电话和我在电话里又做了比较详细的交流。按照这个方案里的说明，第一期工程为修缮摩西会堂的本体，修旧如旧，恢复到1928年时的老样子。第二期则是将改建工程放射到周边的大环境，包括动作很大的拆迁和安置。两项相加，粗估的工期为110天，而且春节过后便开始实施。

事情终于有了轮廓清晰的时间表，我受到鼓舞，便再次在研讨会临近结束的时候向宋妍部长提出修建这面“活人纪念墙”的倡议，宋妍部长当即表示了极大的兴趣和支持。我知道，只有5000多人的名单和历史上记载的2.3万至2.7万的数字相去甚远，所以在我呼吁建立名单墙的时候，细想想，确实有些“冒险”，但我冥冥中还有一个信心，那就是一定还有着更充分数字的名单！世间一定存在的！我心中还有另一个想法，既可以当作自我安慰亦可以变不足为好事，那就是一俟在只有“五千名单”的情况下上马，我们可以变“坏事”为优势，在世界上开展一个搜集当年犹太难民名单的活动！这样的活动通过媒体和其他渠道弄成宣传，一举两得，而且将历史和现实联系起来，这不啻是一次盛大的关于“犹太人逃亡上海”的宣传！

果然，这样一份名单确实是真的存在的！手中握

主持研讨会的虹口区委宣传部长宋妍（右三）

有这份名单的人，是定居在上海的一位犹太记者。这个消息出现在 2007 年我们紧锣密鼓地筹建犹太难民纪念馆的时候。据这位记者自己介绍，他手里的那份名单大约有 1.4 万至 1.5 万人之数。也据他自己的介绍说，这份名单便是当年日本人搞隔离区的时候登记的犹太难民名册。然而他表示，如果我们希望得到这份名单是有条件的，那就是需要付给他相应的钱作为报酬，而且价格不菲。可怜外办和未来的犹太纪念馆哪里有钱，此事便暂时搁浅。但由此却给了我们一个提示：既然这样的名单是当年日本人的户口册，那肯定不会只在他手里有唯一的一份，如果我们最终从其他渠道收集不到，再和他讨价还价也不迟。

后来，在 2007 年夏天某日，陈俭和这位记者约好，在华山路上的一家咖啡店里见面，原因是他手里还收集了几个非常重要的历史文物，我记得这其中包括一纸当年犹太难民和上海姑娘的结婚证书。对于纪念馆，这样的实物无疑是十分珍贵的。我们在华山路上一家咖啡馆里会面，在场的有陈俭、小田和我，犹太记者和他的一个朋友则随后到场。他在笔记本电脑上播放了一段自己制作的有关“犹太人在上海”的宣传视频，然后一脸认真地指出，刚刚出版的一本虹口区宣传部与文化局编撰的犹太人在上海的图片集在编排上非常不好，应当听一听犹太人的意见。后来大家提起视频中展示的结婚证书的图像，当陈俭表示希望能够得到原件或者仿真件，这位记者则暗示，这也是要讲价钱的。我们没有同意，这次咖啡聚会也就礼貌地匆匆结束了。

从咖啡店里出来，我们三个人在临街一家快餐店用午餐，我们都要了雪菜肉丝面，陈俭对小田说道，我们还是应当把征集实物的目标放在犹太难民和他们的后代身上，尽量动员他们捐给我们纪念馆，实在不同意，也要动员他们能够允许我们复制存档。

上海名单

⑨ 建立犹太难民纪念馆终于提上了日程

“宋部长要见你。”

2007年初春，摩西会堂的重新修缮正式开工，新的布展方案也早在2006年的12月就由虹口区文化局着手策划，并先后两易其稿。与此同时进行的还有纪念馆馆徽标志以及衍生纪念品等等设计图案。另外，寻找合适的展陈设计公司也同时展开，有些设计公司的试设计效果图已经呈报给外事办了。由于陈俭已经邀请我作为纪念馆的艺术顾问，相当数量的上述图像和文案资料都源源不断传邮给我征求意见。

为了写好这本书，我仔细查看了当年我们之间的往来邮件，下面这一封是2007年8月11日我收到外办电子邮件发来一家设计公司的设计图后的回信。这家设计公司非常认真地做了效果图样，或许参考了陕西北路上犹太人西摩会堂正门的建筑柱头。出于对设计者的尊重和版权方面的考虑，我在此就不展示这些设计的效果图了。

和王志静一起拜访上海犹太角，会见拉比格林伯格

这封邮件可以说明我们大家对于展厅改造和布展风格的探讨与想法，亦是后来我们选择汇展广告设计公司进行布展设计的理由。但在此必须加个小注解的是，最初的立意是建立犹太摩西会堂遗址纪念馆，而不是犹太难民纪念馆，犹太难民纪念馆这个正名是后来随着建馆各项内容的成熟而最终形成的。

陈俭主任，

小廖，刘嗣栋，

请考虑几个问题：

1. 在这么小的展示厅里安放如此巨大的柱子与烛台，无论从参观者的心里感受和展厅体积、面积和建筑材料的比重上都似乎有失重的感觉。似乎这才是展览的主体。

2. 目前博物馆的展示方向和一两年前考虑的思路已经有了本质的不同。“二战期间犹太难民在上海纪念馆”变成了“摩西会堂遗址纪念馆”。既然是遗址，当然要尽量保持原汁原味，即：原来是什么样子就是什么样子。似乎没有必要把这几根柱子包起来。在室内设计和展示设计上，一般人都会犯类似的错误，即：为了体现所谓的“设计”，就必须弄出点花样来，似乎不如此就委屈了“设计”了。真正好的设计，其实是让人感觉不到“设计”的。

3. 目前这个方案，似乎参考了另外那张图，那个地方我没有去过，不熟悉，但是这看上去似乎是祭坛或者经台或者约柜的正面样式。这个样式也非常像耶路撒冷第二圣殿的入口式样。这样庄严的式样自然与其功能统一。而现在，我们仅仅是用来做个隔段的装饰，恰当否，请考虑。依我之见，摩西会堂已经是“犹太的”了。展示的内容无疑也是“犹太的”，没有必要在装饰上也处处贴上“犹太的”标签，生怕别人会说我们不懂得犹太。到头来动辄大卫星，动辄烛台，弄来弄去，反而让人感到我们不懂犹太了。

4. 在布展内容的安排上和设计上，真正应当准确把握的东西是什么呢，我个人以为，应当是“气氛”，即气氛的营造，用艺术的语言讲，是创造一种“意境”。这种意境便是：回顾沉重的历史，却使参观者感到温暖，又有一丝伤感。

我们的思路，说到底还没有脱离“博物馆就是陈列馆”这样一个老套。既然一楼后面已经有了展室，作为“遗址纪念馆”，我们完全可以在思路上更自由些，即：以虚代实，以少取胜，营造气氛为主，内容展示不要太传统。我们不是总说“多媒体声光电”吗?

5. 以上只是我的个人一点感想，只为陈主任和外办的朋友们做一点参考，请不必讲给设计方，因为我知道设计者也是追求好的效果，用了心思的。

致夏安！

何宁

陈俭向虹口区旅游部门的负责人讲解纪念馆馆徽的含义

讨论犹太纪念馆标识

▲ 何宁手绘的上海犹太纪念馆展陈设计效果图 ▼

到了9月中，我突然收到陈俭的电话，他告诉我，考虑到上海本地搞设计的人大都不了解犹太，研究犹太历史的人又大都不熟悉设计，做出的策划和概念设计难免顾此失彼，而当下时间又极其紧迫，所以他专门打来电话和我商量，希望由我重新来做一个布展的整体策划方案。

另外，陈俭非常郑重地说，这次摩西会堂的彻底修缮是时任虹口区长俞北华亲自拍板的。俞北华区长要求参与的人员参考世界上著名博物馆先进的经营管理模式，确保纪念馆的不断发展并在国内外产生积极影响。

正巧我于9月18日要去美国，而剩下只有四五天时间，事不宜迟，我放下电话便开始工作！好在我和陈俭一起探讨纪念馆的事情多次，相互早就心有灵犀，更何况我在2005年就已经做过一次策划方案了，所以并不觉得困难，但毕竟是出国前的倒计时，我竟着急上火生病了，吃药强压住，昼夜突击，终于在9月17日交了稿子。后来我才得悉，是陈俭郑重向虹口区宣传部长宋妍推荐，由我来担纲起草。

和上海犹太人后裔沙拉·伊迈斯女士

10月初，我从美国回到北京，随即应召来到上海。

“陈主任在酒店大堂等你，他的痛风又犯了，没法走路。”司机小吴到机场接我，路上这样说。见到我进来，陈俭吃力地从酒店大堂的沙发上挪过来和我紧紧握手。

“明天中午宣传部长宋妍要请你吃饭。一起说说对展馆布展的想法。”

"宋部长预先有什么大的构想轮廓吗？"

"具体的还是要听你的想法。但宋部长希望展示手法一定要现代，就是说声光电手段要积极考虑。"陈俭说。

第二天的午饭简短而热烈，女部长宋妍说话平易干脆而且思维充满想象力。我在年初春节前的那次研讨会上就很欣赏她的作风。还要提上一句，后来继任的另一位女宣传部长刘可，也是同样的性格和作风，我想，我真的很幸运，和这样的官员一起工作，真是非常舒畅的。

而后我才得悉，我起草的稿子已经顺利通过了，外办将我的方案经过专家学者和领导的过目，又去以色列驻沪总领馆征求意见，获得了一致认可。小廖向我展示了上级领导的批文，只有一位政协的领导写了一条建议，在展览中加强上海人民对犹太难民关心和帮助的内容，这也就是后来纪念馆的展览中有一幅题为《除夕夜》的油画之来由。这幅油画为上海著名画家崔君沛所作，生动表现了上海老邻居在中国春节的除夕之夜邀请犹太邻居吃年夜饭的温馨场景。可叹崔君沛在完成这幅油画的半年后过世，这幅作品竟变成了他艺术生涯的绝唱。

当天下午，我和外办的王志静一起去了上海社会科学院的犹太研究所，顺利借来了以潘光教授在1996年出版的《犹太人在上海》文献画册图片为基础增减调整的119幅历史照片的光碟。这119幅照片大都只有几十K的大小，印在画册里，每一幅只有扑克牌尺寸大小的清晰度还说得过去，但是放大展示则必须在电脑上做锐化处理，方勉强可用。后来，外办小廖翻箱倒柜，在外办里屋叠放的几个硬纸箱里又收集到一些采访录像和报纸新闻。从这里出发，这就是我们赖以建成一座国际性犹太难民纪念馆的全部展陈家当！时为2007年10月7日，而按照虹口区政府的期望，纪念馆正式的开馆日期则是11月底，我们只有不到两个月的时间了！

重修摩西会堂时在东墙上意外发现当年砌成的砖花图案

⑩ 邂逅上海汇展广告装饰有限公司和林勇“谢谢你三次开错了路！”

紧接着，便是寻找一家适合我们展馆要求的展览设计公司。事不宜迟，外办的所有人员迅速分头行动，开始通过各自的人脉，联系不同的设计公司落实纪念馆的标识设计和展馆内的布展设计。然而几家公司的试设计效果图呈报上来却差强人意，我看后总觉得有着文化精神内涵的间隔和视觉上的距离。联系到的一家质量可靠的制作展厅入口视频的音像工作室，则对 6 分钟的视频开价 30 多万元人民币！由我在北京邀请设计公司吗？我长期在北京的这个圈子里生活，倒是认识不少有能力的设计单位和公司，但是毕竟时间紧迫，远水虽然可解近渴，却无疑是加倍费心费力的事情。

上海城市规划展览馆中二楼有汇展广告装饰有限公司设计的作品

陈俭出了个主意：“何宁，这样吧，你晚回北京几天，让小吴专门开车带着你在上海各个博物馆转，看到适合我们的就记下来，然后由我们去联系。”

说干就干，由小吴开车，当天我们就去看了中共四大会议的旧址纪念馆。第二天是星期五，原定上午开始出发的，由于小吴临时有些工作而推迟到了下午，时间刚过两点，周末的大堵车已经开始了。

小吴选择了三家展馆，他说最好的一家在浦东，但是，他也是第一次来，从地道里出错了路口，等到万般辛苦转到了该走的那条路，却发现是单行线无法调头。最后，小吴不得不顺着路标穿过地道折回到浦西，准备再重新折回浦东，一不留神又一次开错了出口。“糟糕！应当走左边出口的！”他沮丧地说，“这样吧，何老师，

上海汇展艺术总监林勇

我知道这里附近还有一家展馆，不然我们今天就先看这一家？”他说。

“是什么展馆？”

“城市规划展览馆。”

进展馆，信步上了二楼，迎面便是全木质结构压缩成半浮雕式的外白渡桥的大尺寸模型。我心中一动！再向左面看去，只见一连串木结构石库门造型的陈列手段将内容分割成不同的单元，颜色也压缩在咖啡色系列的深浅色调之中，其中间或出现“拉洋片”式的声光画面，我和小吴且看且停且议论，我故意卖个关子说：“小吴，真的感谢你今天上午有事，真的感谢你下午又开错了路，而且错了三次！”司机小吴顿时一头雾水。我又说；“你就是错了两次都没有这么巧，不然我们就真的错过这个机会啦！我看这家设计公司就是我们千方百计要找的人啊！”

我拿出照相机一通狂拍，回去给外办的大伙展示，大家都说好。第二天加班，为了再次确认，陈俭特地派了实习生小张和我再次来到该展馆二楼，并且准备再多看其他的展馆，以备万全。那时我已经不做其他打算，坚持就是这一家！后来回到北京，因为心中瞬间轻松，我还在手绘布展效果图的时候，把小张也画在了画面的近景上。

当天傍晚，陈俭开车送我去火车站，“你真的觉得这一家公司可以吗？”他非常认真地问道。

“可以，我觉得没问题，就是它了，越早开始越好！”

“好的，早动手做，这样万一不尽如人意我们还有时间调

2007 年，和虹口区外办一起讨论上海犹太难民纪念馆成立策划

和上海汇展广告装饰公司合作，讨论犹太难民纪念馆成立的展览陈列

整。”陈俭说。

两天后的星期一，外办小廖打来电话，“何老师，我们终于找到这家设计公司了！请您记一下名称：上海汇展广告装饰有限公司，公司的负责人和艺术总监的名字您也记一下——他叫林勇。”

我至今记得两个星期后我见到林勇的印象，这是个南方人中间的高个子，说话文质彬彬，他对西方设计的最新趋势了如指掌，显然是个在设计行业里见过大世面的人。林勇毕业于上海大学美术学院，恰好是我低年级的校友，最有趣的是，我的母亲林家的祖上是由福建落户宁波的林姓大户，好奇心驱使我问起林勇的家事，果然他家的祖上也是由福建迁徙宁波的。于是我们两个人不由相视笑了起来。而再当我看到汇展广告装饰有限公司设计图纸时候，那种释然和兴奋不是用“心中一块石头落地”可以充分表达的。林勇告诉我，“不做第一，只做唯一”是汇展公司不变的理念与追求。汇展设计公司果然融会贯通，不但完全体现了我们的要求，而且富有创意，稍后不久，汇展屏雀中选，承担了2010年上海世博会的许多设计项目。于是，陈俭、林勇和我长达十几年的合作也由此开始。

向设计方提出设计构思

在模型制作现场

▲ 二号展厅在施工中 ▼

二号厅视频，这是当年上海出现的第一个双层屏幕视频播演

主题灯箱，生动再现了当年犹太难民在提篮桥地区与中国邻居们和谐相处的生活场景

通向展厅的入口设计成石库门的模样

纪念馆二号展厅在紧
锣密鼓地布展施工

14.10.93

纪念馆的前言，采用了以色列已故总理拉宾在 1994 年参观摩西会堂后在留言簿上所写下的感言

1945
1938

经过一个多月的昼夜努力，纪念馆展厅终于以崭新的面貌出现在参观者的面前

⑪ 停车场 犹太难民名单墙的第二个选址遐想

7个月没有来虹口，眼前的长阳路已经是一条拓宽三倍的堂皇大马路，整条街原先鳞次栉比的小店铺全都没有了踪迹。虽然摩西会堂原先一左一右的小吃店和发廊已经被拆除，显得干净而空旷，甚至有点太干净太空旷！周围环境使得摩西会堂显得孤独，尤其是比肩左右的两栋同样颜色和造型的建筑，那种因为当年将后门改为前门而造成的视觉缺欠暴露无遗。很明显，作为一座国际级的博物馆，它的正面造型非常需要有相应完整的轮廓线美感和气势，即西方建筑艺术通常说起的 Facade。而且，在它的正前方也非常需要辅助建筑进行呼应，形成大的景观和格局，或者说如同风水专家所说的“拢气”和“气场”。

那次，我住在远洋宾馆的高层，早起向窗外远望，恰巧正对着北面一片红瓦屋顶两层或三层的老民房。犹太难民纪念馆就坐落在在这片老房子中间，目光再放得远一些，便是横亘的长阳路和路对面层叠的一栋栋白色、灰色居民楼。我猜想这些楼房显然是如今一二十年里建成的。但是，长阳路对面居民楼前的一片空地引起了我的注意，原来，这片空地是一个不大不小的公共停车场！我于是就在窗内向下拍下了全景照片，后来为了得到更清晰的图像，我又从摩西会堂的顶楼窗子向下拍了几张，暗暗思忖，有朝一日要

是能把这块停车场拿下来，未来做犹太难民名单墙多好啊！

闲暇聊天中得知，这块地或许用于房地产，或许用于未来安置犹太历史建筑白马咖啡馆的。白马咖啡馆是当年逃亡上海的犹太难民解脱背井离乡情愁的休闲场所，然而为了将长阳路拓宽为一条交通干道，这座建筑物将会被整体迁移，其落脚处或许便是在这片停车场的地块上，况且，这块地块的管辖权归绿化局和街道。由于全部的精力都在犹太纪念馆上，这件事便无暇顾及，按下不表了。

2011 年 11 月，纪念馆的第三次布展讨论，我和林勇不约而同提起在新的街道景观之下犹太纪念馆正脸在建筑上的弱点，谈及如何均衡和改善建筑正面景观的左右布局。林勇的主意是在右侧建立售票室，一举两得；我则建议在右侧建一座细高的钟楼，而实际上便是一座中空的上部采取开放造型的艺术装置。说着说着，话题自然转到街对面的这块空地，“建立犹太难民名单墙”的老话题便又放到了桌面上。

兴之所至，大家便相约第二天一早到实地看看。其实，不论我还是林勇，早已对这块不大的地皮面貌烂熟于心，我们坚持认为，这是安置名单墙最佳的选址。因为第一，这块地前低后高，成漫坡状，非常适

小雨中，在停车场实地考察

于设计和安置不同景观的层次。其次，这块地与犹太纪念馆隔街相呼应，正好形成气场，弥补了纪念馆正脸整体造型不完整的景观弱点，再者，这块地恰巧坐落在长阳路、舟山路、东大名路的路口，周遭视野开阔，正好安置地标式建筑设施。

次日上午阴雨绵绵，我们几个人如期会齐，小廖心细，还特地为我们带来了雨伞。俗话说"画饼充饥"，我们便是"望饼充饥"，想象着倘若名单墙开工的情景。正巧，三个外国参观者前来问路，说"请问犹太难民纪念馆在哪里"，我便顺手向街对面指一指说，回头看，就在你的背后。

林勇见状道："看到了吧！看到了吧！他们到了门口居然还没有找到，这就已经说明问题了，犹太纪念馆眼下这个样子确实是需要有个气场的呀！"

小廖道："你们两个人虽然话不同，但其实说的都是一个意思！昨天和今天都是这样，你们是不是事

测量停车场面积

先通过气的啊？”

我们都大笑起来。

林勇干脆用电话招来他的两位手下，命他们带着卷尺赶来现场，丈量一下这个地块的确凿面积。我也踩着雨水想到停车场里面去实地看看。

“你快出来，快出来！”大家提醒我，“那两个值班员好像非常不高兴。别引来麻烦。”

大家在这里徘徊三四十分钟，精神会餐，然后合影，告别。

在这之后，犹太难民纪念馆经营得风生水起，先后在德国汉堡、美国华盛顿、纽约的联合国总部和其他几个城市以及以色列特拉维夫的巡展，都引起极大的反响。大家更感到建立一面犹太难民的姓名墙是势在必行，而且越来越重要。然而这个事总是热情地谈一谈便被放下，还是老话，因为没有地方，也没有钱。屡屡如此，用时下的一句流行语来形容，便是“落不了地”。

正巧，三个外国参观者前来问路——“请问犹太难民纪念馆在哪里？”我便顺手向街对面指一指——“回头看，就在你的背后。”

⑫ 第三份犹太难民名单出现

索尼娅的名单

一份数量极大而且确凿可靠的犹太难民名单真的出现了！

索尼娅·缪恩伯格（Sonja M ü hlberger）和美国伊利诺伊学院历史学教授史蒂夫·霍克斯塔特（Steve Hochstadt）寻访原犹太社区

2012年的7月10日纪念馆接待了一位老朋友，德国来的客人，她的名字叫索尼娅·缪恩伯格（Sonja Mühlberger）。同来的还有另一位伊利诺伊学院历史学教授史蒂夫·霍克斯塔特(Steve Hüchstadt)。他们在纪念馆有个讲座，谈他们对于逃亡上海的犹太难民的数量研究和思考，小韩担任了即席翻译。

索尼娅既是当年流亡上海的亲历者，她在德国的职业是外语老师，但也是这段历史的研究者。2005年，在应邀参加前面提及过的那次“纪念反法西斯战争胜利60周年暨犹太难民在上海”的纪念活动及学术讨论会后，便与陈俭、小廖成了朋友。无需我赘述，下面干脆原文照搬索尼娅在2014年春天写给犹太纪念馆的一封信，非常详细地讲述了在2012年夏天时提起的这一份难民名单的来龙去脉。索尼娅写给纪念馆的信不止这一封，我在这里引用的仅为“之一”。

索尼娅写给犹太纪念馆的信：

亲爱的朋友们，

2012年7月10日，我在虹口犹太难民纪念馆演讲“关于犹太难民名单的来龙去脉”，当时我承诺过，我会将相关资料寄给你们，现随信附送。

你们知道，我的英语不是很好，但我会尽力说明白。我提到的那份1944年的名单，不是难民局编的，而是当时虹口警察局编的，上次给你们看的名单原件的封面上，就有“提篮桥警区”的字样。所以，上海其他警察局也可能编写了各自的居民名册，但这不意味着这些名单包含中国和日本居民。

当时之所以编写上海东北部地区外国人的名单，可能是日本人 Kubota Tsutuomi 下的命令，他就是当时的“上海无国籍难民局”的长官。他下令登记 1943 年 2 月 18 日通告范围之外的所有无国籍人员名单。这些人不必搬入隔离区，也可以住在隔离区，无需额外审批。

Kubota 于 1944 年 8 月 13 日下达登记上述名单的命令，名单上显示的最后日期是 1944 年 8 月 24 日，三个女打字员说她们花了三天的时间连续打字，这个说法是正确的。三个女孩都是年轻难民，在 1944 年，她们分别是 14 岁、15 岁和 17 岁，她们在开始工作之前只接受过短暂的打字培训。她们是由接替合屋担任隔离区日本长官的叫 Harada 的日本人挑选来的。

David Kranzler 写过一本书：《日本人、纳粹和犹太人》，在第 564 页写道：

合屋调离：

1944 年 6 月，盟军在诺曼底登陆，这意味着欧洲战事接近尾声，这条消息让上海的犹太人欢欣鼓舞。不过，隔离区的末日并没有马上到来，直到年底，在上海阿什肯那齐合作救济协会（SACRA）的要求下，日本当局撤销了合屋作为隔离区长官的职务，接替他的是 Harada，这是一个比较理性的长官，在他的统治下，隔离区的管制还是比较宽松的。例如，他退换了合屋收缴的所有证件，他甚至允许他的助手 Morris Feder（他也是合屋的助手）负责换发合屋以前颁发的证件。

合屋在被撤职之后就不见了，只是在战争结束前在隔离区短暂出现过。这时，这个曾经的犹太隔离区之王，已经被愤怒的犹太房东赶了出去，走到街上时，被一群难民认出来，挨了一顿暴打。直到最后，合屋一直认为他是忠实的犹太“臣民”的“明君”。

我和 David Kranzler 认识，我们偶尔会通电话，特别是我发现那份名单之后，我们联系更多。我和登记名册的三个女打字员中的两个谈过话，了解到有个叫 Harada 的日本人，我很想知道，Kranzler 是从哪里知道这个人的。David Kranzler 跟我说是 Morris Feder 告诉他的，他向我承诺说他会在打电话给 Morris Feder，再问问清楚。Morris Feder 也住在纽约。后来，我所得到的信息都没有超出那本书里的记载（第 564 页）。我曾写了一篇小文章——《一份有意思的名单》发布在网站上。

这几天，我会再详细研究这份名单，希望把犹太难民和其他外国人分开。

此致！

Sonja Mühlberger nee Krips.

柏林，2014 年 5 月 10 日

我想，不需要在此重复了，纪念馆得到了她捐赠来的名单，加上外办和纪念馆一直努力收集的 900 多个名字，总共准确掌握的犹太难民姓名已经有近 1.4 万之多！

2012 年 7 月 10 日 原上海犹太难民索尼娅在纪念馆举行主题为《逃往上海1939，返回德国1947》的讲座，韩易担任了即席翻译

ghai 1939
tschland 1947
Redleaf
纪念馆

Sonja Mühlberger
Scharnweberstr. 57, 12587 Berlin
Tel.: (49 30) 645 71 41; 535 48 72
Fax: 537 801 04
Mobile: 0171 2343312
E-mail: Sonja.Muehlberger@online.de

Shanghai
Jewish Refugees Museum

Berlin, 10.05.2014

Dear Friends,

As promised I'll send you the text I prepared for my lecture in your house on July 10, 2012: **Some facts about the name-list (database).**
You know that my English is not perfect but I'll try my very best:
The list of 1944 we are talking about was not made for the "Refugee Bureau but for the Police Station of the district, which means: for the "Dee Lay Jao District" as seen in the photos of the cover of the original list which I showed you.

So it could be possible that also the other police stations of Shanghai have done such registrations after the files of their inhabitans which doesn't mean that the Chinese or Japanese inhabitans were included.

Maybe the registration of all those foreigners who lived in the NE (northeast) of Shanghai was directed by the Japanese Kubota Tsutuomi, who was the director of the "Shanghai Stateless Refugee Bureau".
He directed/ordered the registration of all stateless persons who did not fall under the proclamation of February 18th 1943. So those people did not have to move into the designated area or could live there without extra permission.

Kubota proclaimed that registration on August 13th 1944 and asked for personnel registration. The namelist shows an end-date of 24.8.1944 and the 3 girls who typed the list are right when they say it took them about 10 days to type the list (s. article).

The 3 girls (in the year 1944 14, 15, 17 years old and refugee youngsters) were shortly trained as typists. They were chosen by a Japanese named Harada, who was in power instead of Goya for a short period.

David Kranzler did write in his book "Japanese Nazis & Jews" on page 564 the following text:
Removal of Ghoya:
The news of D-Day in June 1944, which was the beginning of the end of the war in Europe, inspired a jubilant mood among the Jews in Shanghai. However, the first sign of the approaching demise of the Ghetto did not appear until the close of that year when, at the request of some members of the SACRA, Ghoya was removed from his post. He was replaced by Harada, a more rational administrator, who usherd in a period of greater leniency in the pass system. For instance, he returned all the passes confiscated by Ghoya. He even permitted his assistant, Morris Feder, (who held the same position under Ghoya) to renew any pass issued originally by Ghoya.
Ghoya disappeared after loosing his post, but reappeared in the ghetto shortly before the conclusion of the war.
He was thrown out of his apartment by an irate Jewish landlord. Later, the astonished "king of the Jews" was beaten in the streets by a group of refugees, who recognized him as the former erratic ghetto administrator. To the end the deposed Ghoya had really thought himself to be benign ruler of his loyal Jewish subjects.

I knew David Kranzler in person and we spoke also on the telephone from time to time, especially when I found the list, talking to 2 of the 3 of the former typists of that list and got to know the name of the Japanese, Harada, I wanted to know where from Kranzler got his information about this man. David Kranzler told me that he got it from Morris Feder, promising me that he will ask/interview him again by phone. Morris Feder too lived in New York. I got to know that there were no more news than in his chapter (s. p. 564 and article: **An interesting list**, once published on the www.rickshaw.org).

Next days I'll start to work with the list again trying to separate the refugees from the rest of the the other foreigners.

Best regards
Yours
Sonja Mühlberger nee Krips.

Sonja Mühlberger
Scharnweberstr. 57, 12587 Berlin
Tel.: (49 30) 645 71 41; 535 48 72
Fax: 537 801 04
E-mail: Sonja.Muehlberger@online.de

In February 2000, the existence of a possibly interesting list of former Shanghailanders came to my attention, prompting the idea of publishing this list on a CD ROM together with our book "Exil Shanghai" in October 2000. While working on that project, my friend Sonja Poizner (Golombek) called from Canada and I mentioned my discovery of that mysterious list, and wondered how nice it would be if I could find out more about its origin. Coincidence? Definitely! It turned out that I asked the right person.
In 1944, Sonja and best friend Eva Zunterstein (Mannheim) were employed by a tall Japanese man named Harada to perform a tedious typing job for the occupying Japanese authorities in Shanghai. It consisted of transcribing demographic data relating to the Hongkew refugee population from handwritten papers provided by Mr. Harada .
The stated purpose of this exercise was "census taking", but the enthusiasm with which the minimally skilled and quite inexperienced 14 and 15 year old typists approached their "antique" typewriters was tempered by serious doubt about the benign nature of this task, and not knowing to what purpose the resulting information will be put. Sonja, as well as Eva whom I contacted for additional information, remembered that most of the names on their lists were those of persons living in and around the ghetto area. Working conditions were not unpleasant, if you can discount the extreme heat in Shanghai in July/August, and the persistence with which their boss tried to "encourage" them to make haste. However, as the results show, neither verbal pressure nor the occasional bribe of a cup of hot chocolate, succeeded in a flawless product.
Both Eva and Sonja still remember their ambivalence about this "census"; and their concern about "why do they want to know so much about us and what will they do with the information?" The assignment was stopped before completion, but it is hoped that errors and omissions that are unrelated to the abrupt truncation of the task cannot be entirely blamed on the office experience challenged typists.
Yet this list survived, and made its way into my hands. The day I touched the 473 pages of the list, very carefully, because of the thin and brittle paper, I became very exited. I was looking at the personal data of exactly 14.784 people, nearly all of them foreigners who had been living among us and close to us. These were the names and social statistics of people from 35 different countries, and the headline read:
"LIST OF FOREIGNERS RESIDING IN DEE LAY JAO POLICE DISTRICT INCLUDING FOREIGNERS HOLDING CHINESE NATURALIZATION PAPERS".
I found so many familiar names, although my own family was not included, nor were those living with us in Washing Rd. No. 954, nor the Witting's, but it doesn't matter.
My curiosity was aroused and now I wanted to know more about this Japanese man and his "census" project. I was interested in why the Japanese authorities tried to compile records of the foreigners (or "refugees") in the summer of 1944. I also wondered if the Japanese were similarly interested in the foreigners living in the other districts of Shanghai, and, most importantly, under whose orders was all of this information gathered.
Initially, my research led nowhere. None of the Sinologists or Japanologists I approached were able to give me a detailed answer, and no one found the name "Harada" in any of their name lists, articles or relevant references.
It was my dear and good friend Horst Eisfelder who wrote to me that David Kranzler mentioned Harada in his book " Japanese, Nazis & Jews" (Removal of Ghoya, p. 564). In the same book I found foot-notes:
...In Faier, ...Bitker, Feder Interview and see also Burkhard ...
And: Feder stated that Harada left the renewal stamp with him.
And the story continues...:
Faith Goldman visited Morris Feder not long ago. Morrice Feder, is reported as a 25 year old Stateless (Exempt from Proclamation) Police officer on that list. Perhaps he could tell us what happened in July/August 1944 when Ghoya was removed.
Horst Eisfelder said: "However when speaking to my contemporaries who lived through this experience, all can recall, is that we had to deal with Ghoya until the last day of the war."
If I were a historian, perhaps I would discover that Harada wanted to be, or should have been a more rational administrator, who ushered in a period of greater leniency in the pass system? Or is the tall Japanese Mr. Harada still alive and willing and able to tell us his version of history - - -
ANYWAY:
The list was used up to the year 1946 and taken to Vienna in 1947. Today we are very grateful that once, long ago, the personal data of so many of us were typed even under difficult conditions. There are, and will continue to be people who still want to know about the "refugees" in Shanghai during WWII. Who was there and when? Was someone they are searching, alive in August 1944? And if they lived in the big Hongkew District, they may be found on the list. And perhaps traced from there?

Sonja Mühlberger, née Krips
Sonja Poizner and Eva Zunterstein as co-editors

The 3rd girls name is: Helga Hirschel, she was 17 in 1944.

杜区长沉思片刻，仿佛自言自语，又仿佛对着我们大家："把历史的碎片整理堆积，把碎片中的信息激活，传导给后来的一代……"

⑬ “我终于明白了你为什么让何宁来陪我！”

2012年7月里的一天早上，陈俭突然给我打来电话问道：

“你15号到17号在北京吗？”

“在的。”

“好的！我随时会电话找你！”

“什么事呢？”

“你不是一直想弄犹太难民名单墙吗，我和杜区长到北京参加全国十六个国际旅游城市的研讨会。杜区长非常重视文化建设，我想安排机会让你和他直接面谈。”

17号是会议的休息日，我按照陈俭的通知早上八点半便来到与会人员下榻的民族宫饭店大堂等候。当陈俭介绍我和杜区长见面的时候，他与我用力握手，眼睛在我的脸上迅速“读”了一遍，然后笑了。

“嗯，文化人！”他朗声道，“你好！”

接下去，我们一起上了等候在门外的面包车，向远郊房山的十渡风景区开去，这是我向陈俭推荐的休闲去处。陈俭特地安排我坐在杜区长边上，而他则坐在了前面司机的右座。一上车，陈俭便向我递眼色，示意我谈犹太难民名单墙的事。于是，这一个小时的路程便自然成了我们向杜区长“推销”犹太难民名单墙的专用时段。杜区长兴致勃勃地仔细听着，不时询问一些细节，他突然转向陈俭高声道：“哈哈！陈俭！我现在终于明白你为什么坚持要让何宁来陪我啦！”我们都大笑起来。

“辛德勒救了1100个犹太人，上海救了多少？少说也有2.3万人！20倍啊！”我说。

杜区长把身子向前一倾，说道：“好！太好了！世界只知道辛德勒，不知上海！怎么样？辛德勒的名单，我看我们的名单墙就叫这个名字——‘上海名单’！”

当天晚上，我在自己住家不远的一家潮粤宫酒家请杜区长吃饭，继续深入着上午的话题。我们谈到了这铺名单墙的基本造型和整体环境的景观设计。

“你们应当考虑参考中国传统家谱或者绘画长卷的形式，也可以考虑犹太民族传统经卷的形式。使这面墙看上去既有中国文化的传统因素也有犹太文化的传统因素。”杜区长说。

杜区长说得非常正确！这也正是我们在设计上打算采用的一个点子，中国传统的手卷是从右向左展开，而犹太传统经卷的阅读方式也是从右向左的，这样的结构会非常有特色！

我感到，杜区长是相当有艺术想象力的人，这使得我们的讨论变得深入却十分轻松。我们趁机向杜区长提出，希望得到犹太难民纪念馆隔街相望的那块停车场地块的使用权，用来建立犹太难民名单墙暨犹太难民纪念馆主题小广场。杜区长沉思片刻，仿佛自言自语，又仿佛对着我们大家：“把历史的碎片整理堆积，把碎片中的信息激活，传导给后来的一代……”

时间不知不觉过去，末了，我示意太太张跃去前台结账，才发现好心的陈俭在我们热烈的讨论之际，早已自掏腰包悄悄把账付了。

犹太教古老的经卷如同古代的中国手卷，通常都是从右向左展读的

左图：犹太圣经的《以斯帖记》经卷轴
右图：在成人礼上诵读《托拉》经文的犹太少年

⑭ “十年等待”和“附属建筑小品”

小廖根据我的建议书所做的 ppt 演示文件截图

我把以前的建议书重新调整，改标题为《上海名单——关于在虹口建立二战时期逃往上海犹太难民纪念墙的建议》并且添加参考图片发到外办的电子邮箱。小廖很快回函，并在我提出的难民数字上根据最新的交流信息做了修正。

陈俭，你好！

遵嘱将去年拟好的《关于在虹口建立犹太难民纪念墙的建议》重新写过了，杜区长的意见和大的设想非常有启发，也採在这份新的建议书里了。只是他那天说了三句非常有意思的话，我本想也采用进来，只是怎么也想不完整了。

请你们看一下，如有不够或不妥之处，请修改。

另外，我深感到，“上海名单”是个极好的名字，我大力推荐，就用这个当作我们未来纪念墙的正式用名。只是想到，一是要保密，因为这个名字也可用于任何艺术形式上，如：小说、电影、戏剧、歌曲、纪念物品……另外是否应该考虑未来一旦实施，此名称应当从现在起就注册专利，以免被人抢先注册。

附件里便是我重新写好的建议书，分别用 word 文档（可改动）和 pdf 格式（不可改动，方便阅读）发给你。请查收！

问候！

何宁

一天后，小廖给我回信。

何老师：

读完您的方案，大家都被您文中透露的热情所感染！

这种直抒胸怀、一气呵成的文章读起来颇为舒畅。我们打算原汁原味地将此文呈献给杜区长看。

关于文中的几个细节之处，我们在您的方案上稍作了修改。红色标注的只是文句的改动，蓝色标注的是存疑的地方，希望再与您确认。

我们期待这个项目能尽早开花结果。

祝好！

小廖

11 月中，我收到了外办的通知，去上海参加由杜区长主持的工作会议，与会的有虹口区发改委、文化局、外事办、区建委、区房地局、提篮桥街道委员会，加上冠名为美籍华裔艺术家的我。会议议题便是我心中朝思暮想的那个停车场地块的使用问题。我依然坚持认为，倘若建造犹太难民名单墙，这是最佳的选址。

或许可以说，这是我多年来神经最为紧张的一天，头天晚上竟然连觉也睡不着了。因为时光如水，从我第一次与姚区长谈及名单墙的 2002 年 11 月到 2012 年的 11 月，浑然不觉已经十年过去，而在这十年等

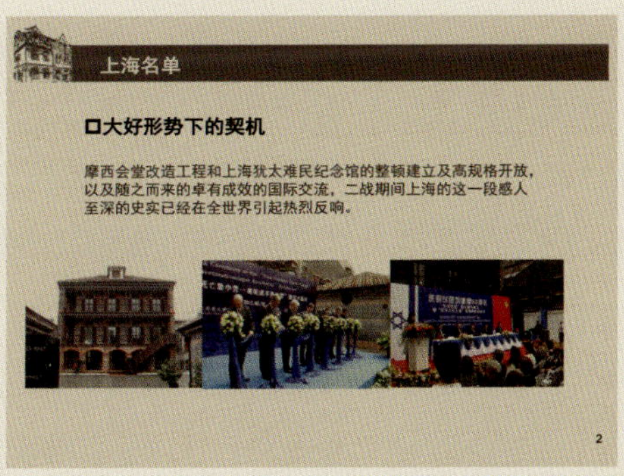

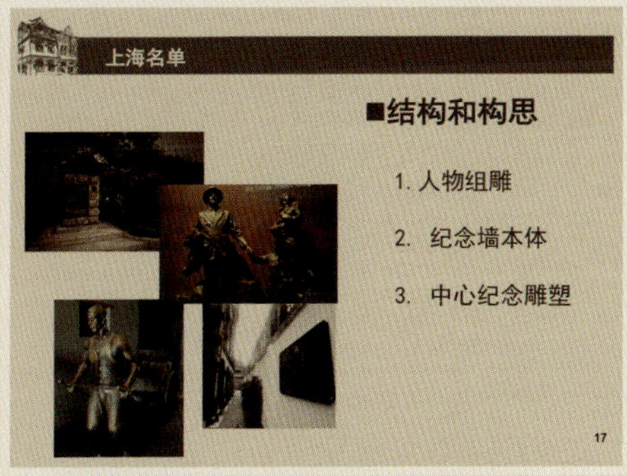

待之中的，不止有我，还有先后参与犹太纪念馆白手起家的所有的人！做事严谨的小廖已经先期将我的建议书用 Painter 软件做成了 PPT 文件，以便于我一边发言一边在屏幕上放映图片和讲解，而且在开会时，小廖特地坐在了我的边上，准备随时给我提供电脑的操作配合。

轮到我发言了。我说，时间非常巧合，我在 2002 年 11 月中旬受陈俭的邀请来到虹口，并且得到了姚区长的接见，讨论虹口犹太历史文化遗产的保护和开发。那时候，我就向姚区长谈及犹太难民名单墙的建议，而今天，我衷心感谢杜区长邀请我来参加今天的会议，使我有机会在大家面前详细地讲述我们建立犹太难民名单墙的想法。今天是 2012 年的 11 月 29 号，我等待今天这个发言的机会等了整整十年！

会议结束，我的关于犹太名单墙的建议得到了大家的接受，也被正式写入了会议的纪要，但是整个会议听下来，我也听明白了一个事情，那就是这个停车场的地块，可谓寸土寸金，将被瓜分，同时派上好几个用场。谁将胜出或者成为占地面积最大的大户，要靠硬性指标，即中国时下所言的经济“刚性需求”，并非一时半会儿见不到效益的所谓软性历史文化内涵。所以，犹太名单墙未来命运如何还真是充满变数。后来不久，杜区长升迁，任职区里的党委副书记，不再负责那地块的事了，于是我的心也凉了半截，当然，作为职业画家的我依然画我的抽象画。但是有趣的是，会议结束当晚，便有好心的朋友向我推荐纪念墙的设计和制作公司，而且告诉我，这家公司路子通天，在虹口区政府里路子很宽，就是招标也有把握胜出，当然也会尽力满足我的个人利益。对于朋友的好意，我当然无法直接拒绝，便客气地说了谢谢。

到了 2013 年的初夏，虹口外办打来电话，说虹口有关部门的批文已经下达，在这个地块上重新安置白马咖啡馆和变电站，至于犹太难民名单墙则定位为“附属建筑小品”。

我说这怎么可以，名单墙不单单只是一面墙而已，它的历史文化内涵决定了它必然需要相当的体积面积和周遭的环境空间设计，如果像眼下这样作为“附属建筑小品”处理，我真不知道它最后会是个什么样子。何必劳神和委屈那个停车场空地呢！全虹口的任何建筑不是都有外墙吗？

接着，外办又给我发来邮件，里面是一系列由一家非常出色的建筑设计事务所探讨犹太名单墙的参考图片和他们试着设计的犹太难民纪念墙的效果图。从文件的文字说明来看，这家事务所负责整个地块上几个建筑的安置布局与工程施工，所以也理所当然的希望把这个“附属建筑小品”顺势一起解决了。

2013 年 7 月初，陈俭来到北京开会，事先非常郑重地请小廖通知了我，特地来到我的家里看我，一同来的还有田湘君和纪念馆的志愿者高智慧老师。我们的话题当然还是进一步商讨犹太难民名单墙的事。

我说，这样凑合，不如不做。接着，我又大致形容了我个人的设计想法，如何使名单墙成为地标式建筑，如何使名单墙前面的小广场成为官方和百姓活动的场地，等等。尽管这一切看上去已经成了又一个白日梦，但大家依然聊得兴致勃勃，好像真有那么一回事儿似的。不知不觉时间已近晚上九点，陈俭便提议大家去附近的蓝色港湾走走，他特地向同来的小田和高老师介绍说，蓝色港湾便相当于上海的新世界。

刚入盛夏，北京的天气已经闷热难耐，周末的蓝色港湾尽管很晚却依然是车水马龙人群熙攘，令人想起夜晚纽约曼哈顿的时代广场。送走客人，我站在蓝色港湾街口，目送他们的出租车渐渐融入夜幕下的霓虹之中，再想想犹太难民名单墙一波三折的命运，脑子里不由浮想起南朝乐府诗歌中的句子：

“……楼高望不见，尽日栏杆头。栏杆十二曲，垂手明如玉。卷帘天自高，海水摇空绿……”

“上 海 名 单”

—— 关于在虹口建立二战犹太难民纪念墙的建议

何 宁

1. 大好形势下的契机

近年来，在虹口区人民政府和外事办的强有力的推动下，随着摩西会堂改造工程和上海犹太难民纪念馆的整顿建立及高规格开放，以及随之而来的卓有成效的国际交流，二战期间上海的这一段感人至深的史实已经在全世界引起热烈反响。我们正面临着一个极好的契机，进一步发挥历史和文化遗产的优势，把“犹太难民在上海”这一城市名片做好做大，来促进虹口的发展。

2. 呼吁建立犹太难民纪念墙

每当看到络绎不绝的外国人在长阳路、霍山路等等当年犹太人生活过的街道流连忘返，寻根访祖，我们便想，为什么不能设计和竖立一座犹太难民纪念墙，将当年成千上万因来到上海而得以逃脱死亡的犹太难民的名字刻于其上，给人们一个精神寄托的“聚焦点”呢？

这里有两个令人激动的数字：

辛德勒从纳粹的手中救出的犹太人	一千一百人
上海拯救的犹太人	两万三千人， 整整二十倍于前者
换一句话说：辛德勒的名单	1100
上海的名单	23000

如果我们的纪念墙真得以矗立起来的话，它无疑将在全世界引起极大的反响！它将带给人们更加直观的效果、更强的震撼力！从而在世界上极好地宣传中国人民爱好和平以及在世界上记住历史的教训。

其实，“设计和建筑犹太难民纪念墙”这个想法我们早在 2002 年便已经提出了。在之后的十年里，又不断地提出。今天，我们将这一设想在新的历史条件下再次提出来，盼望得到区里有关领导的支持。

3. 独一无二的特色——它的主题是“拯救”。

给纪念墙取一个响亮而自豪的名字——“上海名单”!

纵观世界上许多的铭刻人们姓名的纪念墙，都是为纪念和悼念死者而立的，然而，我们要建立的纪念墙，将是世界上独一无二的一座将历史事件幸存者的名字铭刻其上的纪念墙！于是，突出了纪念墙“拯救”的主题。

这座纪念墙，就叫作“上海名单”!

“上海名单”——这是中国人民崇高的人道主义精神的功德碑！

4. 历史不再是仅供陈列的“标本”，而是“活着的”历史。

可以想见，一俟纪念墙建立，每年一定会有无数的外国人来到墙边细读这些姓名，寻找亲人。纪念墙上每一个名字的背后，都有各自的故事，他们的后人便一定会讲出他们的故事；他们是如何来到上海的，他们后来离开上海之后的经历，他们的后代的生活，他们过去和现在心中的上海……

我们打算设计上，在纪念墙的后部，留出一段空白墙，用以添加陆续由人们新发现的和新提供的那些遗漏难民的姓名，在这里，历史便成为绵绵不绝的“活水”，成为不断延续的生活现实。这座纪念墙便是活着的历史数据库。

5. 促进实现“提篮桥历史文化区”的建立

纪念墙连同其广场，坐落在开阔的长阳路口，以其高屋建瓴的气势，以它造型的辐射和视觉上的吸引力，将摩西会堂、长阳路、舟山路、唐山路、霍山路等历史路段及坐落其上的各个犹太历史景点连成一片，真正实现“提篮桥历史文化区”的建立。另外，从建筑美学的角度，纪念墙在道路拓宽后的摩西会堂（博物馆）的正对面，遥相呼应，形成强大的气场，也实现了建筑功能的完整性。

6. 公众活动的大型聚集场所

未来的纪念墙，是包括纪念墙、雕塑组雕、广场、绿化的完整设计。一定会成为许多重要政治、社会、文化交流的露天活动场地。

7. 拉动周边房地产业、旅游产业、文化产业及其他小商品市场的发展繁荣。

2005 年，在我们开始筹划犹太难民纪念馆的时候，上海的犹太艺术家迪文曾经说过一个有趣的现象，他说，来虹口的旅游团，基本上用十几分钟逛一逛，在周围走一走，便集合上车到外滩吃饭、喝咖啡去了。如何能使游客在这里停留的时间长一些，一直是我们努力达成的目标。犹太难民纪念馆 — “上海名单”纪念墙 —“提篮桥历史文化区”方案的完整实施，对于周边街区和整个虹口经济的开发和拉动是不言而喻的。

8. 城市名片——纪念墙本身也成为虹口历史文化遗产的重要组成部分。

目前，奥斯维辛集中营的图片展览正在犹太难民纪念馆展出，人们，特别是来这里参观的外国人，终于有机会把在欧洲发生的种族大屠杀和在上海发生的生命拯救进行近距离的、可视的对比和思考。

我们确信，“上海名单”纪念墙一旦建立，一定会成为虹口重要的国际化旅游景点，成为城市的地标性建筑物，成为城市名片。随着岁月的流逝，“上海名单”纪念墙，它的本身也一定会成为虹口地区历史文化遗产的一部分。

2011 年 10 月 28 日第一稿

2012 年 6 月 28 日第二稿

附件一： 关于上海犹太难民纪念墙设计的描述

一、选址

在新拓宽的长阳路上，摩西会堂的正对面。

这个位置非常醒目，从四个方向很远的距离都可以看到，容易构成气势。而且它和犹太难民纪念馆和“小维也纳”（舟山路）气脉贯通，形成了极好的参观游览的链接。这块黄金地块大小合适，且目前闲置，仅作为停车场在使用。我们恳切希望能够考虑将其作为纪念墙选址。其好处前面正文中已有详述。

二、纪念墙的基本描述

A. 结构和构思

我们的构思是，整体分成三个部分。按照参观顺序可以分：

1. 人物组雕，2. 纪念墙本体，3. 中心纪念雕塑。

在此分别描述如下：

1. 人物组雕

在通向纪念墙的稍稍加高的台阶路的两侧设计和安置与真人大小尺寸相等的人物雕塑群，这些雕塑不加基座，直接安置在地面上。数量有大约 30 个，形象是当年逃亡上海的犹太难民，有的拖儿带女，有的提拉着行李，有的乘坐着黄包车。所有人物的走势，全部朝向纪念墙的方向。当然，这些雕塑并不是自然的分散状态，而是按照设计有机的分成几组，每组人物都有一个小的中心，小的主题。

这样的设计安排既是一种象征，也是一种体验。当游客和参观者渐渐走向纪念墙的过程，便是和身边的这些当年的犹太难民（雕塑）一起，经历奔向上海——这座拯救生命的诺亚方舟的过程。

2. 纪念墙主体

墙的高度与长度视安置现场的周边环境而定。考虑到这是一座以幸存者姓名雕刻其上的纪念墙，因此，它所要传达的气氛便肯定十分不同。

4

墙面不可过于肃穆，或是设计成一页一页的中国民间家谱的历史文献的式样，或是犹太经卷卷轴造型，或是配合以装饰图案，甚至出现石库门的门廊造型。而且，考虑到造型上的变化，纪念墙可以分成几段，数目可以考虑采用犹太民族的吉祥数字。

3. 纪念碑式中心纪念雕塑

由浮雕和镂空雕刻组成的直立的纪念碑式式样。造型是上海市花——白玉兰和犹太烛台的结合，由两组飞翔的和平鸽群，腾空而起，相互缠绕融为一体作为装饰。

另外，碑刻铭文为中文、希伯来文与英文。铭文内容待定。

B. 建材选择和色彩搭配

地面为白色石材，配合花卉草坪与树木；纪念墙为暖灰色人造大理石，铭刻的姓名按照英文字母顺序排列，为镂刻的铜色；雕塑为翻制的铜雕；中心纪念雕塑的主体为暗红色大理石或花岗岩，和平鸽群组为白色。色彩协调而温暖。

C. 建立纪念墙之后的相关延伸和活动设想

目前，我们可以准确掌握的犹太难民姓名有一万五千多人。这实际上是当年日本建立犹太隔离区后登记在案的名单。当年的情况是：自1938年，来到上海的犹太难民远高于这个数字，之后许多人辗转去了美国或其他国家和地区，到太平洋战争爆发的1941年，在上海犹太难民的实际人数为大约1.5万人。正好便是这个数字。

由于这个名单的不完整性，恰恰给我们提供了一个极好的交流互动的契机。一定有许多人会向我们提供种种的信息，告诉我们，他们或她们的前辈某某，也是当年来到上海的难民，接踵而来的便是这些人的故事。我们可以在设计纪念墙的时候，特地在墙的尾部留出一段空白，作为不间断地补充新发现的姓名之用。完全可以想象，围绕纪念墙，来访者、参观者的活动以及和我们的互动会更加丰富。 我们充满信心地期待，犹太难民纪念墙一俟建成，便一定会在实际上成为一座活着的、有生命的墙，成为文化和外事交流的平台。

5

附件二： 相关参考：世界著名的纪念墙简介

A. 坐落于美国华盛顿的越战纪念墙

这座纪念墙早已扬名于世界，被人们称为“名字的悼念碑”（The Monument of Names），上面记刻着数万当年死于越南战争的美国士兵的姓名。这座“名字的悼念碑”已经成为世界旅游的著名景点，特别是美国每年的国殇日，数以万计的美国人聚集在这里，用各种形式追思历史，悼念亲友。

6

B. 纽约的 9·11 悼念碑（9·11 Memorial）

悼念碑建于纽约世贸双子座大厦正负零层的基座之上，碑址处拥有两个反思池。池子的四周是黄铜幕墙，幕墙上面雕刻着 2001 年 9 月 11 日以及 1993 年世界贸易中心爆炸案中 3000 名遇难者的名字。整个纪念建筑计划除了纪念馆和纪念碑，还包括几座办公楼和一个地下部分。预计，整个工程将在 2015 年竣工。纪念碑和纪念馆总花费约为 7000 万美元。

纪念碑于 2011 年 9 月 12 日在纽约市对公众开放，这距离世界贸易中心双子塔被恐怖分子炸毁已有 10 年时间。开放的首日，大约 7000 人对纪念墙进行了参观。另外有 40 万人已在网上登记注册，将在之后数月内参观纪念碑。可以预料，这将是美国国内又一座引起全世界瞩目的纪念墙。

7

本书作者何宁和他所
创作的犹太历史画作

⑮ 西墙

耶路撒冷的西墙和上海犹太难民纪念馆的西墙

耶路撒冷犹太第二圣殿
的西墙——哭墙

2013年的冬天，我又一次应纪念馆之邀参加第三次展陈改造的研讨会。参加者除去陈馆长、他的手下和我，还有上海社会科学院犹太中心常务副主任王健教授、汇展广告装饰有限公司总监林勇及他的助手刘琼。因为随着纪念馆六年的实践和大量史料的收集，纪念馆的展陈布局和内容都有必要做出相应的调整。随着讨论的深入，陈俭希望将议题集中到摩西会堂三楼展室和纪念馆庭院的墙面。

在会上王健教授提出这样的一个观点，他说现在的青年是看图像长大的一代，更何况当年老一辈的上海犹太人已经基本淡出历史，所以，向新的后来者提供图像教育尤为重要。于是，大家的讨论便在图像的问题上一言一语。

当时林勇和我提出了两个非常有趣的建议，一是邀请中国连环画巨擘上海画家贺友直大师创作如同北宋《清明上河图》一般的长卷，内容是在当年日本人建立隔都的提篮桥地区，犹太难民和上海老邻居和睦相处的四季昼夜全景式描绘，放在摩西会堂三楼展室内四面墙的上部，以环绕方式制作动漫式情景再现图像，制成动漫！至于三楼展室的下半部，则建立自动化触摸式的电子数据库。但是，陈俭馆长却表示了他的担心，理由是纪念馆小本经营，并没有配置专门电脑数字技术的维护人员，平日里不管有无参观者都必须使这些动漫保持运转状态，其中不但耗电量很大，而且维修和设备更新费用昂贵，其中付出成本必须考虑。他说，犹太纪念馆是个国际性展馆，必须保证运行的万无一失，假如哪天某位外国元首参观时动漫突然故障，那便是非常难堪的国际影响。于是，这个设想便被作为今后的议题搁置了。两年后贺友直先生仙逝，倘若当时请贺友直这样的艺术巨挚留下画作的话，无疑会给纪念馆留下一份价值连城的艺术宝藏。

第二个建议，便是在犹太纪念馆的西墙以各类历

史照片为蓝本，采用腐蚀手法在铜板上制作系列连续的历史图像。但当时上海有家文化公司请了境外的一些画家，创作类如连环画一样的《犹太难民在上海》油画组画，正在酝酿展出与宣传。于是这个建议也被搁置。看看时间已近中午，大家想出的最后的办法，便是重新调整安置现有零散分布的各类牌匾，暂时使这面墙尽量显得美观和充实。

回到北京不久，纪念馆便给我传来王健教授的文稿，汇展也传来关于纪念馆院展厅的调整效果图和院内西墙上重新布局安置各类已有牌匾的调整效果图。我也向纪念馆和汇展用电子邮件呈上我的《新一期布展框架设想》并特别加上文前的说明。

邮件发出去了，我心里依然感到纠结。而几乎同时，12 月 24 日的汇展的项目经理刘琼，便发来了汇展作为整体设计的新方案，其中在“巧妇难做无米之炊”的情况下，将这面西墙打扮得美轮美奂，我暗暗佩服汇展在设计上的能力，但想来想去，总觉得现在这个把现有的牌匾重新安排的措施是个换汤不换药的“花样儿”，是没有办法的办法，偌大的一个空间，必须用来开拓和深化纪念馆的主题才好。

一连几日一筹莫展，碰巧我家客厅的一面墙挺长，我便盯着看，想象着，仿佛它就是纪念馆的那面西墙，突然，我脑子里一个念头闪过 —— 犹太难民名单墙！我迅速在电脑资料里提出犹太纪念馆的平面图，看到西墙的标注长度尺寸为 37 米，高度为 2.2 米，我取来钢卷尺和计算器，粗粗按尺寸折合算下来，除去前后两三米空间，安排 1.5 万个人名刚刚好！

任何一本百科全书在解释犹太人的圣城耶路撒冷的“哭墙”条目，都会有大致如下的词句：

哭墙又称西墙，是耶路撒冷旧城古代犹太国第二圣殿护墙的一段，也是第二圣殿护墙的仅存遗址，长约 50 米，高约 18 米，由大石块筑成。犹太教 (Judaism)

把该墙看作是第一圣地，教徒至该墙必须哀哭，以表示对古神庙的哀悼并期待其恢复。千百年来，流落在世界各个角落的犹太人回到圣城耶路撒冷时，便会来到这面石头砌成的西墙前低声祷告，哭诉流亡之苦，所以这面仅存的西墙被称为“哭墙”。

现在，我们手里也拥有这样的一面西墙，它长37米，高2.2米，它可能会在我们的手里建成一面记录生命的拯救之墙！

我随即抄起电话，分头打给陈俭和林勇！电话那一头的反应都非常振奋：

陈俭：“好极了！你说的这件事太重要了！我正在开会，会后我们仔细谈！”

林勇：“太好了，我立刻让刘琼他们去纪念馆实地量一下墙面，用电脑做一张实际尺寸大小的一米宽的图样，喷绘出来请你过目！”言犹未尽，他接着即兴画了一张自己的想象草图发来，“何老师，用你的素描风格的绘画图像把难民的姓名组合串连起来，好看啊！假如面积不够，把连接的二号展厅的墙面也用上！”

很快，我又应陈俭之邀来到上海，在工作会议上，陈俭向大家传达了非常鼓舞的消息，内容如下：

虹口区党委书记吴清非常支持名单墙的建立，特别是2014年2月全国人大通过决定的将9月3日确定为中国人民抗日战争胜利纪念日，纪念馆希望名单墙在纪念日前建成，并在胜利纪念日落成和揭幕剪彩。这一想法得到了吴清书记的大力支持和赞同。

考虑到纪念馆内场地狭小，这30多米长的西墙的空间便显得分外珍贵。但是西墙前面的庭院空间依然不够宽阔，特别是墙的中段和摩西会堂的廊檐空间狭小，所以，纪念馆建议名单墙的设计和和选用的材料，最好是可以移动的，这样一旦有更恰当的地点，便可以做整体的迁移。

当然，对上述意见我们所有的人都是一致赞同的！紧张的几个连续工作日，敲定大致轮廓和关键细节以及工作时间表，纪念墙的事终于尘埃落定，进入了实际操作阶段！

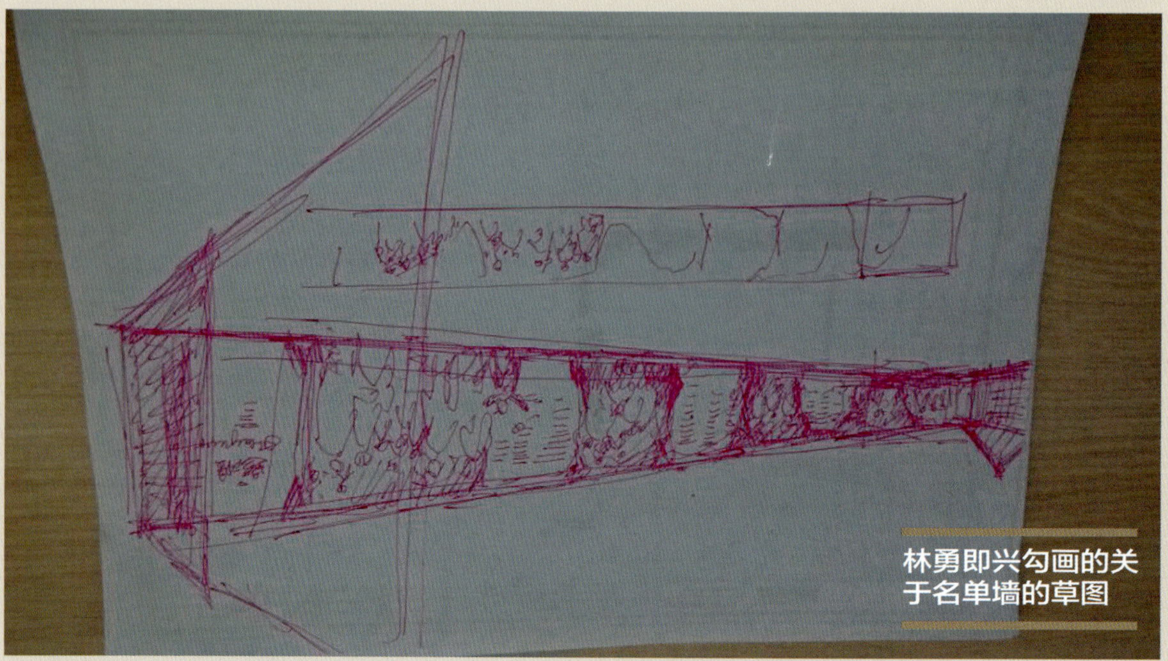

林勇即兴勾画的关于名单墙的草图

实地测算。左为上海汇展的设计师顾嘉菁

探讨名单墙设计风格和纪念馆建筑本体的一致性

讨论犹太难民名单墙方案

关于《上海名单》纪念墙的设计构想

何 宁
2014/03/15

一、空间和面积的基本计算

1. 右面侧墙长度 37.7 米，2 号厅背墙长度 6 米。纪念墙拟高 2.7 米（本体高度为 2.4 米，基座的高度为 0.3 米），落成后似应遮挡和覆盖住后面的旧墙头。（右面侧墙墙体高度为 2.685 米。）

2. 在这样的一堵大墙上面刻满 15,000 个犹太难民的人名，墙面的设计构成上必须做出变化，不然一定会显得单调、呆板、傻里傻气，不仅作品本身没有节奏感和呼吸感，而且会给参观者带来压抑感。所以，在设计上，拟将纪念墙整体墙面断开成为多块竖立的，比例为 2∶1 的连续展墙的组合，展墙之间均有小间隙。如此一来，纪念墙会显得优雅和轻巧。每一方展墙的面积为：
2.4 米 × 1.2 米 = 2.88 平方米

3. 计算下来，
右侧墙可得：37.7 × 2.4 ÷ 2.88 = 31.42 方（平面展墙）
2 号厅背墙可得：6 × 2.4 ÷ 2.88 = 5 方（平面展墙）
可见，两墙共可得 36.42 方展墙平面，已知每方展墙平面的面积为 2.88 平方米，
右侧墙 31.42 方去掉尾数，按照 31 方计算，加上 2 号厅背墙的 5 方便是 36 方，总面积为：
2.88 × 36 = 103.68 平方米 = 1, 036, 800 平方厘米。

4. 目前我们已经掌握的犹太难民名单为 14, 700 人（应当是 1943 年日本人在虹口建立隔离区时登记的统计人数），按照 15, 000 人计算，
1, 036, 800 ÷ 15, 000 = 69.12 平方厘米

也就是说，刻印每一个姓名的可用面积是 69.12 平方厘米。这样的面积应当完全够用了，就是去掉每一方平面展墙上下左右的空间也够了！ 有了这样的计算结果，《“上海名单”纪念墙》的选址就有了基本的空间保证和可操作性。我们便可以将设计的创意发挥，压缩雕刻犹太难民姓名的使用面积，腾出适当的空间面积，用于纪念墙上面相应的浮雕制作，图案装饰，或其他必要的相应文字展示。

二、设计式样描述

1. 犹太难民 1.5万 个姓名的排列设计
按照英文 ABC 字母之顺序分组排列，在每一个字母起首的人名组前面加起首字母装饰图样，图样为方形，占三行高度。A，B，C，D，依次类推。
考虑：颜色或为白底蓝字或蓝底白字的“犹太效果”？
字体设计是否可以参考犹太字母的美术体造型？（见示意图）

犹太难民的名字全部用大写字母，按照自然行文方式，每个名字首尾相接鱼贯排列，每一位人名之间加菱形点状装饰隔开。（见示意图）
由于英文的拼音特点不同于中文方块字，每个名字长短不齐，又无法断开，按照英文行文习惯，左侧对齐，右侧放开。（见示意图）

2. 纪念墙之间的浮雕、装饰图样或相应文字设计
这里列出三个处理方案供大家选择，当然，也要看可用面积和空间的大小而定。

方案一：
在纪念墙上那个间隔安置浮雕，浮雕数量为 3 幅 ——侧墙上面 2 幅，2 号厅背墙上 1 幅。形状为竖幅，高度与几面墙面同高，但是其面积和大小宽窄的最终确定，要以准确计算和安排好犹太难民的人名单占的总面积而定。浮雕内容上和主题上，初步拟为：苦难、希望、光明，风格为象征性，手法为高浮雕与浅浮雕的装饰性，拟应避免与展厅内的图片近似的内容。

方案二：
创作素描画，腐蚀刻印在纪念墙上面，尺寸比例也为开放式构图，大小不等。其数量为 10 幅，即：侧墙上 8 幅，2 号厅背墙上 2 幅。安排的方式是穿插在这 15000 人名之间，或上或下，或在中间。

方案三：
在纪念墙上穿插添加话语，其数量或多或少，但是起码不要少于 10 条，可用中英文双语。其设计方式和构成方式类如方案二。
这些话语为犹太难民的访谈和回忆录中的摘录，如：
“唯一能够去的地方就是上海。只要一张船票和一本标着字母(即犹太人)的护照就可以了！”（Walt Josef Fraser）
“我们一家真的很幸运，逃脱了纳粹的迫害。更加难能可贵的是，我还收获了一个美好的童年！”（Nina Wertans）
等等。
这些语句出自纪念墙上的犹太难民之口，是对于这座被命名为“上海名单”的纪念墙之“拯救”“友谊”主题的最好注释。

注：以上 3 个构想方案各有利弊，是否有新的构思？我们再进一步探讨。

3. 材质选择
侧墙过道空间较小，不能远观，因此材质颜色和质感不宜过于沉重。再则，本纪念墙的主题是“拯救”和“追忆”，而不是“追悼”，过于沉重的设计也有悖于主题。材质的石材或金属最好能够有适当镜面效果，驻足参观的人们能够在纪念墙中看到自己。

4. 相应辅助设计
① 纪念墙名称“上海名单”的标牌位置安排及设计
② 纪念墙基座
③ 紧贴基座的地面布置

5. 相应文字和其他延伸设想 （暂略）

⑯ “三架马车”“六个和六百万”

我们多年的成功合作已经渐渐传开，被人们戏称为“三架马车”，更洋气的说法则是“三剑客”。这次正式定名为“二十世纪三四十年代逃亡上海犹太难民名单墙”的重要项目，无需说，当然还是我们三方合作，用以保持纪念馆展示作品风格的一致性。

关于犹太难民纪念馆的展览设计，陈俭，我，和林勇已经合作经年，除去纪念馆之外，林勇的公司也积累了大量的知识和资料，他手下的几位直接参与者比如刘琼和顾嘉菁，几乎都成了上海犹太问题的准专家，而我们多年的成功合作已经渐渐传开，被人们戏称为“三架马车”，更洋气的说法则是“三剑客”。这次正式定名为“二十世纪三四十年代逃亡上海犹太难民名单墙”的重要项目，无需说，当然还是我们三方合作，用以保持纪念馆展示作品风格的一致性。我的工作是负责名单墙的概念设计，即把控总体组成部分的构思设计和艺术表现。林勇团队则进行结构设计因地制宜的细化和具体材料制作的实施。陈俭总体负责，犹太纪念馆和外办团队则负责文案材料的提供和确认，更重要的是全部国内外交涉的资金筹措以及媒体宣传。

犹太难民纪念馆纪念馆长陈俭、本书作者艺术家何宁、上海汇展总监林勇，被人们戏称为“三剑客”

这次犹太难民名单墙之所以能够落地，和陈俭团队出色的的外交能力和内交本领是分不开的。特别是其中的廖光军、韩易、田湘君，各个都是

具备中英双语能力，能独挡一面的才女。就是这个团队，成功从德国驻上海领事馆处得到了以德国外交部名义的捐款和美国丹尼·史朋根家族基金会的捐款，就此，解除了整个项目最后的也是最基本的担忧。

为了给我的设计提供灵感，小韩还专门将几部资料片收集在一个U盘里送给我。这些资料包括：电影，故事片《辛德勒的名单》、故事片《佩拉施卡》、纪录片《6号房间的女士》、以色列领馆驻上海总领事馆推出的纪录片《最后的避风港》。这些充满视觉图像的资料我随后拷贝给了中央美术学院雕塑系的工作团队，对雕塑创作带来很大的方便和帮助。

根据纪念馆提供的老建筑图纸，这面墙标明长度为37米，但经过实地测算，实际的长度为34米。虽然比我们预估短了三米，却如同量体裁衣一般，所需内容须在纪念馆庭院允许的最佳视觉空间里刚刚好“装了进去”。而且，我们也正好利用这面墙由右向左的走向，将名单墙安排成一轴传统中式书画卷轴的款式，或者同样是由右向左为阅读次序的希伯来古老经卷，将名单墙由右起首向左徐徐展开。

这面名单墙由四个部分构成，即前言、起首雕塑、名单墙主体和后记与尾饰浮雕。

我在此略为详细的分述如下：

1. 前言

“我相信，我们都相信，记忆，就是答案，或许是唯一的答案。”

这个充满诗意和哲理的语句是1986年诺贝尔和平奖得主、当年纳粹布肯瓦尔德死亡集中营的幸存者、著名作家和社会活动家艾力·维塞尔的。引自他于1985年在美国白宫接受里根总统授予的国会金质成就奖时的发言，后人加标题为《向权力说真话》。出处的原文段落如下：

“我知道纳粹屠犹是独一无二的事件，更是独一无二的犹太事件，尽管它同时具有普遍的意义，尽管并非所有纳粹受害者都是犹太人，但每个犹太人却无一例外都是纳粹的受害者。我知道了冷漠的危险，冷漠的罪恶，我知道了爱的对立面不是恨，而是冷漠。犹太人被他们的敌人杀死了，但他们却是被所谓的‘同盟者’出卖的，而后者还在为他们的

讨论设计方案

漠视和无动于衷寻找政治借口。

我也知道，受苦不能带来特权。苦难完全取决于人怎样对待它。总统先生，这就是您提到的那些幸存者为什么试图告诉他们的同代人，如何在废墟上重建家园，如何在没有希望的世界里创造希望，如何向目睹信仰遭到侮辱与毁坏的一代宣扬信仰的原则。我相信，我们都相信，记忆就是答案，或许是唯一的答案。”

（注：这段文字的下划线是本书作者自己加的。）

是否采用这段话语作为前言，大家也有过不同观点，质疑的意见是这段话不够直白，似乎应当是“让我们牢记历史，如何如何……”这样的表述，但是最终还是得到了大家一致的赞同。至于我本人，其实更希望在版面安排上能够排列成现代诗歌的分行方式，例如：

我相信，

我们都相信，

记忆就是答案

或许是

唯一的答案。

但或许这样的断句使得文字的阅读节奏美妙，但和起首雕塑左侧的名单墙的名称在构图的安排上呼应不足，我放弃了，依从了林勇的意见，水平一线的整行排列。

但由此“记忆”二字一出，引得后来的不少媒体与文章，均以“记忆”为报道和生发开去的文字的发端，可见我们对于的前言的挑选还是准确恰当的。

2. 起首雕塑

名单墙起首处安置一组圆雕、高浮雕、浅浮雕相结合的大型雕塑。作品着重刻画了六个犹太难民的形象，用意是将数字“六”与在纳粹种族灭绝的大屠杀中死亡的“六百万”犹太人相联系——

何宁所作的艾利·维塞尔素描肖像

Six and Six Millions or The Six from Six Millions。

关于起首的雕塑的构思我始终是明确的，但在构图上我先后画了两稿，并将每次的草图都发到犹太难民纪念馆和汇展，征求大家的意见，而林勇则即刻吩咐设计人员做成电脑图像效果再发给大家。整个4月，我突击完成了雕塑设计的第一稿，但是思来想去，感到其中犹太妇女的形象过于引人注目了，这显然不合犹太民族的惯常习俗。试想，在犹太会堂里面，妇女和儿童都是要安排在二楼上面的。为了以防万一，我便专门打电话给洛杉矶的布雷泽先生，他也同意我的意见，即弱化妇女形象。

象征和喻意：

中年男子和儿童——象征坚定不移的意志和民族的未来。

右侧的青年男女——象征勇敢的精神。

他们手中捧着的烛台，也是经过我们大家一致讨论同意采用的。烛台和大卫星一样，是犹太民族重要的精神符号，最早出现在《圣经·出埃及记》中的记载。而犹太节日“光明节”（Hanukkah）也和烛台有关，在古代反抗希腊塞琉古王朝安条克四世的玛喀比起义中，在收复了圣殿之后，圣殿中缺少灯油的烛台居然奇迹般地燃烧了八天。所以，我们在这里用手持着犹太烛台的青年男女，象征着勇敢和光明。

犹太正教教徒的形象——象征着一个民族对上帝坚定不移的信仰。

老年妇女——象征经历的无数苦难与心中的爱。

一个小小的犹太民族之所以在近两千年的流亡中没有消亡，而且越挫越强，这种凝聚力来自对上帝的信仰。而老年妇女的形象，则无疑给雕塑增添了柔情。

背景浮雕——隐约的犹太难民的群像和飞翔的海鸟，暗喻犹太难民跨海越洋终于来到安全的避难所——上海。其实，我是希望通过海鸟的形象，令人联想起《犹太圣经》的《出埃及记》（Exodus）中，摩西带领犹太人跨越红海，逃脱了埃及法老的迫害，得到生命的安全保障，回到迦南的故事。

3. 名单墙主体

姓名的排列，是按照英文字母ABC归类和排列，并且在每一组名字的前面装饰大型花体字的起首字母图案。所选用的这种花体字的样式令人联想起希伯来字母的模样，而且是曲线造型，给横平竖直的名单墙增添些视觉上的活泼变化。

此外，我们原本打算将每一个名字的后面加缀一个小树叶造型的装饰，既暗示了生命的拯救亦可以做名字的间隔，但考虑到使用的设计语言已经很丰富，不宜过于玩弄小花样，更重要的是，考虑到空间面积的整体分布，为避免拥挤“过满”放弃了。

名单墙总共镌刻有13732个犹太难民的名字，这些姓名的来源前文已述及，不再重复了。

第二个内容，便是我们有意安排了十条当年犹太难民的话语。

为了区别于悼念亡者的纪念墙，我在概念设计上提议“开窗”，即在纪念墙面上安排数条当年犹太难民的话语，使得墙面出现活泼生动的“人气”。这些话语——我们称呼它们为“话语”而不是“语录”，仿佛他们正在与参观者交流谈心一般，十分亲切。但是安排多少条话语最为相宜，则需服从这个墙面的布局，既饱满又从容，且有着读起来疏密的时间节奏。

4. 后记与尾饰浮雕

后记的内容：

主要记录了这近1.4万之数的难民名单的来龙去脉以及希望大家继续提供补充遗漏姓名的愿望。

再有，就是铭刻名单墙的捐款者的名字。

名单墙最后的尾饰浮雕：

上海的市花——白玉兰花的图案和犹太《托拉》经卷的护板上《摩西十诫》图案的重合。其含义已经不言自明。

《托拉》是犹太教带有原教性的律法经卷，而《摩西十诫》则无须我在此进一步解释了。

这些设计构思上的内容我们都在电子邮件里面频繁交换意见。

何宁创作的名单墙尾饰
浮雕设计草图

就名单墙的设计方案向以色列驻上海总领事和其他官员征求意见

何宁创作的名单墙起首大型浮雕设计素描草图

⑰ 寻找雕塑家

“这个十字架由我来背。”

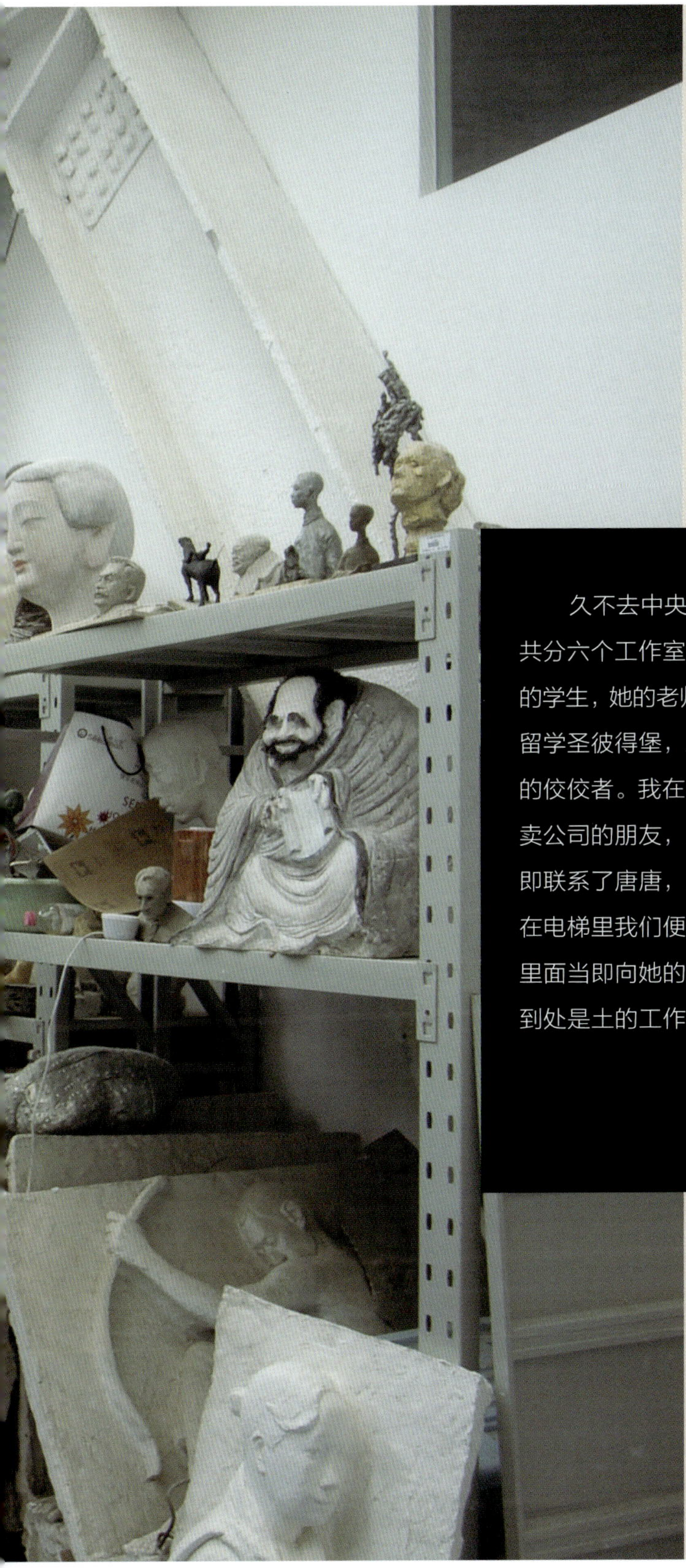

久不去中央美院，现在的雕塑系已经完全是陌生的模样，共分六个工作室，其中写实的只有两个。唐唐便是第二工作室的学生，她的老师名叫陈科，任第二工作室主任，五十岁开外，留学圣彼得堡，正在创作的盛年，是中国目前中生代雕塑家中的佼佼者。我在网上查看陈科的作品和履历，又咨询了保利拍卖公司的朋友，感到这个艺术家应当是我们的合适人选。我随即联系了唐唐，第二天便一起和她去雕塑系拜访。有趣的是，在电梯里我们便遇到了陈科。唐唐因为明晰我的来意，在电梯里面当即向她的陈老师把我一通儿猛吹，陈科便友好地请我在到处是土的工作室办公室里喝上等的乌龙茶。

初识陈科

小廖和雕塑家陈科在中央美术学院合影。中为王唐唐，右下为小廖的千金 Lucy

我们原本希望，制作浮雕的雕塑家从上海来挑选，但是我内心有些担心，因为在我看来，上海虽然在中国当代艺术上处于重要地位，但是雕塑一门恰是上海艺术上的弱项。正如同丹纳在《艺术哲学》里所言，或许人文地理和气候食物的因素使然。上海雕塑家往往巧有余但缺少苍劲和雄浑的力道。在上海雕塑家中我最为欣赏的，其实是一位中年女雕塑家，有才华且个人风格独特，恕我在此就不便指名道姓了。通过朋友引荐，我和她在两次电话中相谈甚欢并且渐渐转入正题。我说，我是受一个团队之托，并非我个人说了算数，但大家的共识，是希望作品能有如同布尔德尔和罗丹那样的力度和味道，特别是布尔德尔，即带有强烈表现主义风格的写实语言。不料电话那一头的艺术家道："那不是让我做'行活'吗？"

"行活"，在艺术上是个大大的贬义词，意为没有艺术性，非常俗气的匠人手艺。我不及回答，电话那一头的艺术家又说："我现在很忙，要接待一个朋友，我看以后再说吧！"她把电话挂了！我的担心真的来了！我并不在意她对我个人如何，而是这个项目政治性极强，要求完成的期限短且被各方瞩目，而起首雕塑又是整个未来名单墙视觉上的关键环节。如此个性强烈的艺术家，做"commissioned work"（委托定制作品），要么或许出现一鸣惊人的不朽大作，要么一下子搅乱了全局而无法收拾。思来想去我确实不敢冒这个险，最后忍痛放弃了。

我们接触的第二位艺术家，是在深圳做得相当成功的一位沈阳鲁迅美术学院科班出身的自由雕塑家，而鲁艺则是中国雕塑艺术的重地。电话沟通和资料提供之后，雕塑家便很快发来雕塑小泥稿的图片，但是和我们要求的效果甚至人物的比例上都有不小距离。再次电话和邮件沟通，雕塑家又很快发来第二个泥稿，但是不论人物的味道和气质以及服饰装束依旧缺少形式上的美感和精神上的准确。于是我在邮件里再次建议，不要急于动手，还是要做些案头功课，请雕塑家仔细看看电影《辛德勒的名单》和《钢琴师》。为了让雕塑家更能把握这个组雕的内在精神，我在电话里也提及《圣经・旧约》和犹太《塔木德》。几次电话和邮件讨论之后，我收到雕塑家的儿子发来的邮件，

中央美术学院雕塑系同学观看犹太难民逃亡上海的历史资料

给雕塑系同学讲述犹太难民逃亡上海的历史

口气客气但是有些令我紧张了。

信中大致说，家父不熟悉电脑，回复便由我来代言了。您提及的几部电影我们都会看的，有的也早就看过，另外，我是受过洗礼的基督徒，虽绝非虔敬，但是圣经的新约和旧约还是读过多遍的，《塔木德》也稍微有所涉猎，对于犹太人习俗不敢说极为熟知，但还是有较为一般的了解，在生活中举例说吧，我的女儿名字就是旧约中的以斯帖。关于对犹太人的了解事宜，请您放心！

我知道，这信虽说请我放心，但我真的开始担心了，因为作者既然已经相当熟悉犹太和其相关的宗教，这里其实已经没有太多的讨论和改动余地了。

我们接受推荐准备选择的第三位是上海德高望重年近八旬的老雕塑家，有了上面的教训我们便首先仔细浏览艺术家提供的作品图片，但明显的，这位雕塑家擅长小尺寸头像，对于全身人像则显得手法雕琢而有工艺气。更重要的是，雕塑不同于绘画，是非常有强度的体力活儿，我非常担心制作气度恢弘的大尺寸作品，年近八旬的老人体力上能否吃得消，表现在作品上则能否保持气韵的连贯。于是，这位雕塑家也被我们舍弃了。

后来，我联系到在中华世纪坛和北京城市雕塑委员会的朋友，而推荐来的艺术家虽然个个赫赫有名，但都价格不菲。

时间一天一天过去，我们也渐渐焦急起来。一天，我的太太张跃道，“何宁，你们转了一个大圈子，却忘记了你们最应当去找雕塑家的地方了。”“你说哪里？”“中央美术学院雕塑系啊！”

我真的愣住了！是啊！我为什么就忘记了这个最应当去的地方了呢？！

我随即联系了一位曾经和我学画，现在是中央美术学院雕塑系三年级本科生的王唐唐，她告诉我，现在学校正放假，但很巧，明天恰好是返校日。

久不去美院，现在的雕塑系已经完全是陌生的模样，共分六个工作室，其中写实的只有两个。唐唐便是第二工作室的学生。她的老师名叫陈科，任第二工作室主任，五十岁开外，留学圣彼得堡，正在创作的盛年，是中国目前中生代雕塑家中的佼佼者。我在网上查看陈科的作品和履历，又咨询了保利拍卖公司的朋友，感到这个艺术家应当是我们的合适人选。我随即联系了唐唐，第二天便一起和她去雕塑系拜访。

有趣的是，在电梯里我们便遇到了陈科。唐唐因为明晰我的来意，在电梯里面当即向她的陈老师把我一通儿猛吹，陈科便友好地请我在到处是土的工作室办公室里喝上等的乌龙茶。片刻，班里的同学陆续来了，唐唐便耳语向我介绍哪几个“师哥”手里的活儿俊，将来可用。

等人渐渐聚齐，主要是三四年级的本科生和研究生，我便说明来意，同时打开笔记本电脑播放图片，把犹太人逃亡上海的历史滔滔讲了 20 分钟。同学们的情绪被我调动起来，渐渐进入规定情境，听得很专心，我们的话题便自然转到雕塑上面，我便出示我的素描草图。此时陈科老师道：“我看这样吧，这个雕塑我们接了，集体创作。何老师您同意吗？”此话正合我意，我等的就是这句话！我说，“陈老师，非常高兴您能主持制作这个雕塑，一是时间紧，二是要求高，我受上海犹太难民纪念馆和虹口外事办的委托，一会儿立刻向他们汇报，听听他们的意见。”陈科道：“您这个雕塑意义重大，我向系里领导汇报一下，以中央美术学院雕塑系的名义接下这个工作，何老师您看如何？”

我一时激动起来道：“陈老师，这样太好了！中央美术学院对应国际性的犹太难民纪念馆，单是这两个单位的名字就非常响亮了，级别上和规格上是高的，是非常对等非常合适的，望你们全力以赴，我愿意给你们鞠个躬！”说罢我便立起身来。结果大家也都“轰隆”站起来了。

正巧，此时小廖来电话，告诉我上海那位老雕塑家提出很低的报价，依然对这个雕塑充满热情。我便当即回复小廖，说先慢一下，我这里不久会有更好的结果，如果有什么事情你们那边挡不住，就推说是我们艺术顾问何宁说的，是何宁坚持的意见。

“这个十字架由我来背。”我向陈俭和林勇打了这样的招呼。

2014 年 4 月，我再次应邀来上海，大家一起确定纪念馆的所有设计环节的落实。陈俭在一家餐厅请外办和纪念馆参与这项工作的相关人员共进晚餐，席上我向大家汇报了寻找和遴选雕塑家的详细过程，我说完，大家都鼓起掌来。

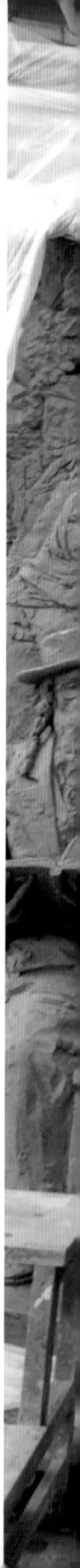

何宁、林勇和
雕塑家陈科

中央美术学院雕塑系第二工作室主任陈科和他的学生们在紧张工作

雕塑创作在进行中

18 做旧的铜板
绝佳的材质语言

选择墙面的铜材

有一个重要的问题始终在我们所有人的脑子里面琢磨，那就是这个长 34 米高 2.2 米的墙面，到底应当选用什么样的材料和什么色泽的材料来制作。起初，选用抛光的黑色或者灰色的大理石面来做墙面，似乎是理所当然的考虑。因为名单墙是处在背向日照的西面，大多数时间处在阴影之中，这样面对名单墙的任何人和景物都会正好处在光照之下而反射在墙面上。就是说，任何参观者，都会在反射到墙面的影像里看到自己，从而增加纪念墙和参观者的心理互动，增加纪念墙的视觉效果和历史文化内涵，这种效果与华盛顿的越战纪念墙无异。

但是，细想一想，这毕竟是一面沉重的暗色石墙啊！再者，纪念馆所在的摩西会堂庭院的主体色彩，

是中度色调的灰砖和相间其中的红砖砌成，偌大面积的一片黑色，无论如何也会令人感到兀突和过于沉重。而我们在稍后又考虑过的灰色，透明的或者半透明的玻璃钢以及亚光的抛光金属板似乎都过于“摩登”，缺少些沉厚的历史味道。

然而，林勇毕竟是经验丰富的设计装饰公司的艺术总监，他对于材料的熟悉是令人佩服的。在我们最后敲定名单墙的材质的讨论中，林勇早早将准备好的四种处理过的铜板在纪念馆的墙下一字排开，一是重色处理过的黑铜板，二是做成铜锈斑驳效果的老铜板，三是中度做旧的古铜板，四是亚光的深咖啡色铜板。最后大家一致决定选择第三种——中度做旧的古铜板。困扰大家很久的材质问题终于得以圆满解决。

讨论雕塑安装后的防水设施

选择名单墙将要采
用的金属材质

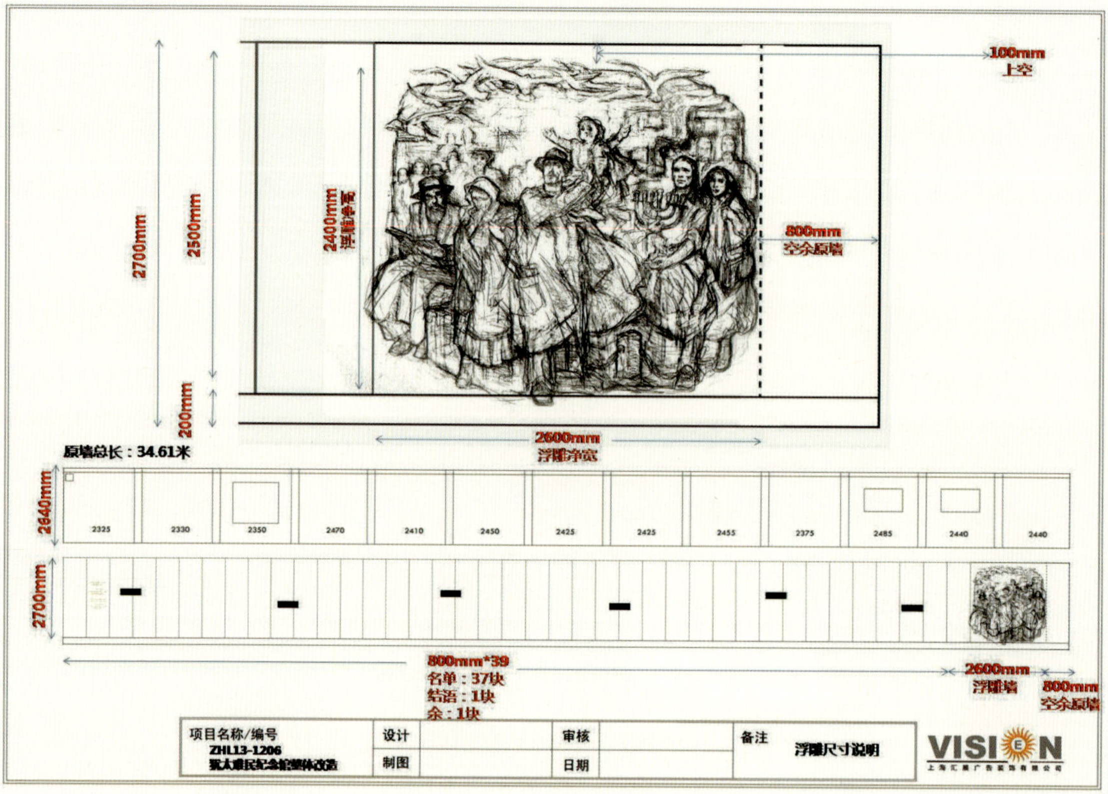

上海汇展所做的名单墙结构设计稿

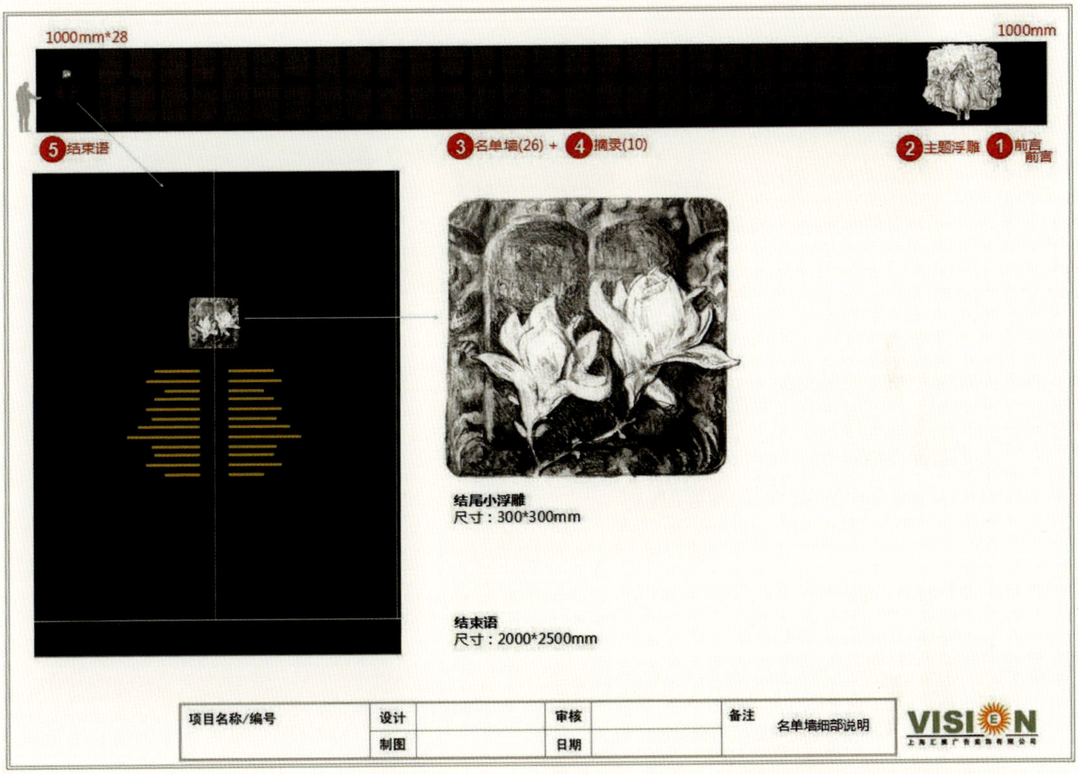

名单墙尾饰及后记的结构设计

确定名单墙主体所用的字体

国外字体设计参考

第一稿

第二稿

选择希伯来文字风格的英文花体字作首字母

上海汇展广告装饰有限公司
ADD:上海市东宝兴路157号精武大厦5楼
TEL:（021）63070055　FAX:（021）65227573

VISION

R-003-003　上海犹太难民纪念馆纪念墙 会 议 记 录

No.

召开日期	2014-6-14	召开地点	铜板工厂	主持人	林总
参加人数	4 人	会议气氛	和谐	记录人	刘琼
陈经理、林总、刘琼等					

会议内容：

1、　供应商一定要备留 3-4 张铜板
2、　浮雕在安装前的尺寸最好要到现场放样测量出实际安装的尺寸，或者是手绘安装的尺寸
3、　铜板在安装时顶部一定要至少留出来 2 公分的边，配合我们做顶部防雨材料的安装
4、　靠近铁栏杆门处的一块铜板要折边做厚，让参观者从铁栏杆处看起来要厚实，是一个整体
5、　铜板与大理石的接缝要看起来一致，铜板先安装好，再做大理石的安装
6、　铜板蚀刻字的时间进度：
(1)2014 年 6 月 15 日至 2014 年 6 月 20 日做铜板处理、配洗、除锈、折边、背面的支架
（2）2014 年 6 月 20 日至 2014 年 7 月 2 日做好铜板支架架构
（2）2014 年 6 月 21 日至 2014 年 7 月 10 日做铜板蚀刻字
（3）2014 年 7 月 11 日至 2014 年 7 月 14 日到铜板工厂考察检验
（4）2014 年 7 月 15 日进场安装
（5）2014 年 7 月 16 日至 2014 年 7 月 20 日现场安装完成
注明：2014 年 6 月 14 日林总到铜板工厂检验铜板的质量商讨铜板蚀刻字做的工艺和进一步制作的标准要求等

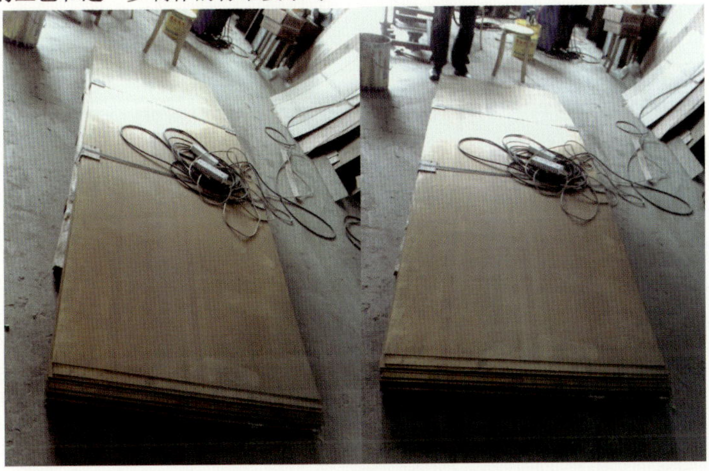

备注	

⑲ “A 型血的人做事特别认真！”

在纪念墙测量现场的田湘君

两项枯燥而且繁重的文字工作交给了纪念馆的田湘君负责。

第一项，从所有的视频、采访录像、回忆文章和回忆书籍里“大海捞针”挑选“话语”。第二项，负责校对名单墙上全部的文字内容，包括中文的和英文的，特别是全部13732个犹太人的姓名！

先说第一项，小田带领了两名志愿者，反复挑选了50多条话语，转发给我，由我根据汇展公司的设计效果，最终确定“话语”的数量。很快，刘琼发来汇展的设计效果图，根据直观效果，10条话语的数量最为相宜，我便在这林林总总的50多条中精选了10条，并且有的在文字的表述做了节录和缩减，特别留心的是文字的出处的姓名必须准确无误。弄完之后，我便把这10条再次转发纪念馆和外办，由馆长陈俭确认，最后发给汇展的刘琼。我打电话给小廖，特别关照请她把关。几年的历练，小廖已经是犹太问题专家，况且她的英语出色，并且是历次外事交流的参与亲历者，有她的过目我的心里才感觉踏实。

果然，一个非常重要的错误被小廖及时发现了！

下文便是小田和我在2014年4月14号的往来邮件照登，

何老师：

小廖发现目前选的有一个不是原犹太难民，她是俄国犹太人。（注：所谓俄国犹太人，指的是早年来到上海的阿什肯纳吉犹太人而不是纳粹上台后为了逃避迫害而逃亡上海的欧洲犹太难民。）

因此以下两条删掉。

“The refugees found it very difficult to adjust to local conditions. They were not used to boiling water, washing vegetables and fruit in hot water or potassium permanganate, and suffered from frequent stomach trouble, attacks of worms, and dysentery.”

“难民们很难适应当地的环境。他们不习惯烧开水，不习惯用热水或高锰酸钾稀释液洗菜洗水果，还总是频繁地受到腹泻、蚊虫叮咬何痢疾的困扰。”

<Once Upon A Time in Shanghai>
- A Jewish Woman’s Journey
through the 20th Century China
By Rena Krasno

“1945 bombing, the people from two countries helped each other. ……Doctors and nurses in the refugees and common foreign residents organized at once and took actions immediately. Chinese people who live in the same area came into rescue quickly, they transported dead bodies and the wounded, the tore the cloth into bands and carry drinking water. Jewish refugees and Chinese worked side by side just like brothers.”

“1945轰炸，两国人民互相帮助。……难民中的医生、护士和普通侨民立即组织起来，实施行动。住在同一地区的中国人迅速投入救援，搬运尸体和伤员，将布匹撕烂制成绷带以及运送饮用水。犹太难民和中国人像兄弟一样肩并肩工作。”

《上海往事1923–1949犹太少女的中国岁月》

其他的均为原难民，现等陈主任的意见。祝好！

小田

（注：后来经过反复查明，上述提及的第一条出处确为当时逃亡上海的犹太难民，所以最终采用了。）

我给小田的回信，2014 年 4 月 14 日

小田，谢谢你的信。

这两条的内容其实真的很重要，一条是反映了难民在新的环境下的艰苦状态，一条说的正是在隔离区最为凶险的经历和与中国居民的生死相助。

我个人感到，若没有这两条的内容，话语会失去一部分代表性内容。能否找到同样反映这两个方面内容的话语，但是是由难民的口中说出的？

我记得我从美国弄来的一部纪录片 <Shanghai Ghetto>? or <Ghetto Shanghai>? 我不记得准确名字了，CD 封面上有拉黄包车的老照片图样的。

记得里面访谈中有这样的内容。烦请你找一找。

辛苦了！

祝好！

何宁

小田负责的第二项工作——核对将要镌刻在名单墙上的难民姓名。

所有的校对核实工作细致而且繁琐，需要全神贯注不能有须臾的走神。任何在出版单位工作过的人都熟知，校对工作都是由专门的校对人员负责的，若是遇到例如名单墙这样的重大内容，则必须由资深的校对人员负责，并且是进行所谓一校、二校、三校甚至是四校这样的严格流程。

这一下子真真是难为了小田，一万多个洋人的名字啊！这一万多名字是个什么样的数量概念呢？倘若用 5 号字体排列在 A4 纸上便是 70 多页的厚厚的一本书。更重要的是，这些名字一旦镌刻在铜制的名单墙上，是无法改动的！这真是一个工作量浩瀚的事情，于是，陈俭发动了外办和纪念馆几乎全部的人员包括志愿者一起投入了这个重要又枯燥的任务。

在我写这本书的时候，我曾经特地向小田核实情况，小田反复强调，这是一项集体的工作，每个人都非常忘我，非常负责，每个人都有功劳！她特别告诉我，一定要记上这些人的名字！于是此处我将她的来信照抄：

“何老师，名单墙核对工作，很多很多志愿者都参与帮忙了，主要

有蒋溢华、潘欣迪、赵凯明、俞越，还有陈果杨、杨萍等等等等很多人，还有纪念馆工作人员刘焱以及外办的全体同志等等。”

其实，我还知道，这些文稿内容传给汇展之后，还有林勇的汇展广告装饰公司在最后材料制作时的另一轮校对，她们是刘琼和顾嘉菁……

为了写好这本书，为了忠实记录当年团队里每一个人的忘我工作，我特地花了两天的时间伏案仔细阅读我们当年的电子邮件往来，我真的被大家的忘我认真的精神深深感动了！许多事情是看似简易毫不起眼，然而却直接关系到未来整体质量的，这其中包括：难民名单墙姓名排列方式和美国华盛顿越战纪念墙的姓名排列方式的对比讨论；英文和中文的严格的书写规范格式，包括英文引文的标准表述方式和标点符号的不同使用规则、英文中专用名词的大小写、中译英的引文和英译中的引文在双语版面并排时上下排列的区分；最容易忽略的问题，就是英文的原文，因为作为原作者的犹太难民有的也并非将英语作为母语，在“原文照登”的原则下，如何对其中的错误进行恰到好处的纠正，并在译成中文时进行所谓“信、达、雅”的表述润色。而我们大家最为担心的就是这些话语出处的准确性。所以，每一个参与者都把自己的核实校对看成最后的一道关卡。

我起初还照登了另外好几封我们之间的邮件往来，同样也是非常重要的讨论，但是犹豫再三，还是删掉了，因为内行看门道，外行看热闹，我这本书毕竟不只是为了记录文献所用的。

反反复复，反反复复，一直到墙面铜板准备开始刻制的最后一分钟，我们还在校对。我和小田和刘琼也因为后记文字的校对问题一直到铸铜工作临开始的最后一分钟还在通电话。当长长的电话结束的时候，小田突然说等一下，然后她问了我一个非常有趣的问题。

“何老师你是什么血型？ A 型！肯定的！”

“不是 A 型，不是 A 型，你为什么会以为我是 A 型血啊？”

“A 型血的人一根筋，做事极其认真，我就是 A 型！”她愉快而自信地说。

“当时，没有一个驻维也纳的使领馆愿意给我们发签证。然而，有一天，当我去了中国领馆，情况就发生了变化，凭着运气和持之以恒的努力，我为我自己以及我们一大家人拿到了签证。凭着这些签证，我们买到了Bianco Mano的船票，前往中国上海。”

“No Consulate or Embassy in Vienna was prepared to grant us immigration visas until, by luck and perseverance I went to the Chinese Consulate where, wonders of wonder, I was granted visas for me and my extended family. On the basis of these visas we were able to obtain shipping accommodation on the Bianco Mano from an Italian Shipping Line...to Shanghai, China.”

Eric Goldstaub

“明天我们将开始在一个陌生城市里的新生活。一个全然陌生的国度，不熟悉的语言，不熟悉的气候和人群，然而在那里，我们是安全和自由的。”

“Tomorrow we would be starting a new life in a strange city, in an unfamiliar country with an unfamiliar language, climate, and people, where we would be safe and free.”

Evelyn Pike Rubin

“我们登上了犹太委员会的卡车，他们带我们到了一个由学校改建的难民营和荆州营。这个难民营还算正常，每天只有很少的早饭、午饭、没有晚饭。大家只能用很少的钱，自己照料自己。”

“We were picked up by the Jewish Committee on trucks and they took us to a camp which was a converted school and a Kinchow camp. The camp was normal. We had a little breakfast, a little lunch and no dinner. We had to fend for ourselves. We had a little money. ”

Alfred Kohn

“刚到上海时，艾哈德用卖掉莱卡相机换来的钱，不仅自己在南京路61号开了家女装店“新潮服饰”，而且帮他夫人爱迪和妹妹凯西在法租界霞飞路1300号开了家儿童服装店“时尚童装”。与此同时，他还积极参与相关难民救济委员会的工作。”

“Erhard sold a Leica camera and, with the proceeds, he had enough money to set up a business for himself called “Up To Date Dresses” at 61 Nanking Road and for Edith and Käthe to set up ‘Kiddies Fashions’ at 1300 Avenue Joffre in the French Concession. At the same time, he also worked for a Refugee Relief Committee.”

Bette and Peter Pulvermacher

“难民们很难适应当地的环境。他们不习惯烧开水，不习惯用热水或高锰酸钾稀释液洗菜洗水果，还总是频繁地受到腹泻、蚊虫叮咬何痢疾的困扰。”

“The refugees found it very difficult to adjust to local conditions. They were not used to boiling water, washing vegetables and fruit in hot water or potassium permanganate, and suffered from frequent stomach trouble, attacks of worms, and dysentery.”

By Rena Krasno

"我父亲几乎身无分文。他向朋友借了笔钱，买了两台缝纫机和煤加热的熨斗。然后父亲去找当时上海最大百货商店——永安的总经理，向他们庞大的客户提供服务。"

"My father had little money. He asked his friend for a loan to help him buy two sewing machines and a coal-heated iron for pressing. He visited the managing director of Shanghai' s largest department store, Wing On, and offered his services to their numerous customers."

Fred Antman

"善良，恬美，温柔，总是微笑着，总是拥抱我，就像是一个大姐姐。她还有另一个名字，但是我忘记了，好像是叫'云葆'？ 她几乎每天都来。她教我画画的技巧，但最重要的是她开发了我对艺术的爱。你知道吗，真是令人难以置信，我现在是全美国最出名的画家了。"

"Kind，sweet，tender， always smiling， always hugging me， you know, like a big sister. She had another name, but I forgot. Is it such name like "Umbao" ? She came every day to me. Skills of drawing, but most of all she developed me the love to do art. You know, I, it' s hard to believe, the most famous artist all over American."

Peter Max

"日本士兵在上海。每个人都害怕，而且无比害怕的是一个矮个子的人，他的名字是合屋。我记得我的父亲到他那里去，请求合屋允许我父亲带我去法国租界看医生。合屋非常激动，他把我父亲的头按在桌子上，我的父亲有很长的胡子，合屋拔出了武士刀，并且他举起那把刀，我以为他会砍我父亲的头，但是他砍去的是我父亲的胡须，那段时间里我一声没吭。"

"The Japanese soldiers were there. The one that everybody feared, to beyond fear, was a short man, his name is Ghoya. I remember my father came to him, asking for permit to take me to the doctor, which was at the French town of settlement. And Ghoya got very very agitated, he put my father, head on the table. My father had a long beard and he took out the saber, and he picked up the saber, and I thought he was going for the head, he went for the beard, not a sound came out of me. "

Chaya Walkin

"这是一次情感之旅。当我和那些中国居民道别时，我们都含着泪水。我们曾经在日本人的统治下共同相处，这段经历使得我们产生了一种亲近感，就好像彼此是亲人一样。"

"It was an emotional experience and the Chinese residents and I had tears in our eyes upon parting, sensing a kinship resulting from the Japanese occupation to which we all had been subjected."

Nina Admoni

"我想要强调的是，在上海避难时以及后来三次重返上海期间，我从中国人身上从来没看到过反犹太主义倾向，中国人对犹太人始终充满友好与欢迎。上海曾是我的家。尽管在经济与医疗方面曾遭遇重重困难，但我对中国在许多国家对犹太人关闭大门之时给予我们一家的庇护与救助始终心存感激。"

"I want to point out that during all the years that I lived in China, as well as during my three return trips to Shanghai in later years, I never saw any sign of anti-Semitism on the part of the Chinese people. They were always friendly and welcoming to us. Shanghai became my home and in spite of the economic and medical difficulties we faced, I will always be grateful to China for giving my family and me refuge when so many other countries refused to do so."

Betty Grebenschikoff

名单墙主体上穿插的 10 段难民话语

⑳ 倒计时
紧张的安装施工

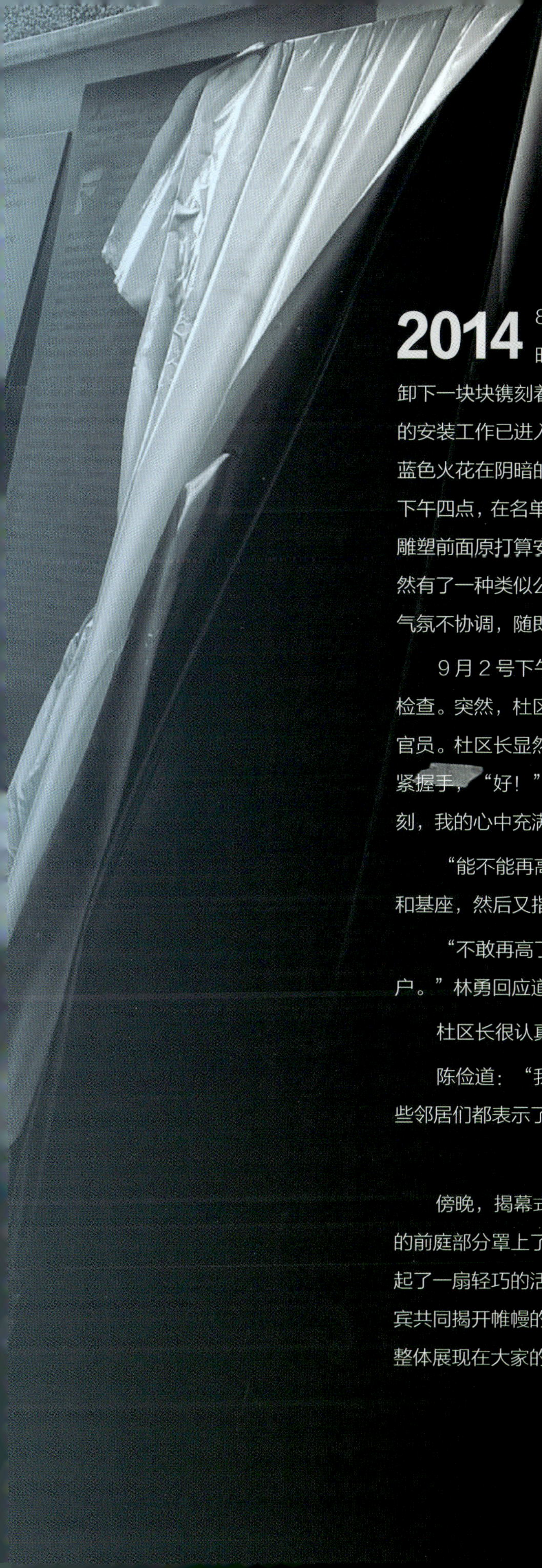

2014 8月30号、31号、9月1号与2号，上海始终阴雨绵绵，时大时小，30号中午，林勇的施工安装团队准时入场，卸下一块块镌刻着凸起的姓名的铜板按照次序一一排开。虽然名单墙的安装工作已进入倒计时，但一切完全按部就班，有条不紊，电焊的蓝色火花在阴暗的雨雾中格外明亮。还有一个有趣的插曲，9月2号下午四点，在名单墙前铺设草坪的工人准时到来，沿名单墙铺置草皮，雕塑前面原打算安置一圈鲜花的，但是当鲜花安置好，名单墙周围忽然有了一种类似公园里面那种轻松愉悦的气氛，大家都觉得和整体的气氛不协调，随即要求花匠撤换，补上了统一的新草皮。

9月2号下午五点，陈俭、林勇和我再次碰头，一起做着最后的检查。突然，杜区长来了！这是第一位来看我们纪念墙的虹口区高层官员。杜区长显然还记得2012年夏天我们在北京的谈话，他和我紧紧握手，“好！”他说“看来名单墙还是现在的这个位置好！”那一刻，我的心中充满感动。

“能不能再高一些？”杜区长用手指一指下面离开地面的部分和基座，然后又指一指纪念墙的上沿。

“不敢再高了，墙那边的居民已经提意见了，说挡了他们的窗户。”林勇回应道。

杜区长很认真地听着。

陈俭道：“我们的人已经分别分批上门拜访解释和安抚了，这些邻居们都表示了理解。”

傍晚，揭幕式的准备工作终于全部就绪。名单墙展示在纪念馆的前庭部分罩上了金色的帷幔，而在墙体和摩西会堂的过廊间临时竖起了一扇轻巧的活动门。设计的意图是这样的：当中方官员和外国来宾共同揭开帷幔的同时，活动门开启，34米长的犹太难民名单墙便整体展现在大家的面前。这个巧妙的布局是林勇想出来的好主意。

经过几个月的努力，犹太难民名单墙终于进入最后的整体安装阶段，尽管时间紧迫且雨水不断，但一切工作的进行有条不紊

GaiYier
盖伊尔

我和[illegible]犹太难民名单墙的故事

施工中

AUX
奥克斯
CATV

安装中的犹太难民
名单墙吸引了许多
外国游客的目光

POLO R.L. & Co

在名单墙前合影。
从左至右：陈俭、张跃、杜炯、何宁、林勇

▲ 陈俭在解答杜区长有关名单墙的提问

名单墙安装完毕，汇展的刘琼对基座进行最后的清洁整理 ▼

▲ 媒体见面会与接受采访 ▼

名单墙
李治平 摄

I believe, we believe, that memory is

我相信，我们都相信，记忆

answer — perhaps the only answer.

答案，或许是唯一的答案。

Elie Wiesel

艾利·维塞尔

the Winner of the 1986 Nobel Peace Prize

1986年诺贝尔和平奖获得者

JOSEPHINE FRIEDLAENDER • JOTTE FRIEDLAENDER • JUTTA FRIEDLAENDER
LOTTE FRIEDLAENDER • MARTIN FRIEDLAENDER • OTTO FRIEDLAENDER
RENATE FRIEDLAENDER • ROSA FRIEDLAENDER • RUDOLF FRIEDLAENDER
ULRICH FRIEDLAENDER • BERTHA FRIEDLANDER • MARTIN FRIEDLANDER
WALTER FRIEDLANDER • FRIEDA FRIEDLENDER • ANDY FRIEDMAN
CHARLOTTE FRIEDMAN • DANIEL FRIEDMAN • JUTTA FRIEDMAN
YUTTA FRIEDMAN • ALMA FRIEDMANN • ARNOLD FRIEDMANN
ERNA FRIEDMANN • EVA FRIEDMANN • FRITZ FRIEDMANN
HANS FRIEDMANN • HEINZ FRIEDMANN • HENELE FRIEDMANN
HERMANN FRIEDMANN • HERSCH FRIEDMANN • HILDE FRIEDMANN
KARL FRIEDMANN • LOUIS FRIEDMANN • MARGOT FRIEDMANN
SALAMON FRIEDMANN • SOPHIE FRIEDMANN • WALTER FRIEDMANN
ILSE FRIEDRICK • THEODOR FRIEDRICK • ALEXANDER FRIESER
HENNY FRIESER • WILHELM FRISCH • ERNST FRISCHER • LOTTE FRISCHER
ROSA FRISCHHAUER • THEODOR FRISCHHAUER • MATHILDE FRISCHLER
EDITH FRISCHMANN • FRANZISKA FRISCHMANN • JUDITH FRISCHMANN
ISRAEL FRISHMAN • TAUBE FRISHMAN • RUDOLF FRITZ
CHARLOTTE FROEHLICH • ELLEN FROEHLICH • EMMA FROEHLICH
GERTRUD FROEHLICH • JOSEF FROEHLICH • LINA FROEHLICH
ERNST FROHLICH • ANNA FROLOFF • VASILY FROLOFF
ALEXANDER FROMMER • IGNATZ FROMMER • ROSA FROMMER
ISRAEL FRUCHTER • JOSEF FRUCHTER • PAULA FRUCHTER
ICEK FRYDMAN • WYGDOR FRYDMAN • ALFRED FUCHS • AMALIA FUCHS
BERNHARD FUCHS • CURT FUCHS • EGON FUCHS • ELFRIEDE FUCHS
GITEL FUCHS • HEINRICH FUCHS • HERBERT FUCHS • HUGO FUCHS
JENNY FUCHS • KATHE FUCHS • LEO FUCHS • MARGOT FUCHS
PAUL FUCHS • ROBERT FUCHS • RUDOLF FUCHS • RUTH FUCHS •
SALI FUCHS • SIEGFRIED FUCHS • SUSE FUCHS • THEODOR FUCHS •
VERA FUCHS • RUDOLF FUEHRER • WILHELM FUERCHTSOTT •
EMILY FUEREDI • ERNST FUEREDI • FRIDERIKE FUEREVI •
FRITZ FUEREVI • THEODOR FUEREVI • ERNST FUERST •
LUDWIG FUERST • MATHILDE FUERST • OSKAR FUERST •
CARL FUERSTENBERG • ELSE FUERSTENBERG •
LUDWIG FUERSTENBERG • ASTA FUERSTENTHAL •
ERNST FUERSTENTHAL • LEO FUERTH • ELSA FUHS
HEINZ FUHS • BENCION FUKSMAN • EVA FUMBERG •
GRETE FUMBERG • RUDOLF FUMBERG • FRITZ FURCHT •
OSKAR FURNBERG • RITA FURNBERG • SALI FURNBERG
GEORG FUSS • HERBERT FUTTER • MAX FUTTER •
G
SORA GABAJ • DAGOBERT GABEL • HEINZ GABEL
RUTH GABEL • IRMGARD GABLER • SIMON GABLER
BRUNO GABRIEL • ELSBETH GABRIEL • ERNA GABRIEL
LUCIE GABRIEL • SALLY GABRIEL • WERNER GABRIEL
HENRITH GADIEL • JOZEF GAENGER • ROSA GAENGER
HEINRICH GAL • CHAIM GABRIEL ZYSKIND • INDEBORG GAL
WERNER GALEWSKI • ANNA GALIAKBEROFF • LIDIA GALIAKBEROFF
JANKIEL GALICKI • JENTA GALICKI • MAX GALINSKI • ROBERT GALITZENS
MARTHA GALLINEV • SCHEINDEL GALPERN • USHER GALPERN
FRITZ MORITZ GANS • IRMA GANS • LORE GANS • HEINZ GANTHER

FREYANEFF FEDSEYEFF • ELIAS FEHL • FRIEDA FEHL • GIZELLA FEHL
ALBERT FEIBUSCH • BEATRICE FEIBUSCH • LOTTE FEIBUSCH
ERNST FEIG • MARGARETE FEIG • WERNER FEIG • FRIDA FEIGER
LEO FEIGER • MAX FEIGER • ADELE FEIL • WILHELM FEIL • ERNA FEIN
MARTIN FEIN • OLGA FEIN • ARTHUR FEINER • AUGUSTE FEINER
KARL FEINER • WALTER FEINER • BENNO FEINTUCH • LEOPOLD FEIST
CALEL FEJGELSZTEJN • ELISA FEJN • SZAJA FEJN • ADORJAN FEKETE
LISELOTTE FELD • DAWID FELDBERG • MOJSZE FELDBERG
MONA FELDMAN • SALOMON FELDMAN • ERITH FELDMANN
ROBERT FELDMANN • ANNY FELDSBERG • CHARLOTTE FELDSBERG
ABRAHAM FELDT • GERTRUD FELDT • SIEGFRIED FELDT • ROSA FELMAN
NICOLAS FELSCHAU • ALEXANDER FELSENBURG • LEOPOLDINE FELSENBURG
DORI FENERZEUG • EGON FENERZEUG • WELIN FENERZEUG
LEA FENSTER • LEIB FENSTER • MARJEM FENSTER • WALLY FENSTER
MARIA FEOKTISTOVA • ERIKA FEROTZKY • ANNA FERSTEN
ADOLF FESSLER • ALEXANDER FESSLER • ALFRED FESSLER • ALICE FESSLER
KEILEBRANA FESSLER • ABRAHAM FEYEREISEN • HERTHA FEYEREISEN
IZRAEL FEYGENBAUM • TAMARA FIAIKOVICH • HELEN FIAIKOVITCH
NICOLAS FIAIKOVITCH • FRIEDRICH FIALLA • GERTRUD FICHTNER
FRIDA FIEDLER • HARRY FIEDLER • HILDA FIEDLER • OSKAR FIEDLER
RUDI FIETZE • PETER FILIPOVICH • RUTH FILIPOVICH • MAX FINDLER
ELSA FINK • ESTHER FINK • GERT FINK • GERTRUD FINK • HARRY FINK
NECHA FINK • SAMUEL FINK • WERNER FINK • ANNA FINKELSTEIN
GEORG FINKELSTEIN • GRETE FINKELSTEIN • IDA FINKELSTEIN
LEO FINKELSTEIN • MAX FINKELSTEIN • SARA FINKELSTEIN
JOHANNA FINKENSTEIN • WALTER FINKENSTEIN
ELGA FRIEDMANN • HANNE FRIEDMANN • ISIDOR FRIEDMANN • HEINZ FRIEDRICK
FRIEDA FROELICH • SAMUEL FROMM • FRIEDA FRUCHTER • GERTRUD FUCHS • MELANIE FUCHS
picked up by the Jewish Committee on trucks and they took us to a camp which was a converted school and a
mp. The camp was normal. We had a little breakfast, a little lunch and no dinner. We had to fend for ourselves.
tle money."
Alfred Kohn
早饭、午饭，但是没有晚饭。我们只能用手上很少的钱，自己照料自己。"

装饰的鲜花带来了公园般的活泼气氛，与名单墙的气氛不符，随即去掉，依然换成草坪

㉑ 揭幕式 20 年前的雨 9 月 3 日与《Kol Nidrei》

1994 年春天，在霍山公园内举行的说明牌揭幕仪式

中国人，犹太人，黑色的布雨伞，雨中的揭幕式，多么熟悉的画面啊！我想起那是纪录片《亡命上海》中出现的霍山公园里那块“犹太难民纪念碑”揭幕式的镜头。那次揭幕式是 1994 年的晚春的一个雨天，而如今是 2014 年的初秋，同样也是个雨天，整整 20 年了！20 年的春华秋实，这是个多么有意义的巧合啊！

2014 年 9 月 3 日，是个特殊的日子，这是全国人大常委会于 2014 年 2 月通过的将 9 月 3 日定为中国人民抗日战争胜利纪念日后的首次纪念。上午依然有雨，但揭幕式盛大而隆重。按照预先准备的方案，揭幕式的会场由露天改在纪念馆的一楼，即摩西会堂的祈祷堂内进行。

在酒店里用过早餐，我便匆匆向一街之隔的犹太难民纪念馆走去，只见纪念馆门里门外已是一片黑布雨伞，这是富有经验的纪念馆特地准备接待来宾的。人群车辆熙攘，维护次序的交警正有条不紊地指挥着陆续到达的车辆。中国人，犹太人，黑色的布雨伞，雨中的揭幕式，多么熟悉的画面啊！我想起那是纪录片《亡命上海》中出现的霍山公园里那块“犹太难民纪念碑”揭幕式的镜头。那次揭幕式是 1994 年的晚春的一个雨天，而如今是 2014 年的初秋，同样也是个雨天，整整 20 年了！ 20 年的春华秋实，这是个多么有意义的巧合啊！

对于揭幕式的安排，陈俭特地吩咐韩易考虑设计一些与众不同的因素，小韩便在事先询问我的意见，我提了三个供选择的建议：

第一个设想：在仪式伊始演奏犹太短曲《Kol Nidrei》。这首曲子的中文名字通常译为《希伯来祷歌》或者《神之日》，每逢重大活动，犹太人常常会以演奏这首曲子作为开始，它是以犹太人在神的面前祈祷为曲调的动机，其内核的表达则是：犹太人历经的苦难一深刻的自省和自强的信念一憧憬未来。所以，用这首曲子作为开场既营造了庄重的气氛，也体现了我们对于犹太历史和文化的了解和尊重。

第二个设想：会上的发言不做变更，但是揭开纪念墙起首雕塑上帷幕的最后节目，安排由上海国际学校的中外儿童来做，其深意是以史为鉴、共创未来的薪火已经由后来者新的一代传承。

第三个设想：邀请提篮桥地区当年与犹太难民相濡以沫的上海老居民们和来宾一起揭幕，或许更有意义。岁月催人老，当年的这些老人们所剩无几，而就是这些无比平凡的中国人（或他们的前辈），在自己最为困难的时期帮助和关怀了那些犹太难民们。这样的安排更容易操作，而且不会有什么额外的资金支出。

经过大家商量，采用了第一个建议，揭幕式由演奏犹太乐曲《Kol Nidrei》开始，演奏者则特邀了重量级的演奏家——著名的大提琴演奏家马新桦，她先后是中国国家爱乐乐团和上海爱乐乐团的首席大提琴演奏家，亦是上海音乐学院的教授。《Kol Nidrei》这首希伯来短歌，曾经被不少作曲家改编成器乐作品，其中以德国作曲家布鲁赫的大提琴改编曲最为流行。

开幕式稍显冗长，索尼娅或许由于激动，发言所占用时间比预先设计的多出一倍，而后依次登台发言的领导和外宾，内容也都不外是回顾历史和面向未来。其中最令我感动的，是德国驻上海文化领事 Marcel Viëtor（他的中文名字叫“文木森”）的发言。

我在此将他的发言大致叙述如下。

当我们想到纪念发生在德国和欧洲的对犹太民族的种族大屠杀，有一个地名便立刻出现在我们的脑子里：那就是以色列的亚德·瓦谢姆（注）。亚德·瓦谢姆在字面上的意思是“地点和姓名”，它告诉我们，为了记住历史的教训，重要的是要找到和记住每一位受害者的名字。

然而令人鼓舞的是，与亚德·瓦谢姆不同，这座上海的“姓名之墙”让我们记住的，则是那些从纳粹的恐怖统治下逃脱的幸存者！当他们在欧洲的几百万同胞被纳粹残忍杀死的同时，这两万多得以幸存的犹太难民却在上海找到了安全的庇护所。

我最近刚刚来到上海履职，在我履职的第一个周末便造访了上海犹太难民纪念馆，这给我留下了深刻的印象。我感到这座“姓名之墙”和展览的部分是相互补充融合，互为一体的。

我感到非常高兴的是，德意志联邦共和国的外交部能够捐款支持贵“姓名墙”的建立。诚如我们的联邦总统约阿希姆·高克先生所言：“对于我们德国人来说，纪念大屠杀总是令人感受着负疚和罪责的意味。”我真诚地希望，上海的这座“姓名之墙”将能够让我们记住过去，而且能够作为指向未来的纪念。

（作者注：亚德·瓦谢姆——以色列大屠杀纪念馆的名称，含义源于《圣经·以赛亚书》“我必使他们在我的殿内，在我的墙内，有纪念，有名号”。“有纪念，有名号”的希伯来文为 Yad Vashem，中文发音便是亚德·瓦谢姆。）

作为艺术家，我素来偏爱德奥系统的艺术，它们通常有着粗犷有力的外表和理性严谨的内在结构，这其实也是我在绘画上所一直追求的。而德国人对于二战纳粹罪行反思的真诚和勇气也令我敬佩。

反观日本人。

“开幕式邀请日本人了吗？”我好奇地问。

“没有，他们不会来的。我们以前的活动也邀请过他们，可他们从来不来。”

揭幕式结束的当晚，纪念馆摩西会堂的一楼举行了一次小小的庆功活动。紧张工作的几个月之后，庆功在一种释然和愉悦的气氛中进行。陈俭希望我在会上做一个 15-20 分钟的发言，给大家讲讲名单墙在设计上的构思，也是给纪念馆担任领展的讲解员“武装思想”，以便今后在接待参观者讲解时能够更加生动准确。因为在建立名单墙的这几个月里，纪念馆的上下从属关系已经有了调整，旧人离去新人加入，一些新的志愿者来到纪念馆，而一些渐成老资格的志愿者则带着收获告别。晚上轻松的会场渐渐变成了随兴的文艺表演……

而后的故事便不用我再多说了，名单墙已经成为一面见证之墙，用 13732 个镌刻的姓名将记忆激活，更指向当代和未来的生活。我绝对相信，13732 这个数字在今后还会增加。

2015 年，以色列驻上海总领事馆发布了一帧历时一分十七秒的公益视频，题目叫作《谢谢上海》。

历史拂去了时间的灰尘，显露出她生动的面孔……

我愿在此引用莎士比亚一首《十四行诗》中的句子作为本书的结束语：

哦，别把岁月刻在我爱的额上，
或用古老的铁笔乱画下皱纹；
在你的飞逝里不要把它弄脏，
好留给后世永作美丽的典型。

2017 年 11 月

著名大提琴家马新桦在揭幕式上演奏《Kol Nidrei》 李治平 摄

揭幕仪式
UNVEILING CEREMONY OF WALL OF NAMES OF JEWISH REFUGEES IN SHAN
DURING THE 1930s AND 1940s
2014.9.3

二十世纪三四十年代逃亡上海犹太难民名单墙
揭幕仪式
UNVEILING CEREMONY OF WALL OF NAMES OF JEWISH REFUGEES IN SHANGHAI
DURING THE 1930s AND 1940s

隆重热烈的揭幕式
现场　　李治平 摄

----Check against delivery----

Speech by Marcel Viëtor, Consul, Head of Cultural and Press Affairs - Scientific Cooperation at the Consulate General of the Federal Republic of Germany in Shanghai

September 3, 2014

Salutation

When we think about how to commemorate the Holocaust and the persecution of Jewish people from Germany and Europe one place comes immediately to our minds: Yad Vashem in Israel. Yad Vashem means literally „a place and a name“, and it tells us how important it is to give names to all the individual victims in order to remember their fates appropriately.

Today, we are gathering here at the unveiling of a "Wall of Names" in order to remember those Jewish refugees who made their way to Shanghai. How encouraging that – unlike Yad Vashem – this "Wall of Names" in Shanghai helps us commemorate Jewish refugees who escaped the terror of the Nazi regime. These were Jewish women, men and children, wealthy and poor, craftsmen and intellectuals, who – notwithstanding all the hardships they encountered – found a haven here in Shanghai. While millions of Jews were killed by the Nazis, some twenty thousand Jewish refugees survived thanks to this haven that they found in Shanghai.

I, myself, arrived only recently in this city. On my first weekend, I paid a visit to the Shanghai Jewish Refugee Museum and was impressed, especially by the collected personal reminiscences of some dozens "Shanghailanders" who are portrayed in the exhibition. I feel that the "Wall of Names" and the exhibition fit very well into one another – while the one gives room to some exemplary, unique fates the other lets us grasp the dimension and enormity of these fates.

Therefore, I would like to thank personally the museum and its partners for their strenuous efforts to provide us access to the history of the Jewish refugees in Shanghai. Especially I would like to thank Curator Chen from the Shanghai Jewish Refugee Museum and Sonja Mühlberger, a Shanghailander born in Shanghai who later moved to Germany, whose meticulous research made it possible to display all these many names on the wall.

I am very pleased that the Foreign Office of the Federal Republic of Germany was able to support establish the "Wall of Names". As Federal President Joachim Gauck said: "For us Germans, the commemoration of the Holocaust will always bear an outstanding meaning." We sincerely hope that this "Wall of Names" in Shanghai will not only help us commemorate the past but will also serve as a memorial towards the future, reminding us that we must not let anything similar happen again. We hope that – being conscious of the past – people and governments around the world will strive further for diversity and tolerance, for curiosity and courage, for mutual understanding and reconciliation today and in the future.

时任虹口区党委书记吴清和索尼娅亲切交谈 李治平 摄

德国驻上海总领事文木森（Marcel Viëtor）在揭幕式上发言 李治平 摄

揭幕式现场　　李治平 摄

揭幕式现场

前排左起：
原上海犹太难民 Sonja Mühlberger（索尼娅）
上海市旅游局副局长景莹
上海市外事办副主任范宇飞
以色列驻沪总领事 Arnon Perlman（柏安伦）
上海市委宣传部副部长燕爽
上海市虹口区区委书记吴清
意大利驻沪总领事 Stefano Beltrame （裴思泛）
德国驻沪总领馆文化领事 Marcel Viëtor（文木森）
上海市虹口区区委宣传部部长刘可

后排左起：
波兰驻沪总领事 Piotr Nowotniak（彼得·诺沃特尼亚克）
加拿大驻沪总领事 Rick Savone （尚锐恺）
匈牙利驻沪代总领事 Peter B. Nagy （那望勋）

DURING WWII
20,000 JEWS

MY GRANDFATHER
WAS ONE OF THEM.

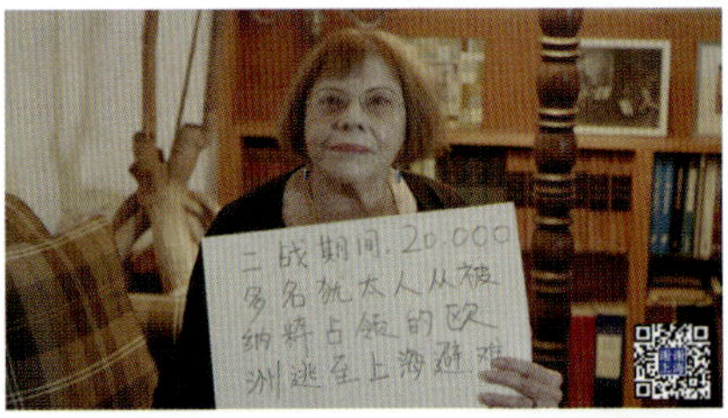
二战期间,20,000
多名犹太人从被
纳粹占领的欧
洲逃至上海避

谢谢

谢谢

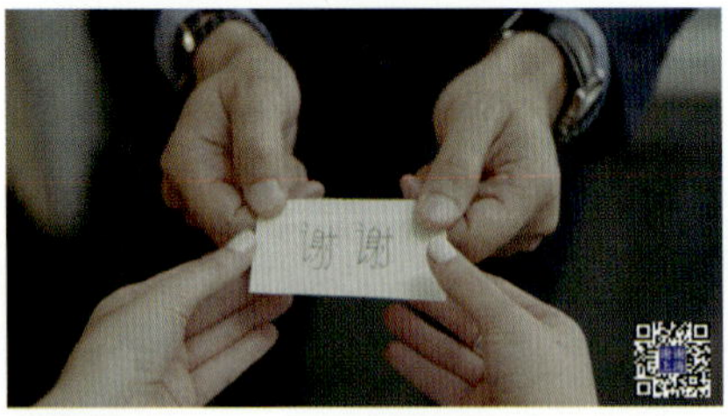
谢谢

谢谢

University of Haifa
谢谢

谢谢

谢谢

谢谢

谢谢

谢谢
谢谢

THANK
YOU

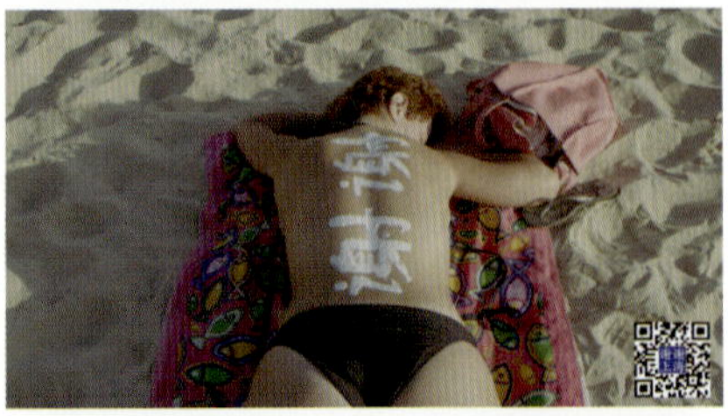

以色列总理内塔尼亚胡
我们永远感谢你们，永远不会忘记这段历史

谢 谢

URL: http://cn.nytimes.com/china/20140903/c04shanghai/en-us/ Go [home] [clear cookies]
Options: Encrypt URL Encrypt Page Allow Cookies Remove Scripts Remove Objects

The New York Times 纽约时报中文网 中国 搜索

首页 国际 中国 商业与经济 T杂志 科技 教育 文化 风尚 健康 科学与环境 旅游 房地产 观点与评论
时政 经济 商业 社会 人物 中外关系 港澳台 特写

中文 英文 中英对照

SINOSPHERE

Shanghai Museum Unveils Memorial to Jews Who Found Haven in City

By BECKY DAVIS September 03, 2014

Johannes Eisele/Agence France-Presse — Getty Images

The unveiling of the new memorial at the Shanghai Jewish Refugees Museum on Wednesday. The wall lists the names of thousands who settled in the city after fleeing Nazi persecution in Europe.

打印 转发 寄信给编辑 字号

The Shanghai Jewish Refugees Museum unveiled a memorial wall on Wednesday listing the names of 13,732 Jews who found a haven in the Chinese city during World War II.

In the 1930s and 40s, thousands of Jews escaping Nazi Germany arrived in Shanghai, a place they could enter without a visa. After the Évian Conference of 1938, when the major powers shut their doors to nearly all Jewish immigrants, the city remained one of the few available places of refuge. By the beginning of World War II, more European Jews had fled to Shanghai than any other city in the world.

查看大图

The memorial consists of a 111-foot-long copper wall etched with the names and featuring a sculpture of six allegorical figures representing faith, suffering, love, determination, light and hope, designed by the Chinese artist He Ning.

Chen Jian, the museum's director, said the names on the memorial were compiled with the help of former Jewish refugees in Shanghai, as well as Chinese and foreign scholars, according to China Daily.

Many of the names were taken from a list found in the German book "Exil Shanghai: 1938-1947," co-authored by Sonja Mühlberger, 75, who was herself born in Shanghai to refugee parents in the 1930s and has been involved in the memorial project. The list in her book was first compiled during the war by three teenage Jewish girls hired by Japanese military officers to undertake an informal census. Most of the Jewish population then was relegated by the Japanese to an overcrowded district called Hongkou, a "designated area for stateless refugees."

In a museum press release, Ms. Mühlberger comments, "My parents' experiences in Shanghai were certainly not the easiest, but if they had not been exiled there, I wouldn't even be alive today, let alone have the chance to tell this history."

Werner Glass, 87, now lives in Mercer Island, Wash., but spent 14 years, from the ages of 6 to 20 as a Jewish immigrant in Shanghai, and so also owes his and his family's survival to the city. He recalled the Ohel Moshe Synagogue, the site of the new memorial, as well as the harsh realities of life under Japanese occupation. His most vivid memory of wartime Shanghai was the aftermath of a Japanese air raid on Aug. 14, 1937, when he watched open trucks cart away body parts from his fifth-story window. "At first I didn't recognize that they were people. I thought it was butchered animals or something."

Although his immediate family arrived in 1933, when they were considered immigrants rather than refugees, his grandparents, aunts and uncles arrived later, and so may be listed on the memorial wall. He was excited by the prospect of someday looking up his relatives in the museum's new online database. "That's the main thing I would be looking for," he said. "I would like to visit, although I think my traveling days are pretty much over."

相关文章
- 印度重新开放曾遭袭的犹太人中心
- 犹太组织推动亚洲了解纳粹大屠杀
- 华沙犹太博物馆让历史不再蒙尘
- 中国人眼中的犹太人

最新文章
- 21世纪网主编等8人涉敲诈被捕
- 伊拉克称抓获中国籍伊斯兰圣战者
- 美国外交政策面临三大地域考验
- 在华外企联手反击中国反垄断行动
- 三高校发文加强校园意识形态管控

热门文章
一天热门文章 一周最热文章
1. 150万美元的三处美国房产
2. 在华外企联手反击中国反垄断行动
3. 香港民主的困境
4. 台湾政界一致声援香港民主诉求
5. 三高校发文加强校园意识形态管控
6. 伊拉克小镇阿莫利的艰苦围城之战
7. 美国外交政策面临三大地域考验
8. 伊拉克称抓获中国籍伊斯兰圣战者
9. 上海犹太难民纪念馆揭幕难民名单墙
10. 中国人能战胜肥胖吗？

以色列驻上海总领馆发布的《谢谢上海》公益视频截图

美国《纽约时报》对名单墙落成的报道

22 图片代后记

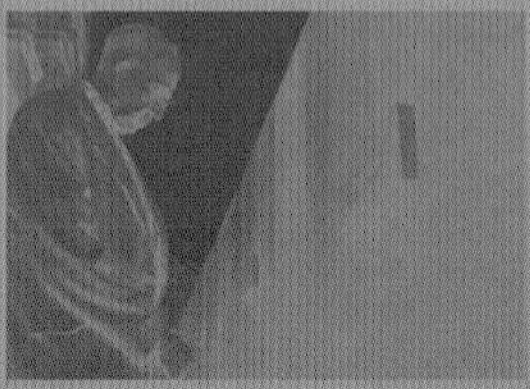

为了那些死者和生者，我们必须担负起见证的责任。

——艾利·维塞尔

For the dead and the living, we must bear witness.

——Elie Wiesel

上图 杨 磊 摄

德国总统高克参观名单墙，并且找到了迈克尔·布鲁门撒尔的名字。总统代表团中的另一位成员还在名单墙上找到了自己的朋友，一位名叫莱奥波德·吕本斯坦（Leopold Loebenstein）的名字

美国前财政部长布鲁门撒尔
先生在上海名单墙前寻找自
己的名字

络绎不绝的参观者在聆听纪念馆志愿工作者的讲解

①

②

③

寻找记忆
①④ 杨　磊 摄
②③ 丁文琦 摄

④

索尼娅与虹口区外事办和犹太难民纪念馆的才女们在一起，左一左二为田湘君与韩易，右一右二为杨萍与廖光军。图中的孩子们除右边的小姑娘为廖光军的女儿王路遥（Lucy）之外，其余均为纪念馆工作人员的子女，从左到右依次为孙久裴、汪歆仪和丁轶凡

在名单墙前宣誓入党

2236180
2242690

国际学校的中外儿童以名单墙为题材的现场作文课

2015 年设计建成的二号展厅与三号展厅之间的诗歌连廊，被媒体称赞为犹太难民纪念馆的又一个亮点

own
crawl on all fours
sand
station

犹太难民纪念馆门前参观者
排起长龙

上海犹太难民纪念馆 | SHANGHAI J

附：

二十世纪三四十年代
逃亡上海的犹太难民名单墙
全部名单

The Complete Names of “SHANGHAI LIST”

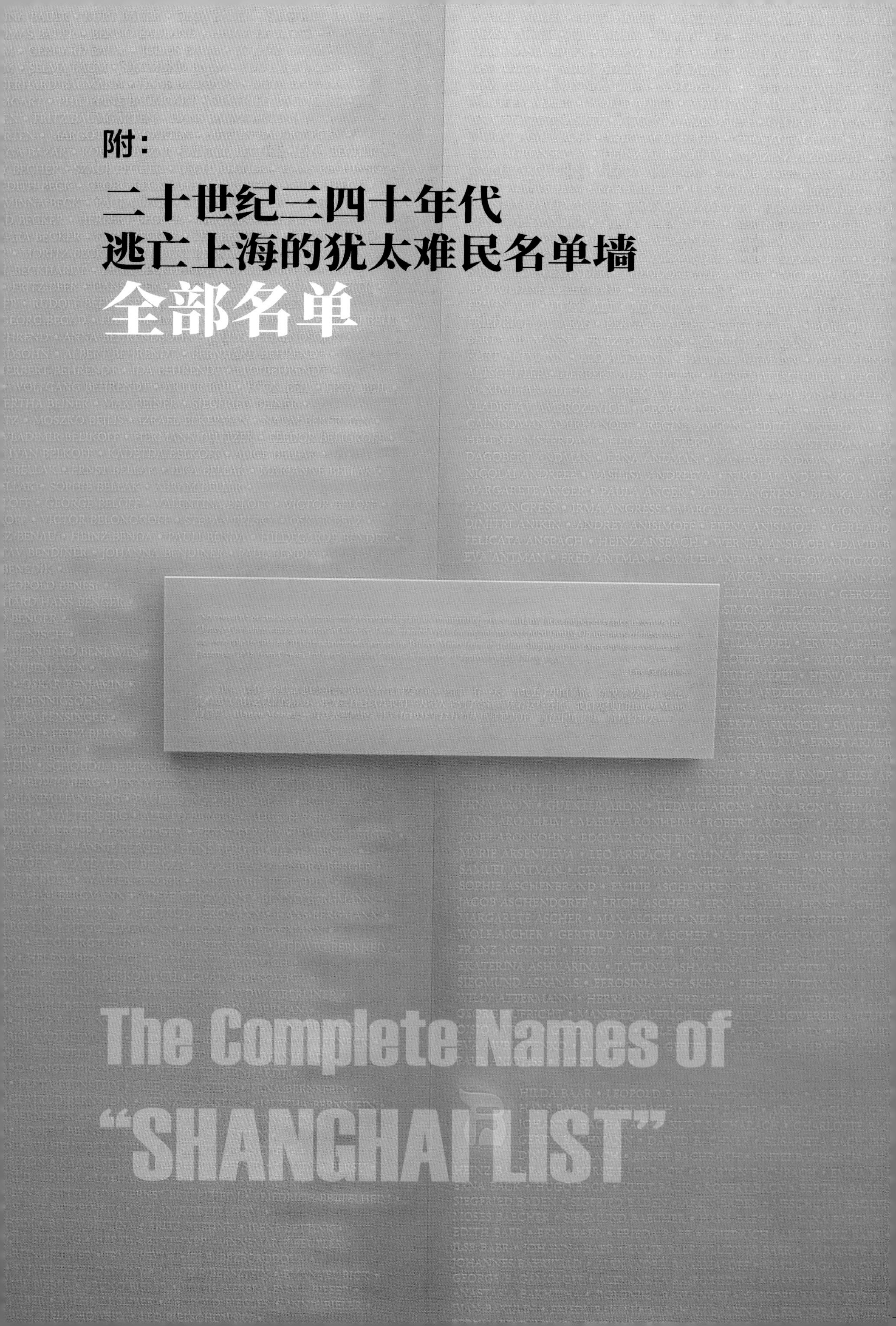

Tatiana Abatoorova • Alla Abaturova • Efimia Abaturova • Siegbert Abbe • Muhamed Abdullin • Chaim Abelson • Adolf Abisch • David Abisch • Frieda Abisch • Martha Abisch • Walter Abisch • Albrecht Abraham • Artur Abraham • Benno Abraham • Ceulie Abraham • Curt Abraham • Elisabeth Abraham • Erwin Abraham • Evelyn Abraham • Flora Abraham • Fritz Abraham • George Abraham • Hermann Abraham • Herta Abraham • Hertel Abraham • Hertha Abraham • Hildegard Abraham • Ida Abraham • Ilse Abraham • Isidor Abraham • Kurt Abraham • Leopold Abraham • Martha Abraham • Martin Abraham • Max Abraham • Siegfried Abraham • Sigbert Abraham • Sophie Abraham • Stefan Abraham • Trude Abraham • Valli Abraham • Adolf Abrahamsohn • Herta Abrahamson • Leo Abrahamson • Gerst Abramowicz • Charlotte Abrahamson • Max Ackerman • Kurt Adam • Salomon Adam • Chane Adelstein • Richard Adelstein • Alfred Adler • Betti Adler • Cacilie Adler • Chaje Adler • Charlotte Adler • David Adler • Dezsc Adler • Ella Adler • Elli Adler • Erna Adler • Ernestine Adler • Ernst Adler • Ferdinand Adler • Franz Adler • Friedrich Adler • Fritz Adler • Georg Adler • Hildegard Adler • Ilse Adler • Isidor Adler • Karl Adler • Kurt Adler • Leo Adler • Leopold Adler • Liffi Adler • Max Adler • Minna Adler • Salo Adler • Seigmund Adler • Siegfried Adler • Siegmund Adler • Wilhelm Adler • Wolfe Adler • Wolfgang Adler • Abraham Adlersberg • Moses Adlersberg • Anatoly Afanasieff • Augusta Afanasieff • George Afanasieff • Zinovia Afanasieff • Murat Agafuroff • Mary Agofuroff • Vera Agracheff • Alexis Agroff • Ioanna Agroff • Gita Agronskaya • Heinz Ahronheim • Mojzesz Aizenberg • Josel Ajrensctejn • Fatiha Akchurin • Ismael Akchurin • Gerda Akerman • Jakob Akermann • Grigory Akhmatoff • Josel Akselrad • Kurt Albersheim • Karl Albert • Pejsach Albert • Beezerin Alexander • Beni Alexander • Bernhard Alexander • Bruno Alexander • Elisabeth Alexander • Ella Alexander • Ernst Alexander • Gerda Alexander • Gertrud Alexander • Gertrude Alexander • Hans Alexander • Hedwig Alexander • Heinemann Alexander • Hildegard Alexander • Hugo Alexander • Kaethe Alexander • Kurt Alexander • Louis Alexander • Renate Alexander • Siegfried Alexander • Theodore Alexander • Victoria Alexander • Vadimer Alexandrowsky • Leopoldine Allerhand • Berek Alpern • Wilhelm Alpern • Sally Alpert • Gyula Also • Erika Alt • Erwin Alt • Hugo Alt • Lidonie Alt • Gerty Altar • Jelen Altar • Leo Johann Altar • Robert Altar • Friedrich Altaras • Bernard Alter • Berta Alter • Boruch Alter • Moriz Alter • Paul Alter • Berta Altmann • Fritz Altmann • Gabriel Altmann • Hans Altmann • Heinrich Altmann • Kurt Altmann • Leo Altmann • Pauline Altmann • Alfie Altschuler • Chaim Altschuler • Freda Altschuler • Herbert Altschuler • Lionel Altschuler • Regina Altschuler • Sarah Altschuler • Maximilian Altura • Berek Ambaras • Chaja Ambaras • Ruchla Ambaras • Szmul Ambaras • Vladislav Ambrozevich • Georg Ames • Isak Ames • Leo Ames • Margarete Ames • Sophie Ames • Gainisoman Amirhanoff • Regina Amson • Edith Amsterdam • Egon Amsterdam • Helene Amsterdam • Helga Amsterdam • Moses Amsterdam • David Amtmann • Alex Anderson • Dagobert Andman • Erna Andman • Manfred Andman • Samuel Andman • Josef Andre • Nicolai Andreef • Vasilisa Andreeva • Nikolai Andrienko • Alfred Anfang • Carl Anger • Margarete Anger • Paula Anger • Adele Angress • Bianka Angress • Else Angress • Georg Angress • Hans Angress • Irma Angress • Margarete Angress • Simon Angress • Ursula Angress • Dimitri Anikin • Andrey Anisimoff • Elena Anisimoff • Gerhard Anker • Dora Ansbach • Felicata Ansbach • Heinz Ansbach • Werner Ansbach • David Billy Antman • Erna Antman • Eva Antman • Fred Antman • Samuel Antman • Lubov Antokolsky • Anna Maria Antschel • Jakob Antschel • Anna-Maria Antschel • Marie Antscherl • Elly Apfelbaum • Gerszel Apfelbaum • Leon Apfelbaum • Simon Apfelgrun • Margarete Apkewitz • Max Apkewitz • Werner Apkewitz • David Apotheker • Charles Appel • Ella Appel • Erwin Appel • Grete Appel • Lara Ester Appel • Lotte Appel • Marion Appel • Maurice Appel • Peisach Appel • Ruth Appel •

Henia Arbeit • Salo Arbeit • Abram Arbuz • Karl Ardzicka • Max Arenot • Nikolai Arhangelskey • Taisa Arhangelskey • Hanny Aris • Hans Aris • Max Aris • Berta Arkusch • Samuel Arkusch • Hene Arm • Isaak Arm • Regina Arm • Ernst Armer • Franz Armer • Lola Armer • Auguste Arndt • Bruno Arndt • Hannah Arndt • Kurt Arndt • Leo Arndt • Ludwig Arndt • Paula Arndt • Else Arndtheim • Fritz Arndtheim • Chaim Arnfeld • Ludwig Arnold • Herbert Arnsdorff • Albert Aron • ema aron • Erich Aron • Erna Aron • Guenter Aron • Ludwig Aron • Max Aron • Selma Aron • Siegbert Aron • Hans Aronheim • Marta Aronheim • Robert Aronow • Hans Arons • Jacob Aronsohn • Josef Aronsohn • Edgar Aronstein • Max Aronstein • Pauline Arronge • Richard Arronge • Marie Arsentieva • leo Arspach • Galina Artemieff • Sergei Artemieff • Marjem Artman • Samuel Artman • Gerda Artmann • Geza Arvay • Alfons Aschenbrand • Alfred Aschenbrand • Sophie Aschenbrand • Emilie Aschenbrenner • Herrmann Aschenbrenner • Elisa Aschendorff • Jacob Aschendorff • Erich Ascher • Erna Ascher • Ernst Ascher • Georg Ascher • Gerda Ascher • Margarete Ascher • Max Ascher • Nelly Ascher • Siegfried Ascher • Walter Ascher • Wolf Ascher • Gertrud Maria Ascher • Betty Aschkenasy • Erich Aschner • Ernst Aschner • Franz Aschner • Frieda Aschner • Josef Aschner • Natalie Aschner • Vladimir Ashmarin • Ekaterina Ashmarina • Tatiana Ashmarina • Charlotte Askanas • Karl Askanas • Siegmund Askanas • Efrosinia Astaskina • Feigel Attermann • Isaak Attermann • Rita Attermann • Willy Attermann • Herrmann Auerbach • Hertha Auerbach • Nathan Sigbart Auerbach • Georg Aufricht • Manfred Aufrichtig • Paula Augwerber • Julius Aumann • Julius Autor • Oisio Avram • Gerda Awin • Helene Awin • Ignatz Awin • Leo Awin • Chonon Awruszenko • Eva Awruszenko • B. Axelrad • Gertrud Axelrad • Markus Axelrad • Rosa Axelrad • Paul Axiotiss • Hirsz Azja

B

Hilda Baar • Leopold Baar • Wilhelm Baar • Leo Bab • Lotte Bab • Max Bab • David Bach • Hans Bach • Josef Bach • Kurt Bach • Agnes Bacharach • Herbert Bacharach • Johanna Bacharach • Kurt Bacharach • Charlotte Bachmann • Franz Bachmann • Gerda Bachmann • Dawid Bachner • Elisabieta Bachner • Margarethe Bachner • Dina Bachrach • Ernst Bachrach • Fritzi Bachrach • Hana Bachrach • Heinz Bachrach • Hersz Bachrach • Marion Bachrach • Emma Bachurski • Jakob Bachurski • Erna Back • Hugo Back • Kurt Back • Robert Back • Bertha Baden • Erich Baden • Siegfried Baden • Sigfried Baden • Aron Bader • Meschulim Badler • Johanna Baecher • Moses Baecher • Siegmund Baecher • Hans Baeck • Minna Baeck • Wolf Baecker • Alfred Baer • Edith Baer • Erna Baer • Frieda Baer • Friedrich Baer • Fritz Baer • Georg Baer • Herta Baer • Ilse Baer • Johanna Baer • Lucie Baer • Ludwig Baer • Margrete Baer • Martin Baer • Walter Baer • Johannes Baerwald • Alexandra Bagamaloff • Vasili Bagamaloff • Vasili Bagamaloff • George Bagamoloff • Alexandra Baiborodina • Marek Bajer • Prokop Bakhtin • Anastasia Bakhtina • Dominika Baklanoff • Grigory Baklanoff • Dawid Bakszt • Leiba Bakszt • Ivan Bakulin • Friedl Balam • Abraham Balbin • Alexandra Balitskaya • Venedikt Balitsky • Bernhard Balkind • Johanna Balkind • Marion Balkind • Thea Balkind • Emma Ballan • Jani Ballan • Edith Balsam • Elsa Balsam • Mariane Balsam • Max Balsam • Siegfried Balsam • S. Balsan • Elsa Baltzowski • Jutta Baltzowski • Vasili Bamaloff • Herrmann Bamberger • Werner Bamberger • Andrei Ivanovich Banach • Maritza Bandaziantz • Nisan Bandaziantz • Heinz Bander • Hulda Bandmann • Martin Bandmann • Josef Bank • Rosa Bankier • Selib Bankier • George Bannikoff • Gertrud Bar • Heinz Bar • Paul Bar • Max Baran • Alexandra Baranoff • Calenia Baranoff • Galina Baranoff • Pelageia Baranoff • Rufina Baranoff • Lejba Baranowicz • Andreas Barban • Bronislawa Barban • Heinrich Barban • Olga Barban • Fruma Barenbaum • Michel Barenbaum • Berko Bargman • Hermann Barkowski • Margareta Barlinsky • Meyer Barnett • Charlotte Baron • Herbert Baron • Robert Baron • Daniel-Francois Baroukh • Francois-Joseph Baroukh • Ruth

Marian Samuel-Baroukh • Konrad Bartelt • Ernest Barth • Fanny Barth • Jacob Barth • Benno Bartholdy • Luzia Bartholdy • Bettina Baruch •Bianka Baruch • Dora Baruch • Harry Baruch • Herbert Baruch • Inge Baruch • Isak Baruch • Jabine Baruch • Jonas Baruch • Kaetchen Baruch • Leo Baruch • Ludwig Baruch • Lydia Baruch • Moritz Baruch • Rosa Baruch • Sam Baruch • Sara Baruch • Willy Baruch • Flora Baruth • Gotthold Baruth • Jacob Baruth • Johanna Baruth • Kaetchen Baruth • Max Baruth • Abraham Walter Basch • Feodore Basch • Gert Basch • Heinrich Basch • Heinz Basch • Reida Basch • Walter Basch • Josef Baschinski • Michel Baschis • Rifka Baschis • Stepan Bashkiroff • Stephan Bashkiroff • Tatiana Bashkirova • Benno Bass • Erika Bassist • Ida Bassist • Viktor Bassist • Bertha Bastian • Irene Basz • Rudolf Basz • Boris Bataloff • Fritz Bauchwitz • Hertha Bauchwitz • Walter Bauchwitz • Edward Baudler • Margarete Baudler • Alice Bauer • Aloisia Bauer • Ernestine Bauer • Ernst Bauer • Fritz Peter Bauer • Geza Bauer • Heinrich Bauer • Henny Pia Bauer • Herta Bauer • Jakob Bauer • Josef Bauer • Josefine Bauer • Katherina Bauer • Kurt Bauer • Olga Bauer • Siegfried Bauer • Siegmund Bauer • Thekla Bauer • Thomas Bauer • Benno Bauland • Helga Bauland • Inge Bauland • Elsa Baum • Felix Baum • Gerhard Baum • Julius Baum • Lothar Baum • Marie Baum • Oskar Baum • Sally Baum • Selma Baum • Siegmund Baum • Edith Baumann • Ernst Baumann • Esther Baumann • Gerhard Baumann • Hans Baumann • Meta Baumann • Alexandra Baumgart • Gottlieb Baumgart • Philippine Baumgart • Siegfried Baumgart • Alex Baumgarten • Anton Baumgarten • Fritz Baumgarten • Hans Baumgarten • Hugo Baumgarten • Josefine Baumgarten • Margot Baumgarten • Martin Baumgarten • Richard Baumgarten • Jan Bayer • Olga Bazar • Robert Bazar • Alfred Becher • Elsa Becher • Hans Becher • Herbert Becher • Kitty Becher • Szaul Becher • Uschi Becher • Hans Bechinsky • Reska Bechinsky • Alexander Beck • Edith Beck • Georg Beck • Hermann Beck • Hilde Beck • Irene Beck • Karl Beck • Kurt Beck • Minna Beck • Paula Beck • Siegmund Beck • Zsigmond Beck • Walter Beck • Edith Becker • Gerhard Becker • Herbert Becker • Hermann Becker • Hildegard Becker • Ismar Becker • Klara Becker • Kurt Becker • Leo Becker • Lothar Becker • Margarete Becker • Marianne Becker • Moritz Becker • Norbert Becker • Rosalie Becker • Ruth Becker • Siegfried Becker • Carl Beckhardt • Erna Beckhardt • Walter Beckhardt • Siegmund Beckmann • Annelise Beer • Fritz Beer • Hans Beer • Magda Beer • Margarete Beer • Martin Beer • Oskar Beer • Robert Beer • Rudolf Beer • Selma Beer • Sigmund Beer • Felix Beerwald • Helene Beerwald • Georg Begad • Hans Behmack • Otto Behmack • Edith Behr • Fritz Behr • Arthur Behrend • Ilse Behrend • Anna Behrendsohn • Julius Behrendsohn • Karl Behrendsohn • Yoachim Behrendsohn • Albert Behrendt • Bernhard Behrendt • Emma Behrendt • Heinz Behrendt • Herbert Behrendt • Ida Behrendt • Leo Behrendt • Minna Behrendt • Walter Behrendt • Wolfgang Behrendt • Artur Beil • Egon Beil • Erna Beil • Horst Beil • Ruth Beil • Willi Bein • Bertha Beiner • Max Beiner • Siegfried Beiner • Leopold Beinhacker • Benno Beitowitz • Moszko Bejlis • Izrael Bekerman • Naum Bekerman • Ludmila Bekker • Tamara Belavina • Vladimir Belikoff • Hermann Belitzer • Feedor Beliukoff • Nika Beliukoff • Nadejda Belkevich • Ivan Belkoff • Kadetda Belkoff • Alice Bellak • Arthur Bellak • Bruno Bellak • Emmy Bellak • Ernst Bellak • Ilka Bellak • Marianne Bellak • Oscar Bellak • Paul Bellak • Peter Bellak • Sophie Bellak • Abram Beller • Constantin Beloborodoff • Anna Beloff • George Beloff • Valentina Beloff • Victor Beloff • Evdokia Belonogoff • Olga Belonogoff • Victor Belonogoff • Stepan Belsky • Oskar Belz • Symson Belz • Elisabeth Benau • Ignaz Benau • Heinz Benda • Pauli Benda • Hildegarde Bender • Otto Bender • Ernst Bendheim • Gustav Bendiner • Johanna Bendiner • Paul Bendix • Bela Benedek • Selma Benedek • Else Benedik • Robert Benedik • Dorothea Benesi • Leopold Benesi • Danny Benger • Friedel Benger • Gerhard Hans Benger • Kurt Benger • Lilli Benger • Manfred Benger • Max Benger • Izrael

Benianski • Erich Benisch • Arnold Benjamin • August Benjamin • Bernhard Benjamin • Erich Benjamin • Erna Benjamin • Hanni Benjamin • Hilde Benjamin • Margarete Benjamin • Oskar Benjamin • Saly Benjamin • Reha Bennicasa • Heinz Bennigsohn • Gittel Benschner • Fritz Bensinger • Vera Bensinger • Alice Beran • Erika Beran • Eugenie Beran • Fritz Beran • Norbert Beran • Heinrich Berdach • Judel Berel • Szmuel Berenbaum • Mowsza Berensztejn • Schoudil Berezner • Anna Berg • Berta Berg • Edith Berg • Emma Berg • Ernst Berg • Hedwig Berg • Jenny Berg • Julie Berg • Karoline Berg • Kurt Berg • Martin Berg • Max Berg • Maximilian Berg • Paula Berg • Rifka Berg • Ruth Berg • Samuel Berg • Siegfried Berg • Willi Berg • Walter Berg • Alfred Berger • Alice Berger • Berta Berger • Charlotte Berger • Eduard Berger • Else Berger • Ernst Berger • Eveline Berger • Felix Berger • Georg Berger • Gustav Berger • Hannie Berger • Hans Berger • Jana Berger • Klip Berger • Kurt Berger • Leopold Berger • Magdalene Berger • Max Berger • Nora Berger • Nosek Berger • Oskar Berger • Stefanie Berger • Walter Berger • Annemarie Bergheim • Hans Bergheim • Simson Bergman • Abraham Bergmann • Adele Bergmann • Benno Bergmann • Edith Bergmann • Franz Bergmann • Frieda Bergmann • Gertrud Bergmann • Hans Bergmann • Heinz Bergmann • Helen Goldfarb Bergman • Hugo Bergmann • Leonhard Bergmann • Selma Bergmann • Beniamin Bergsztein • Eric Bergtraun • Arnold Berkheim • Hedwig Berkheim • Ingeborg Berkheim • Julius Berkmann • Helene Berkovich • Malka M. Berkovich • Matus H. Berkovich • Zleda M. Berkovich • George Berkovitch • Chaim Berkowicz • Jonas Berkowicz • Dagobert Berlin • Curt Berliner • Helga Berliner • Ludwig Berliner • Richard Berliner • Theodor Berliner • Walli Berliner • Abe Berman • Dina Berman • Itzhak Berman • Friedrich Bermann • Hugo Bermann • Ingeborg Berman • Juliane Bermann • Leopold Bermann • Otto Bermann • Richard Bermann • Rudolfine Bermann • Emmy Berneck • Amalie Bernfeld • Hans Bernfeld • Zsiga Bernfeld • Hans Bernhard • Heinz Bernhard • Hermann Bernhard • Martin Bernhard • Inge Bernhardt • Siegfried Bernhardt • Samuel Bernheim • Alfred Bernstein • Berta Bernstein • Ellen Bernstein • Erna Bernstein • Ernst Bernstein • Frieda Bernstein • Gertrud Bernstein • Heinz Bernstein • Hertha Bernstein • Ilse Bernstein • Kurt Bernstein • Leo Bernstein • Martin Bernstein • Paul Bernstein • Paula Bernstein •Richard Bernstein • Robert Bernstein • Salomon Bernstein • Stanley Bernstein • Walter Bernstein • Wilhelm Bernstein • Elisabeth Bernzweig • Nachem Bernzweig • Adolf Herbert Beron • Karla Beron • Frederick Berstl • Camilla Bersu • Max Bertysen • Bruno Berwin • Gertrud Berwin • Lothar Besser • Berta Bettauer • Rachel Bettauer • Elsa Bettelheim • Erna Bettelheim • Ernst Bettelheim • Friedrich Bettelheim • Karl Bettelheim • Lilly Bettelheim • Marie Bettelheim • Melanie Bettelheim • Richard Bettelheim • Robert Bettelheim • Betty Bettink • Fritz Bettink • Irene Bettink • Peter Bettink • Helga Bettsag • Rudolf Bettsag • Hertha Beuthner • Annemarie Beutler • Gustav Beutler • Helga Beutler • Martin Beutler • Irma Beyth • F.I.B. Bezborodova • Jacob Beznosuk • Ustinia Beznosuk • Fajwel Bezprozwany • Jakob Bibersztein • Emanuel Bick • Hildegard Bickel • Israel Bickel • Alice Bieber • Bruno Bieber • Edith Bieber • Emma Bieber • Hans Bieber • Heinz Bieber • Hertha Bieber • Wilhelm Bieber • Leopold Biegler • Annie Bieler • Bernat Bieler • Richard Bieler • Herbert Bielschowsky • Leo Bielschowsky • Bernhard Bienenfeld • Berta Bienenfeld • Ernst Bienenfeld • Abraham Bigus • Gerald Bigus • Gerhard Bigus • Sara Bigus • M. Bikbaeff • Icek Bilgoraj • Viktor Biller • Elfriede Bilstein • Frieda Bilstein • Rudi Bilstein • Szloma Bimbad • Abraham Binder • Adele Binder • Lilly Binder • Max Binder • Sobina Binder • Abramevith Binkin • Maurycy Bipken • Irma Birman • Markus Birman • Abraham Birnbaum • Berry Birnbaum • Besta Birnbaum • Frimet Birnbaum • Herzel Birnbaum • Berta Birnzweig • Klara Birnzweig • Kurt Birnzweig • Rolel Birnzweig • Theodor Birnzweig • George Birukoff • Lydia Birukoff •

Nicolas Birukoff • Alice Bischitz • Friedrich Bischitz • Karoline Bisenz • Moriz Bisenz • Elizaveta Bizova • Moisiej Bjerljawski • Tauba Bjerljawski • Herbert Blach • J. Blagihe • Maria Blagovitch • Leibe Blaiman • Alex Blangke • Agnes Blank • Else Blankenstein • Friedrich Blankenstein • Gertrud Blankenstein • Herbert Blankenstein • David Blanstein • Mary Blanstein •Adolf Reiter-Blaser • Eva Reiter-Blaser • Izrael Blass • Mozes Blat • Samuel Blat • Betty Blatt • Isidor Blatt • Chaja Blau • Ernst Blau • Leo Blau • Lina Blau • Max Blau • Paula Blau • Walter Blau • Wilhelm Blau • Sidonie Blau • Ernst Blauspahn • Frieda Blauspahn • Kurt Blaut • Ludwig Blaut • Vaclav Blecha • Marcus Bleiberg • Frieda Bleieisen • Heinrich Bleieisen • Fritz Bleier • Hans Bleier • llse Bleier • Olga Bleier • Adamante Blettel • Fridrich Blettel • Paula Bleyer • Claire Blitz • Knownas Blitz • Albin Bloch • Beanette Bloch • Benno Bloch • Bianca Bloch • David Ludwig Bloch • Erich Bloch • Eugen Bloch • Eva Bloch • Fred Bloch • Fritz Bloch • Gerhard Bloch • Hedwig Bloch • Helen Bloch • Helene Bloch • Irmgard Bloch • Judith Bloch • Judy Bloch • Lina Bloch • Manele Bloch • Manfred Bloch • Paula Bloch • Richard Bloch • Rosa Bloch • Ruth Bloch • Sigmund Bloch • Siegmund Bloch • Walter Bloch • Werner Bloch • Mia Blocker • Berta Bloedy • Alice Bloomfield • Fritz Bluhdorn • Leopold Bluhdorn • Bernhard Bluhm • Agnes Blum • Anita Blum • Berud Blum • Bruno Blum • Daisy Blum • Dorit Blum • Erna Blum • Fritz Blum • Gerhard Blum • Gisela Blum • Heinrich Blum • Irmgard Blum • Josef Blum • Marjam Blum • Paul Blum • Robert Blum • Sabine Blum • Scheindel Blum • Tommy Blum • Usula Blum • Frieda Blumberg • Leib Blumberg • Martin Blumberg • Philipp Blumberg • Ernst Blumenberg • Bella Blumenfeld • Elisabeth Blumenfeld • Heinz Blumenfeld • Jettel Blumenfeld • Josef Blumenfeld • Klara Blumenfeld • Lydia Blumenfeld • Szloma Blumenkranc • Leopold Blumenschein • Malvine Blumenschein • Peter Blumenschein • Dorothea Blumenstein • Ingeborg Blumenstein • Jenny Blumenstein • Schlama Blumenstein • Alfred Blumenthal • Arthur Blumenthal • Betty Blumenthal • Carl Blumenthal • Else Blumenthal • Erna Blumenthal • Eugen Blumenthal • Ewald Blumenthal • Grete Blumenthal • Helene Blumenthal • Hildegard Blumenthal • Max Blumenthal • Rosa Blumenthal • Rudolf Blumenthal • Siegfried Blumenthal • Stefanie Blumenthal • Valerie Blumenthal • W. Michael Blumenthal • Werner Blumenthal • Elias Blumer • Maria Blumer • Annemarie Blut • Martin Blut • Fritz Boas • Julius Boas • Paula Boas • Gertrude Bobinger • Kaspar Bobinger • Mojsz Bobrowski • Rozalia Bocher • Arthur Bochner • Ema Bochner • Irma Bochner • Gerhart Bock • Margarete Bock • Edgar Boehm • Ediba Boehm • Elisabeth Boehm • Emerich Boehm • Ernst Boehm • Friedrich Boehm • Fritz Boehm • Helena Boehm • Irene Boehm • Irma Boehm • Karl Boehm • Paula Boehm • Siegfried Boehm • Willi Boehm • Fritz Boehme • Thekla Boehme • Heinz Boenheim • Martin Boenisch • Herbert Boetzel • Jonas Bogad • Valerie Bogad • Mirgaly Bogdanoff • Sofia Bogoiavienskaia • Dimitry Bogoyaviensky • George Bogoyaviensky • Moritz Bohensky • Paula Bohensky • Leo Bohenzky • Ron Bohenzky • Ronald Bohenzky • Uta Bohenzky • Salo Bohm • Bernhard Bohrmann • Helene Bohs • Michel Bojko • Vera Bokastoff • Vsevolod Bokastoff • Aron Bokow • Elisabeth Boksh • Gustav Bolak • Bela Boldes • Benno Boldes • Delly Boldes • Doris Boldes • Gerda Boldes • Hans Boldes • Herbert Boldes • Leopold Boldes • Martin Boldes • Max Boldes • Anna Bolshakova • Matrena Bolshakova • David Boltuch • Betty Bolun • Hermann Bondy • Werner Bondy • Friederike Paula Bonin • Iaraskova Bootkeeff • Serge Bootkeeff • Max Borchard • Else Borchardt • Erich Borchardt • Grete Borchardt • Heinz Borchardt • Klara Borchardt • Rosa Borchardt • Walter Borchardt • Fanny Borenstein • George Borenstein • Josef Borensztein • Rachmil Borensztejn • Bela Bores • Jutta Borg • Karl Borg • Marie Borg • Doris-Else Borinski • Erich Borinski • Moritz Borinski • Eugenia Borislavsky • Vera Borislavsky • Natalia Borisoff • Maria Borissenko • Michael Borissenko • Bernhard Bormann • Lia Bormann • Minni Bormann • Katharina

Born • Alfred Bornstein • Heinrich Bornstein • Ida Bornstein • Ismar Bornstein • Jacob Bornstein • Melanie Bornstein • Sisela Bornstein • Maria Borodina • Igor Borovsky • Maria Borovsky • Siegbert Borower • Sophie Borowicz • Friedenke Bortstieber • Hermann Bortstieber • Ilse Bortstieber • Else Boschwitz • Ernst Boser • Flora Boser • Wilhelm Boser • Isidor Botie • Jury Boulavin • Gregory Boulicheff • Lidia Bourmakin • Lidia Boutourlin • Oleg Boutourlin • Friedrich Boxer • D.H. Boyko • Meta Brach • Otto Brach • Markus Brafman • Albert Bragenheim • Hans Bragenheim • Selma Bragenheim • Kurt Brahm • Wiedor Brajtbort • Alma Brajzblat • Lejbus Brajzblat • Leopold Brakel • Chiel Brand • Max Brand • Olga Brand • Ernestine Brande • Ernst Brande • Jakob Brande • Max Brandris • Michal Brandsztejn • David Brandt • Ernestine Brandt • Eugen Brandt • Hans Brandt • Hildegard Brandt • Julie Brandt • Lilly Brandt • Max Brandt • Nelly Brandt • Theodor Brandt • Wilhelm Brandt • Anna Brann • Karl Brann • Curt Brasch • Gerhard Brasch • Kate Brasch • Grete Brass • Heinz Brass • Max Brass • Ruth Brass • Hermann Bratmann • argarethe Bratmann • Alfred Bratspies • Bruno Brauer • Erna Brauer • Fritz Brauer • Gertrud Brauer • Harry Brauer • Heinz Brauer • Herbert Brauer • Jenny Brauer • Kurt Brauer • Margarete Brauer • Wilhelm Brauer • Arthur Braun • Berta Braun • Dorit Braun • Edward Braun • Elise Braun • Emma Braun • Ervin Braun • Eugen Braun • Fritz Braun • Fritzi Braun • Georg Braun • Hans Braun • Hilde Braun • Jenny Braun • Josef Braun • Kaete Braun • Leo Braun • Mafred Braun • Malka Braun • Malwine Braun • Mathilde Braun • Olga Braun • Oskar Braun • Richard Braun • Rosa Braun • Rose Braun • Sabina Braun • Samuel Braun • Victor Braun • Walter Braun • Werner Braun • Wilhelm Braun • Doris Braunhart • Lothar Braunhart • Theodor Braunhart • Rosa Braunsberg • Werner Braunsberg • Berta Braunschweiger • Manfred Braunschweiger • Theodore Braunschweiger • Arthur Braunthal • Franz Braunthal • Gerda Braunthal • Heinz Braunthal • Ilse Braunwald • Leo Braunwald • Marie Braunwald • Adolf Brayer • Selma Brayer • Bruno Brecher • Paula Brecher • Senta Brecher • Tobias Brecher • Izrael Bregman • Franz Breit • Minna Breit • Robert Breit • Bruno Breitbart • Gertrude Breitbart • Dagobert Breitbarth • Else Breitbarth • Fritz Breitner • Hedwig Breitner • Wilhelm Breitner • Charlotte Brender • Gerda Brender • Justus Brender • Herz Brenner • Soste Brenner • Fryna Brennig • Mates Brennig • Ernst Bresch • Jakob Breski • Judel Breskin • Georg Breslauer • Marta Breslauer • Adolf Breuer • Josef Breuer • Karla Breuer • Margarete Breuer • Otto Breuer • Newach Brewda • Friedrich Brichta • Else Brieger • Hans Brieger • Klaus Brieger • Lothar Brieger • Chaim Briller • Victor Briloff • Awiwa Brinitzer • Judith Brinitzer • Martin Brinitzer • Otto Brinitzer • Richard Brinitzer • Manfred Britzmann • Nathan Britzmann • Silvia Britzmann • Maurice Bro • Jan Broch • Max Broczyner • Abram Brodacz • Siegbert Brodda • Benjamin Broder • Frauriek Brodmann • Leopold Brodmann • Markus Brodsky • Minna Brodsky • Arthur Brodtmann • Else Brodtmann • James Brodtmann • Joachim Brodtmann • Heinrich Brody • Benno Broh • Carlheinz Broh • Felicia Broh • Helga Broh • Herbert Broh • Kaethe Broh • Max Broh • Elesbet Bromberger • Elisabeth Bromberger • Franziska Bromberger • Fritz Bromberger • Gertrud Bromberger • Inge Bromberger • Margarete Bromberger • Otto Bromberger • Rolf Bromberger • Sonja Bromberger • Wilhelm Bromberger • Inge Bromberger Wendriner • Chaim Bronet • Ninia Bronet • Artur Bronner • Gertrud Bronner • Markus Bronner • Alexander Brooknow • Alfred Brosan • Alfred Brosan • Anna Brosan • Anna Brosan • Bruno Brosan • Gertrud Brosan • Luise Brosan • Paul Brosan • Richard Brosan • Rudolf Brosan • Rudolf Brosan • Trudy Brosan • Euginy Brown • Galina Brown • Tatiana Brown • Abraham Bruck • Bert Bruck • Dagobert Bruck • Ernestine Bruck • Esther Bruck • Gertrude Bruck • Hilde Bruck • Kaethe Bruck • Paul Bruck • Schenol Bruck • Walter Bruck • Siegmund Bruehell • Felix Bruell • Franz Bruell • Szmuel Brundy • Roehe Brunitzer • Alexander Brunner • Karl Brunner • Marie Brunner • Max Brunner • Nikolano

Brunner • Ernst Brunswiek • Nanny Brunswiek • Siegfrid Brurnebaum • Friedrich Brust • Hildegard Brust • Leizor Bryks • Adam Bryskier • Malka Bryskier • Pinchas Bryskman • Szaja Bryskman • Bernhard Buchband • Edith Buchbaum • Max Buchbaum • Paula Buchegger • Elsa Buchholz • Ingebord Buchholz • Manfred Buchholz • Alfred Buchler • Fryna Buchler • Josef Buchler • Frieda Buchner • Georg Buchner • Friederick Buchstab • Margarete Buchstab • Bruno Bucki • Joseph Buckley • Berko Budin • Estera Budin • Morduch Budin • Jankel Buechler • Taube Buechler • Hans Buenger • Felix Buka • Janina Buki • Janusz Buki • Ida Bukofzer • James Bukofzer • Max Bukofzer • Gustav Herbert Buky • Herta Buky • Meyer Bulka • Margot Bunger • Eva Bunzlav • Hans Adolf Bunzlav • Alfred Burchardy • Charlotte Burchardy • Ella Burchardy • Elli Burchardy • Gerhard Burchardy • Adolf Burg • Efrains Burg • Frieda Burg • Hencze Burg •Margarete Burg • Markus Burg • Alfred Burghardt • Rudolf Burghardt • Anni Burkhard • Hugo Burkhard • Elisabets Burovinkoff • Nalegda Burovinkoff • Serge Burovinkoff • Tandara Burovinkoff • Julius Burschel • Albert Burstein • Harry Burstein • Josephine Burstein • Kate Burstein • Szloma Bursztyn • Jankiel Bursztyniarz • Michel Bursztyniarz • Anna A. Burtasovsky • Anotoly Burtasovsky • Valentina Burtasovsky • Lotta Bury • Fryderyka Buschel • Susanne Buschel • Zygfryd Buschel • Emil Buschitz • Max Buschitz • Owsiej Busel • Klaus Busse • Galina Butina • Anna Butorin • Vasily Butorin • Max Buxbaum • Anna Byikoff • Ivan Byikoff • Abram Byk

C Elisabeth Cahn • Hermann Cahn • Karl Hans Cahn • Sally Cahn • Edith Callmann • Erich Callmann • Georg Callmann • Ruth Callmann • Ruth Mathilde Meike Sara Callmann • Carl Calm • Helga Calm • Lottchen Calm • Malchen Calm • Max Calm • Alfred Camnitzer • Amalie Camnitzer • Gerhard Camnitzer • Heinz Camnitzer • Herta Camnitzer • Irma Camnitzer • Moritz Camnitzer • Rose Camnitzer • Siegfried Camnitzer • Aaron Caplan • Feiga Caplan • Charlotte Caro • Erich Caro • Therese Charlotte Caro • Margarete Carstens • William Carstens • Edith Caspari • Hans Caspari • Max Caspari • Siegbert Caspari • Wally Caspari • Clara Caspary • Erna Caspary • Hugo Caspary • Ilse Caspary • Juergen Caspary • Max Caspary • Ruth Caspary • Paula Casper • Walter Casper • Else Cassel • Ernst Cassel • Helga Cassel • Ilse Cassel • Jenny Cassel • Kaethe Cassel • Max Cassel • Norbert Cassel • Riffie Cassel • Erna Cerf • Oskar Cerf • Nicolai Chabrat • Else Chaim • Ellen Chaim • Erwin Chaim • Evelyn Chaim • Heinrich Chaim • Laura Chaim • Max Chaim • Ottilie Chaim • Paul Chaim • Ruth Ruben Chaim • Ivan Chainikoff • Taisia Chainikoff • Aron Chankchowitz • Gerszon Chanowicz • Izrael Chanowicz • Magda Charig • Wilhelm Charig • Erni Charnitzki • Leo Charnitzki • Paula Charnitzki • Ruth Charnitzki • Franziska Chaska • Ilse Chaska • Johanna Chaska • Karl Chaska • Willy Chaskel • Zosia Chaskel • George Chebanoff • Doris Cheimowitz • Gertrud Cheimowitz • Gustav Cheimowitz • Kurt Cheimowitz • Markus Cheimowitz • Marta Cheimowitz • Ralf Cheimowitz • Wanda Cheimowitz • Ekaterina Chekasheva • Dionisy Chelpanoff • Elisaveta Cherepanoff • Feodor Cherepanoff • Alexandra Cherney • Nicolai Cherniatieff • Eugen Cherniavtzeff • Anastasia Cherniavtzeva • Elizaveta Chernikova • Xenia Chernisheff • Dmitry Cherny • Leonid Chianikoff • A.K. Chigvenzeff • Josef Chilf • Olga Chilf • Lubov Chilova • Hildegard Chodowski • Max Chodowski • Jetta Chose • Alexandra Chourlianis • Serge Chourlianis • Vladimir Chourlianis • Gustav Chrzanowski • Louise Chrzanowski • Dimitry Chudovsky • Lubor Chugunova • Dmitry Churukin • Evdokia Churukina • Adolf Cige • Margot Cige • Aenche Ciker • Fred Ciker • Nojach Ciker • Edith Citron • Karl Citron • Max Citron • Dulrus Cittermann • Frieda Cittermann • Klaus Cittermann • Carol Clain • Sara Clarfeld • Curt Codik • Rosa Codik • Alfred Cohen • Fred Cohen • Hava Cohen • Hinnie Cohen • Norbert Cohen • O.S. Cohen • Rudolf Cohen • Werner

Cohen • Adolf Cohn • Albrecht Cohn • Alex Cohn • Alfred Cohn • Alwin Cohn • Antonie Cohn • Armin Cohn • Arthur Cohn • Bernhard Cohn • Berthold Cohn • Bianka Cohn • Bruno Cohn • Cäcilie Cohn • Carl Cohn • Carola Cohn • Casalie Cohn • Charlotte Cohn • Cilly Cohn • Dina Cohn • Dora Cohn • Dorchen Cohn • Edgar Cohn • Edith Cohn • Edmund Cohn • Egon Cohn • Elise Cohn • Else Cohn • Emil Cohn • Emma Cohn • Erich Cohn • Erna Cohn • Erwin Cohn • Eugen Cohn • Fanny Cohn • Ferry Cohn • Frida Cohn • Frieda Cohn • Fritz Cohn • Georg Cohn • Gerbert Cohn • Gerda Cohn • Gerhard Cohn • Gertaud Cohn • Gertrud Cohn • Gertrude Cohn • Ginite Cohn • Guenter Cohn • Gustav Cohn • Hans Cohn • Harry Cohn • Heinz Cohn • Herbert Cohn • Hermann Cohn • Hertha Cohn • Hildegard Cohn • Hogae Cohn • Horst Cohn • Hugo Cohn • Inge Cohn • Irma Cohn • Iwan Cohn • Jenny Cohn • Joachim Cohn • Johanna Cohn • Julie Cohn • Kaete Cohn • Kathe Cohn • Klaus Cohn • Kurt Cohn • Leo Cohn • Leonhard Cohn • Leopold Cohn • Lilly Cohn • Lina Cohn • Lisbet Cohn • Lotte Cohn • Louisa Cohn • Lucie Cohn • Ludwig Cohn • Luise Cohn • Margarete Cohn • Margarethe Cohn • Margot Cohn • Martha Cohn • Martin Cohn • Max Cohn • Nelly Cohn • Paul Cohn • Paula Cohn • Paulina Cohn • Pauline Cohn • Peter Cohn • Ralph Cohn • Rosa Cohn • Rudolf Cohn • Ruth Cohn • Selma Cohn • Siegfried Cohn • Theodor Cohn • Valeska Cohn • Viktor Cohn • Walter Cohn • Werner Cohn • Willi Cohn • Willy Cohn • Edward Cohnheim • Elsbeth Cohnheim • Willy Cohnke • Melitta Colland • Alice Collin • Hans Collin • Gertrud Colm • Irma Colm • Siegfried Colm • Ernst Compart • Heinz Compart • Witja Compart • David Conkin • Martin Coser • Hans Creutzberger • Betty Crohn • Ottilie Crohn • Paul Crohn • Baruch Croner • Benno Croner • Markus Max Croner • Max Croner • Herta Cronheim • Erich Cruczka • Mayer Cukier • Bela Cukierman • Ernie Culman • Beth Culmann • Engush Culmann • Ernst Culmann • Hans Culmann • Rodolfo Cyetko • Chaym Cymbalista • Junkiel Cymbalista • Layh Cymbalista • Luba Cymbalista • Mordka Cymbalista • Hela Cypersztein • Wigdor Cypersztein • Neftel Cyrynski • Dita Cyzner • Ryfka Cyzner • Simon Cyzner • Walter Cyzner • Kurt Czak • Richard Czak • Therese Czak • Erna Czarlinski • Nathan Czarlinski • Siegfried Czarlinski • Abraham Czarninski • Anka Czarninski • Curt Czarnitzki • Oszer Czeczyk • Max Czerninski • Bella Czertok • Dawid Czertok • Gdala Czertok • Girsz Czertok • Ida Czertok • Netel Czertok • Erna Czerwenka • Szlama Czerwonogura • Peter Cziffra • Walter Czollek • Artur Czucker • Margarethe Czucker • Hinda Czyz • Jankiel Czyz

Georg Dabid • Anatoly Dadigin • Elisaveta Dadigina • Leopold Dag • Albert Daicz • Mathilde Daltrop • Walter Daltrop • Hans Damm • Ester Danger • Leib Danger • Alfred Daniel • Eugen Daniel • Fritz Daniel • Georg Daniel • Hilde Daniel • Kurt Daniel • Lilli Daniel • Werner Daniel • Yvonne Daniel • Peter Daniloff • Maria Danish • Anton Dankner • Edith Dankner • Elsa Dankner • Isak Dankuer • Klara Dankuer • Ruth Dankuer • Alfred Danziger • Arthur Danziger • Else Danziger • Emma Danziger • Georg Danziger • Gerhard Danziger • Hans Danziger • Lilly Danziger • Paul Danziger • Siegfried Danziger • Walli Danziger • Wolfgang Danziger • A.F. Darensky • Clara Dattel • Emma Dattel • Hugo Dattel • Manfred Dattel • Martin Dattel • Lejbus Daumann • Adolf Daus • Adolf David • Alice David • Arnold David • Betty David • Dorothea David • Ella David • Else David • Emil David • Emilie David • Georg David • Gerd David • Heinrich David • Helga David • Hermann David • Jenny David • Johanna David • Julius David • Manfred David • Marion David • Martha David • Meta David • Richard David • Rolf David • Sally David • Salomon David • Schendel David • Selma David • Siegbert David • Siegfried David • Walli David • Wilhelm David • Myra Heller Davis • Eudokia Davidenkova • Albert Davidsohn • Alfred Davidsohn • Elly Davidsohn • Emmy Davidsohn • Fritz Davidsohn • Johanna Davidsohn • Martin Davidsohn • Ruth Davidsohn • Walter Davidsohn • Leib Dawid • Nathan Dawid •

Paul Dawid • Peter Dawid • Ruth Dawid • Sarolta Dawid • Walter Dawid • Chaim Dawidowicz • Zacharia Dawidowicz • Elizabeth De Courcey • Erwin de Jong • Ilse de Jong • Selma de Jong • Herta Dehn • Martin Dehn • Grete Deman • Hanna Deman • Joan Deman • Wilhelm Deman • Kurt Dember • Max Demuth • Rifka Demuth • Ignaz Deneberg • Vassily Denisoff • Kurt Denn • C.P. Deputatoff • V.V. Deputatoff • Vasily Deriabin • George Derkach • Mariame Dessauer • Adolf Dessen • Johanna Dessen • Liebschen Dessen • Moritz Dessen • Jack Destler • Adolf Deutsch • Alexander Deutsch • Alfred Deutsch • Alice Deutsch • Alois Deutsch • Elsa Deutsch • Fanny Wagner Deutsch • Fritz Deutsch • Gertrude Deutsch • Gustav Deutsch • Heinrich Deutsch • Hermann Deutsch • Hilde Deutsch • Hildegard Deutsch • Hugo Deutsch • Irma Deutsch • Gerhard Deutsch • Josef Deutsch • Julius Deutsch • Karl Deutsch •Leopold Deutsch • Ludwig Deutsch • Maria Deutsch • Moritz Deutsch • Pesie Deutsch • Ruth Deutsch • Siegmund Deutsch • Susanne Deutsch • Theodor Deutsch • Ida Deutschberger • Max Deutschlaender • Ernst Deutschmann • Siegfried Deutschmann • Galina Deviatoff • Hellen Deviatoff • Victor Deviatoff • Amalie Diamand • Heinz Diamand • Hermann Diamand • Elsela Diamant • Erich Diamant • Gerda Diamant • Indith Diamant • Rudolf Diamant • Maria Dianova • Chaja Dichter • Leib Dichter • Edith Dick • Leo Dick • Pinkus Dick • Josef Dickstein • Samuel Didner • Hans Dienemann • Helene Dienemann • Kaethe Dienstfertig • Salomon Dienstfertig • Caecilie Dietrich • Maria Dillenburger • Max Dillenburger • Willi Dimenstein • Adolf Direktor • Hanna Direktor • Isidor Direktor • Paul Direktor • Karl Dispeker • Evdokia Djanalidze • Maria Djiadze • Moses Dlougacz • Alexei Dmitrieff • George Dmitrieff • Helen Dmitrieff • Klavdia Dmitrieff • Natalie Dmitrieff • Nicolai Dmitrieff • Vladimir Dmitrieff • Maria Dmitrieva • Malka Dobekirer • Szejneia Dobekirer • Erna Dobrin • Frieda Dobrin • Fritz Dobrin • Hans Dobrin • Ida Dobrin • Lotte Dobrin • Ludwig Dobrin • Siegfried Dobrin • Max Dobriner • Anatoly Dobrodomoff • Ekateriny Dobrodomoff • Adolf Dobrowetzki • Agnes Dobrowetzki • Ruth Dobrowetzki • Susi Dobrowetzki • Ernst Dobyzynski • Jenni Dobyzynski • Hans Doerfler • Ella Doering • Alfred Dohan • Lilli Dohan • Alexander Dolgikh • Valentina Dolgikh • I. Dolgoff • Bernhard Dolinger • Gidela Dolinger • Bernard Dollinger • Gisela Kohn Dollinger • Vasili Dolmatoff • Vladimir Dolmatoff • Eugenia Domashevsky • Mikhail Domashevsky • Martha Domb • Moritz Domb • Rolf Domb • Adolf Dombrower • Archie Dombrower • Denny Dombrower • Erna Dombrower • Georg Dombrower • Gerhard Dombrower • Jack Dombrower • Klara Dombrower • Ortrud Dombrower • Ruth Dombrower • Erna Dombrowski • Hermann Dombrowski • Klaus Dombrowski • Margot Dombrowski • Ernst Dombrowsky • Johannes Dombrowsky • Harry Donat • Walter Donat • Richard Donath • Vladimir Donetz • Gertrud Donn • Anatoly Doodnikoff • Albert Dornhard • Fernande Dornhard • Alexis Dostavaloff • Boris Doubrowin • Sima Draxler • Stefan Draxler • Oskar Drechsler • Alfred Dreifuss • Amalie Dreifuss • Siegfried Dreifuss • Bernhard Dreiko • Edith Dresel • Erich Dresel • Horst Dresel • Lorenz Dressler • Toni Dressler • Edith Dreyer • Elsa Dreyer • Hans Dreyer • Arthur Dreyfuss • Hilde Dreyfuss • Hildegard Driesen • Ismar Driesen • Marjan Driller • Mirla Driller • Ewald Drucker • Gertrud Drucker • Helen Drujinenko • Nicholas Drujinenko • Anna Drujinina • Georg Druker • Gloria Druker • Livia Druker • Steren Druker • Kaetchen Dub • Oskar Dub • Ota Dub. • Hilda Dubienski • Mindel Dubienski • Oskar Dubienski • Walter Dubienski • Karl Dubinski • Sara Dubinski • Arnosufka Dubova • Herbert Dubowski • Johanna Dubowski • Leo Dubowski • Pauline Dubowski • Ekaterina Dudareva • M. Dudin • Demian Dudnik • Betty Duhinsky • Sjoma Duhinsky • Wilhelm Dukesz • Fritz Duldner • Hans Duldner • Karl Duldner • Kurt Duldner • Otto Duldner • Fritz Duliner • Helene Duliner • Karl Duliner • Kurt Duliner • Otto Duliner • Salomon Duliner • Wolf Durczyn • Idel Dyksztejn • Moszek Dyner • Herta Dzialowski • Leo Dzialowski •

Oskar Dzialowski • Paula Dzialowski • Rosa Dzialowski • Ruth Dzialowski • Willy Dzialowski • Josef Dzinbas

E

Arnold Ebbel • Arnold Eberstark • Franziska Eberstark • Hans Eberstark • Ekaterina Ebralidze • Tanara Ebralidze • Demer Ebstein • Horst Ebstein • Hugo Ebstein • Rosa Ebstein • Elisabeth Echt • Erna Echt • Eva Echt • Ruth Echt • Salomon Echt • Willi Echt • Ernst Eckhaus • Hans Eckstein • Ralpha Eckstein • Alfred Edel • Alma Edel • David Edel • Erna Edel • Ewgwnie Edel • Oscar Edel • Oskar Edel • Siegbert Edel • Siegfried Edel • Jakob Ederman • Claus Eduard Posner • Claus Edward Posner • Alexander Efimoff • Lucie Ehraplewski • Alma Ehrenbaum • Fritzi Ehrenberg • Max Ehrenberg • Georg Ehrenhaus • Louise Ehrenhaus • Anna Ehrenreich • Friedrich Ehrenreich • Margarethe Ehrenreich • Hedwig Ehrenstamm • Kurt Ehrenstamm • Max Ehrenstamm • Alicja Ehrlich • Anna Ehrlich • Ela Ehrlich • Eli Ehrlich • Emmilouise Ehrlich • Erna Ehrlich • Ferdinand Ehrlich • Friedrich Ehrlich • Georg Ehrlich • Hans Ehrlich • Hermann Ehrlich • Hildegard Ehrlich • John Fredfric Ehrlich • Josef Ehrlich • Jozef Ehrlich • Kurt Ehrlich • Margarete Ehrlich • Maria Ehrlich • Max Ehrlich • Paul Ehrlich • Peter Ehrlich • Sally Ehrlich • Selena Ehrlich • Siegbert Ehrlich • Thomas Edward Ehrlich • Tommy Ehrlich • Ursula Ehrlich • Marie Ehrlichova • Otto Ehrlietz • Cyna Ehrmann • Fanny Ehrmann • Martin Ehrmann • Max Ehrmann • Rudolf Eibuschilz • Lotte Eichberg • Maria Eichberg • Siegfried Eichberg • Thekla Eichberg • Walter Eichberg • Karl Eichelgruen • Elka Eichenblatt • Emanuel Eichenblatt • Paul Eichenwald • Fritz Eichwald • Johanna Eichwald • Walter Eichwald • Claus Eick • Edith Eick • Ernst Eick • Julius Eick • Max Eick • Olga Eick • Joachim Eifin • Ursula Eifin • Abram Eiger • Elsa Eikelmann • Inge Eikelmann • Lucie Eilenberg • Paul Eilenberg • Richard Eilkisch • Isaak Einhorn • Elisabeth Einzig • Albert Einzis • Josef Eirmann • Riwe Eirmann • Hilde Eis • Lazar Eis • Rufa Eis • Wolfgang Eis • Adolf Eisen • Rosa Eisen • Artur Eisenberg • Berisch Eisenberg • David Eisenberg • Sara Eisenberg • Jakob Eisenkling • Lesser Eisenkling • Elisabeth Eisensaedt • Eva Eisensaedt • Simon Eisenstadt • Charlottte Eisenstaedt • Eirich Eisenstaedt • Esle Eisenstaedt • Hanns Eisenstaedt • Hans Eisenstaedt • Helga Eisenstaedt • Hertha Eisenstaedt • Inge Eisenstaedt • Kaete Eisenstaedt • Kurt Eisenstaedt • Meinhard Eisenstaedt • Moritz Eisenstaedt • Paul Eisenstaedt • Sally Eisenstaedt • Erwin Eisfelder • Ferdinand Eisfelder • Hedwig Eisfelder • Horst Eisfelder • Leopold Ludwig Eisfelder • Lorni Eisfelder • Luis eisfelder • Trudy Eisfelder • Amalie Eisinger • Berta Eisinger • Harry Eisinger • Kurt Eisinger • Osias Eisinger • Oskar Eisinger • Marketa Eisingerova • Bertha Eisler • Edith Eisler • Josef Eisler • Walter Eisler • Wilhelm Eisler • Siegried Eislitzer • Bernhard Eisner • Egon Eisner • Fritz Eisner • Georg Eisner • Hermann Eisner • Hildegard Eisner • Martha Eisner • Minna Eisner • Nachman Eisner • Richard Eisner • Robert Eisner • Wilhelm Eisner • Elisabeth Eitelberg • Mendel Ejger • Bajrach Elbaum • Eta Elbaum • Jajer Elbaum • Sara Elbaum • Simcha Elbaum • George Elchenkoff • Alfons Elend • Brigitte Elend • Herta Elend • Alexander Elias • Berthold Elias • Elsa Elias • Ernst Elias • Gertrud Elias • Hermann Elias • Johanna Elias • Walter Elias • Nicolas Elin • Alfred Elka • Karlherbert Elkan • Else Ellenbogen • Leonhard Ellenbogen • Berta Ellig • Pelagea Elonova • Helene Elsbach • Elfriede Elsner • Emma Elsner • Gerda Elsner • Helga Elsner • Josef Elsner • Leiblich Elsner • Metta Elsner • Sonja Elsner • Alex Elsoffer • Edith Elter • Gertrude Elter • Hermann Elter • Regine Elter • Wilhelm Elters • Erika Ely • Wolfgang Ely • Alexander Engel • Alfons Engel • Anna Engel • Blanka Engel • Clara Engel • Eduard Engel • Elsa Engel • Erwin Engel • Etel Engel • Eugen Engel • Gerturde Engel • Gustav Engel • Herbert Engel • Janou Engel • Josefine Engel • Julius Engel • Kornelius Engel • Kurt Engel • Leopoldine Engel • Manfred Engel • Margarete Engel • Max Engel • Oskar Engel • Paul Engel • Renee Engel • Robert

Engel • Siegfried Engel • Walter Engel • Wilhelm Engel • Zigmund Engel • Samuel Engelhard • Walter Engelmann • Abram Engelsberg • Bertha Englaender • Issak Englaender • Paul Englaender • Wally Englaender • Walter Englaender • Paula Englander • Zoltan Englander • Dawid Englard • Else Engler • Leon Engler • Peter Engler • Bella Enker • Max Enker • Moritz Enker • Paul Enrlich • Edith Epestein • Elisabeth Epestein • Alfred Epstein • Ernst Epstein • Eugenie Epstein • Eva Epstein • Gertrude Epstein • Heinz Epstein • Herbert Epstein • Herta Epstein • Hugo Epstein • Karl Epstein • Kurt Epstein • Lucie Epstein • Martin Epstein • Rosa Epstein • Ruth Epstein • Walter Epstein • Chaim Epsztein • Josif-Dawid Epsztein • Szejna Epsztein • Abram Epsztejn • Baisitte Erber • Eugen Erber • Gittel Erber • Leopold Erber • Margarete Erber • Sara Erber • Siegfried Erber • Caesar Erdensohn • Maria Erdensohn • Paul Erdensohn • Fred Erdman • Racheli Erdoedi • Siegfried Erdstein • Egon Erlich • Leo Erlich • Lucy Erlich • Melanie Erlich • Melanie Brod Erlich • Fritz Ermann • Rabbi Ernst • Robert Ernst • Elsa Ertler • Gabincle Ertler • Oswald Ertler • Sandor Ertler • Philipp Eskoff • Helen Ester Schaechter • Erwin Ettinger • Felix Ettish • Gerda Ettish • Matrena Evseieff • Agafen Evsieff • Helen Ewalt

F Alfred Fabian • Charlotte Fabian • Civia Fabian • Erich Fabian • Herbert Fabian • Johanna Fabian • Kurt Fabian • Regina Fabian • Adolf Fabisch • Anneliese Fabisch • Betty Fabisch • Dorothea Fabisch • Erna Fabisch • Fritz Fabisch • Hanna Fabisch • Klara Fabisch • Martin Fabisch • Norbert Fabisch • Rosa Fabisch • Siegbert Fabisch • Wally Fabisch • Elsa Fackenheim • Erich Fackenheim • Walter Fackenheim • Ruth Facobi • Alice Faerber • Fritz Faerber • Rubin Fajn • Cheska Fajnzynberg • Icek Fajtlowicz • Irma Fajtlowicz • Elise Falbaum • Henny Falbaum • Philipp Falbaum • Salomon Falbaum • Nachmann Falber • Dawid Faljman • Edith Falk • Werner Falk • F. Falkenstein • Gustav Falkenstein • Hedwig Falkenstein • Inge Falkenstein • J. Falkenstein • Ruth Falkenstein • Rosa Falkowicz • Abraham Fallman • Erna Faltischek • Frieda Faltischek • Leo Faltischek • Walter Faltischek • Tobias Farb • Jacques Farchy • Victor Farchy • Ketti Fasal • Annemavie Fass • Jakob Fass • Ernest Faust • Gisela Feder • M. Feder • Simon Feder • Szloma Federman • Bernhard Federmann • Chaim Federmann • Erwin Federmann • Alfred Fedija • George Fedoroff • Eudokia Fedorova • N. S. Fedorova • B.M.T. Fedoseyeff • Marie Fedotova • Treyaneff Fedseyeff • Elias Fehl • Frieda Fehl • Gizella Fehl • Szymon Fehl • Herbert Feibel • Albert Feibusch • Beatrice Feibusch • Lotte Feibusch • Sigmund Feibusch • Luise Feier • Ernst Feig • Margarete Feig • Werner Feig • Frida Feiger • Fritz Feiger • Gerda Feiger • Leo Feiger • Max Feiger • Adele Feil • Wilhelm Feil • Erna Fein • Herbert Fein • Julino Fein • Martin Fein • Olga Fein • Arthur Feiner • Auguste Feiner • Fritz Feiner • Gustav Feiner • Karl Feiner • Walter Feiner • Benno Feintuch • Leopold Feist • Alexander Feitzer • Lidia Feitzer • Calel Fejgelsztejn • Elisa Fejn • Szaja Fejn • Adorjan Fekete • Leo Felbel • Erwin Feld • Liselotte Feld • Dawid Feldberg • Mojsze Feldberg • Benjamin Feldmahr • Aron Feldman • Mona Feldman • Salomon Feldman • Erith Feldmann • Georg Feldmann • Marie Feldmann • Robert Feldmann • Anny Feldsberg • Charlotte Feldsberg • Rinhard Feldsberg • Fetti Feldstein • Abraham Feldt • Gertrud Feldt • Siegfried Feldt • Rosa Felimann • Isak Feller • Fussel Felner • Nicolas Felschau • Alexander Felsenburg • Leopoldine Felsenburg • Hermann Fenereisen • Dori Fenerzeug • Egon Fenerzeug • Welin Fenerzeug • Doris Fenster • Harry Fenster • Lea Fenster • Leib Fenster • Marjem Fenster • Wally Fenster • George Feodoravich • Maria Feoktistova • Erika Ferotzky • Anna Fersten • Heinwich Fersten • Moszesz Ferszt • Adolf Fessler • Alexander Fessler • Alfred Fessler • Alice Fessler • Anna Fessler • Julius Fessler • Keilebrana Fessler • Abraham Feyereisen • Hertha Feyereisen • Lilli Feyereisen • Izrael Feygenbaum • Tamara Fiaikovich • Helen Fiaikovitch • Lubov Fiaikovitch • Nicolas Fiaikovitch • Friedrich Fialla • Gertrud Fichtner •

Berta Fiedler • Elsa Fiedler • Frida Fiedler • Harry Fiedler • Hilda Fiedler • Oskar Fiedler • Victor Fiedler • Robert Fietuer • Rudi Fietze • Peter Filipovich • Ruth Filipovich • Max Findler • Regine Findler • Abraham Fink • Elsa Fink • Esther Fink • Gert Fink • Gertrud Fink • Harry Fink • Joa Fink • Markus Fink • Necha Fink • Samuel Fink • Werner Fink • Anna Finkelstein • Aron Finkelstein • Georg Finkelstein • Grete Finkelstein • Ida Finkelstein • Izak Finkelstein • Jakob Finkelstein • Leo Finkelstein • Max Finkelstein • Sara Finkelstein • Benjamin Finkelsztejn • Erich Finkenstein • Johanna Finkenstein • Walter Finkenstein • Mendel Finkielsztejn • Kurt Georg Firtel • Wolf Fisch • Bathe Fischel • Frieda Fischel • Julius Fischel • Kurt Fischel • Ruth Fischel • Siegmund Fischel • Albert Fischer • Alfred Fischer • Alois Fischer • Arthur Fischer • Celestine Fischer • Egon Fischer • Elsa Fischer • Emil Fischer • Emilie Fischer • Erwin Fischer • Gertrud Fischer • Franz Fischer • Fritz Fischer • Gisela Fischer • Harry Fischer • Heinrich Fischer • Herta Fischer • Johann Fischer • Julius Fischer • Karl Fischer • Karolina Fischer • Kurt Fischer • Laura Fischer • Louise Fischer • Margarete Fischer • Maria Fischer • Marianne Fischer • Marie Fischer • Max Fischer • Olga Fischer • Otto Fischer • Paul Fischer • Paula Fischer • Richard Fischer • Rinloff Fischer • Robert Fischer • Ruth Fischer • Wolfgang Fischer • Frank Fischl • Heinz Fischl • Leopold Fischl • Abraham Fischler • Antonie Fischler • Anschel Fischman • Jeanete Fischman • Karl Fisher • Maria Fisher • Henoch Fiszman • Jacob Fiszman • Josef Fiszman • Naftali Fiszman • Rachela Fiszman • Saukill Fiszman • Taiba Fiszman • Grete Fixher • Wilhelm Fixher • Adele Fixler • Kurt Fixler • Siegfried Fixler • Lewi Flajszaker • Hermann Flamm • Jonelle Flamm • Katharina Flamm • Paula Flamm • Alfred Flandrak • Erich Flanter • Ilse Flanter • Martin Flanter • Halbert Flataner • Werner Flatauer • D. Flater • Horst Flater • Alfred Flatow • Else Flatow • Gerhard Flatow • Guenther Flatow • Harry Flatow • Helga Flatow • Isidor Flatow • Jacob Flatow • Johanna Flatow • Kathe Flatow • Kathi Flatow • Kudi Flatow • Kurt Flatow • Liselotte Flatow • Margot Flatow • Marianne Flatow • Max Flatow • Norbert Flatow • Paula Flatow • Recha Flatow • Sali Flatow • Walter Flatow • Willy Flatow • Alosia Fleck • Eva Fleck • Julius Fleck • Ernst Flehner • Henry Flehner • Iloua Flehner • Julius Flehner • Carla Fleischer • Hedwig Fleischer • Helen Fleischer • Helmut Fleischer • Ignaz Fleischer • Ilse Fleischer • Jakob Fleischer • Gerda Fleischer • Julius Fleischer • Leopold Fleischer • Margarete Fleischer • Risa Fleischer • Ruth Fleischer • Wilhelm Fleischer • Max Fleischhacker • Emil Fleischhauer • Dora Fleischman • Mirjam Fleischman • Willy Fleischman • Alfred Fleischmann • Erika Fleischmann • Grete Fleischmann • Heinz Fleischmann • Kamilla Fleischmann • Siegmund Fleischmann • Werner Fleischmann • Berta Fleishner • Kurt Fleishner • Rudolf Fleishner • Clair Fleiss • Clara Fleiss • Martin Fleiss • Isaak Fleitmann • Didi Flenner • Viktor Fleschner • Elisabeth Flichter • Isaak Flichter • Joachim Flieg • Kurt Flieg • Nathalie Flieg • Clara Fliess • Helene Fliess • Inge Fliess • Karl Fliess • Martin Fliess • Max Fliess • Wolfgang Fliess • Aloisia Flock • Adolf Floersheim • Benjamin Floersheim • Hanni Floersheim • Harry Floersheim • Hella Floersheim • Marianne Floersheim • Gustav Floersheimer • Aron Florans • Julius Fluessig • Peter Flusser • Rudolf Flusser • Susanne Flusser • Daisy Flynn • Eva Foerster • Fritz Foerster • Kate Foerster • Doris Fogel • Leonid Fokin • Nikifor Fomin • Stepan Fondripe • Emma Forst • Helga Forst • Robert Forst • Taisia Fotina • Fritz Fraendlich • Kitty Fraendlich • Alfons Fraenkel • David Fraenkel • Dawid Fraenkel • Ferdinand Fraenkel • Flora Fraenkel • Gunther Fraenkel • Heinz Fraenkel • Henny Fraenkel • Henry Fraenkel • Herta Fraenkel • Kate Fraenkel • Lilli Fraenkel • Martin Fraenkel • Rosa Fraenkel • Rudolf Fraenkel • Ruth Fraenkel • Siegfried Fraenkel • Wally Fraenkel • Walter Fraenkel • Wolfgang Fraenkel • Abram Kuszner-Fraj • Chajim Frajberger • Anna Frank • Doris Frank • Egon Frank • Eugen Frank • Eva Frank • Forter Frank • Harry Karl Frank • Herbert Frank • Ladislaus Frank • Lazasz Frank • Mina Frank • Ryszard Frank • Walter Frank • Alfred Frankel •

Esther Frankel • Franziska Frankel • Judith Frankel • Majer Frankel • Paul Frankel • Theo Frankel • Arthur Frankenberg • Johanna Frankenbusch • Mathilde Frankenbusch • Robert Frankenbusch • Carla Frankenstein • Fritz Frankenstein • Gertrud Frankenstein • Got Frankenstein • Heinz Frankenstein • Il. Frankenstein • Julius Frankenstein • Karl Frankenstein • Martha Frankenstein • Adolf Frankfart • Felice Frankfart • Bernhard Frankl • Berta Frankl • Edith Frankl • Hans Frankl • Marie Frankl • Max Frankl • Nicolas Fravnikoff • Max Freiberg • Erwin Freiberger • Elisabeth Freid • Paul Freid • Ruth Freid • Maria Freilich • Kurt Freistadte • Berd Frejdzyn • Chana Frejdzyn • Lothar Frendenberger • Eva Frenkel • Hilde Frenkel • Nuchim Frenkel • Paul Frenkel • Sali Frenkel • Erna Frensdorff • Hubert Frensdorff • Walter Frensdorff • Willy Frensdorff • Adele Freud • Emilie Freud • Fanny Freud • Feige Freud • Friedrich Freud • Jacob Freud • Salomon Freud • Hedwig Freudenthal • Ludwig Freudenthal • Albert Freund • Betty Freund • Edward Freund • Fridericke Freund • Gisela Freund • Hermann Freund • Hugo Freund • Irene Freund • Julius Freund • Katharina Freund • Margarete Freund • Martha Freund • Matilde Freund • Stefanie Freund • Walter Freund • Carl Freundlich • Hans Freundlich • Kurt Freundlich • Lucie Freundlich • Margarete Freundlich • Max Freundlich • Ruth Freundlich • Fritz Freuthal • Ilka Freuthal • Aurora Gininger-Frey • Fritz Frey • Martin Frey • Trude Frey • Ernst Freyer • Amalie Freysinger • Ismar Freysinger • Alexander Fried • Alice Fried • Anna Fried • Arnold Fried • Arthur Fried • Else Fried • Frida Fried • Hugo Fried • Ingrid Fried • Josef Fried • Julius Fried • Kurt Fried • Mizzi Fried • Otto Fried • Stefanie Fried • Walter Fried • Isidore Friedberg • Josef Friedberg • Kurt Friedberg • Maria Friedberg • Paula Friedberg • Siegfred Friedberg • Adolf Friedeberg • Benno Friedeberg • Charlotte Friedberg • Danny Friedeberg • Erich Friedeberg • Fredi Friedeberg • Hans Friedeberg • Johanna Friedeberg • Leopold Friedeberg • Norbert Friedeberg • Rene Friedeberg • Ruch Friedeberg • Siegfried Friedeberg • Werner Friedeberg • Friedrich Friedhaber • Helga Friedhaber • Moritz Friedhaber • Oskar Friedhaber • Alfred Friedlaender • Arthur Friedlaender • Beate Friedlaender • Betti Friedlaender • Ella Friedlaender • Erna Friedlaender • Fritz Friedlaender • Georg Friedlaender • Gunder Friedlaender • Hanns Friedlaender • Hans Friedlaender • Harry Friedlaender • Heinrich Friedlaender • Heinz Friedlaender • Hilde Friedlaender • Hildegard Friedlaender • Isidor Friedlaender • Jenni Friedlaender • Josephine Friedlaender • Jotte Friedlaender • Jutta Friedlaender • Leo Friedlaender • Lotte Friedlaender • Martin Friedlaender • Otto Friedlaender • Peter Friedlaender • Renate Friedlaender • Rosa Friedlaender • Rudolf Friedlaender • Siegmar Friedlaender • Ulrich Friedlaender • Bertha Friedlander • Martin Friedlander • Susie Friedlander • Walter Friedlander • Frieda Friedlender • Andy Friedman • Chaim Friedman • Charlotte Friedman • Daniel Friedman • Jutta Friedman • Margarete Friedman • Yutta Friedman • Alma Friedmann • Arnold Friedmann • David Friedmann • Elga Friedmann • Erna Friedmann • Eva Friedmann • Fritz Friedmann • Gertrud Friedmann • Hanne Friedmann • Hans Friedmann • Heinz Friedmann • Henele Friedmann • Henny Friedmann • Hermann Friedmann • Hersch Friedmann • Hilde Friedmann • Ilse Friedmann • Isidor Friedmann • Karl Friedmann • Louis Friedmann • Margot Friedmann • Martha Friedmann • Salamon Friedmann • Sophie Friedmann • Walter Friedmann • Wolf Friedmann • Heinz Friedrick • Ilse Friedrick • Theodor Friedrick • Alexander Frieser • Erwin Frieser • Friedrich Frieser • Henny Frieser • Wilhelm Frisch • Ernst Frischer • Lotte Frischer • Peter Frischer • Rosa Frischhauer • Theodor Frischhauer • Mathilde Frischler • Walter Frischler • Edith Frischmann • Franziska Frischmann • Judith Frischmann • Sigmund Frischmann • Israel Frishman • Taube Frishman • Rudolf Fritz • Bruno Froehlich • Chana Froehlich • Charlotte Froehlich • Ellen Froehlich • Emma Froehlich • Ernst Froehlich • Erwin Froehlich • Gertrud Froehlich • Josef Froehlich • Lina Froehlich • Robert Froehlich • Frieda Froelich •

Ernst Frohlich • Anna Froloff • Vasily Froloff • Victor Froloff • Keile Fromm • Samuel Fromm • Alexander Frommer • Ignatz Frommer • Rosa Frommer • Berta Fruchter • Frieda Fruchter • Israel Fruchter • Josef Fruchter • Paula Fruchter • Bernhard Frum • Lucie Frum • Icek Frydman • Wygdor Frydman • Alfred Fuchs • Amalia Fuchs • Arnold Fuchs • Bernhard Fuchs • Curt Fuchs • Egon Fuchs • Elfriede Fuchs • Emma Fuchs • Gertrud Fuchs • Gitel Fuchs • Heinrich Fuchs • Herbert Fuchs • Hugo Fuchs • Ida Fuchs • Irma Fuchs • Jenny Fuchs • Kathe Fuchs • Leo Fuchs • Margot Fuchs • Massimilian Fuchs • Melanie Fuchs • Paul Fuchs • Robert Fuchs • Rudolf Fuchs • Ruth Fuchs • Sali Fuchs • Siegfried Fuchs • Suse Fuchs • Theodor Fuchs • Vera Fuchs • Rudolf Fuehrer • Wilhelm Fuerchtsott • Emily Fueredi • Ernst Fueredi • Friderike Fuerevi • Fritz Fuerevi • Theodor Fuerevi • Ernst Fuerst • Ludwig Fuerst • Mathilde Fuerst • Oskar Fuerst • Carl Fuerstenberg • Else Fuerstenberg • Ludwig Fuerstenberg • Asta Fuerstenthal • Ernst Fuerstenthal • Leo Fuerth • Elsa Fuhs • Georg Fuhs • Heinz Fuhs • Bencion Fuksman • Eva Fumberg • Grete Fumberg • Rudolf Fumberg • Fritz Furcht • Oskar Furnberg • Rita Furnberg • Sali Furnberg • Eva Fuss • Georg Fuss • Herbert Futter • Max Futter

G

Sora Gabaj • Dagobert Gabel • Heinz Gabel • Helene Gabel • Leib Gabel • Reizel Gabel • Ruth Gabel • Irmgard Gabler • Simon Gabler • Hildegard Gabriel • Berta Gabriel • Bruno Gabriel • Elsbeth Gabriel • Erna Gabriel • Hans Gabriel • Julius Gabriel • Lucie Gabriel • Sally Gabriel • Werner Gabriel • Adolf Gadiel • Alfred Gadiel • Henrith Gadiel • Jozef Gaenger • Rosa Gaenger • Eduard Gaensler • Elisabeth Gal • Heinrich Gal • Chaim Gabriel Zyskind • Indeborg Gal • Adele Galewski • Charlotte Galewski • Werner Galewski • Anna Galiakberoff • Lidia Galiakberoff • Sahvatullo Galiakberoff • Jankiel Galicki • Jenta Galicki • Max Galinski • Robert Galitzenstein • Emil Gallinev • Martha Gallinev • Scheindel Galpern • Usher Galpern • Georg Gandel • Elisabeth Ganglberger • Fritz Moritz Gans • Irma Gans • Lore Gans • Heinz Ganther • Max Gappe • Lina Garai • Heinz Garbaty • Srul Garber • Boruch Garden • Izrael Garden • Abram Gardin • Jankel Gardyn • Mojsze Gardyn • Gunthe Gassenhein • Wilhelm Gasten • Artur Gatner • Kaethe Gaupp • Frel Gavinloff • Alexandra Gazkusha • Wilhelm Geber • Ernst Gecoing • Friki Gecoing • Heinrich Gecoing • Luise Gecoing • Max Gecoing • Walter Gecoing • Heinrich Gehr • Emma Geiduschek • Samuel Geiduschek • Achim Geiger • Josef Geiger • Moses Geiger • Rechel Geiger • Josef Geiringer • Paula Geiringer • Irma Geisenberg • Leo Geisenberg • Fritz Gelb • Margarete Gelb • Max Gelb • Olga Gelb • Karl Gelbard • Boruch Gelbron • Hans Gelfand • Judel Gelfand • Markus Gelfand • Marta Gelfand • Arthur Gellert • Bertha Gellert • Hans Gellert • Hildegard Gellert • Margarete Gellert • Traute Gellert • Ursula Gellert • Werner Gellert • Albert Gelles • Hertha Gellmann • Karl Gellmann • Mojel Gelman • Anna Genaner • Peter Gerasimoff • Gera Gerassimoff • Oleg Gerassimoff • Abraham Gerber • Alfred Gerber • Anna Gerber • Arthur Gerber • Friedhelm Gerber • Herta Gerber • Ida Gerber • Ilse Gerber • Iohanna Gerber • Isidor Gerber • Julius Gerber • Leo Gerber • Marina Gerber • Marion Gerber • Paula Gerber • Sava Gerber • Eva Ruth Gerechter • Gerhard Gerechter • Ruth Gerechter • Ilse Gerendasi • Joseph Gerendasi • Alfred Gerhart • Otto Germann • Paula Germann • Hedwig Gernsheimer • Ruth Gernsheimer • Theodor Gernsheimer • Walter Gernsheimer • Katarina Gero • Arthur Gerson • Bella Gerson • Benja Gerson • Erich Gerson • Ernst Gerson • Jacob Gerson • Margarete Gerson • Peter Gerson • Robert Gerson • Theodor Gerson • Charlotte Gerste • Heins Gerste • Michael Gerste • Adda Gerstel • Anne Gerstel • Fritz Gerstel • Hermann Gerstel • Hugo Gerstel • Lawa Gerstel • Rosa Gerstel • Frida Gerstl • Josef Gerstl • Rudolf Gerstl • Walter Gerstl • Erna Gesang • Helene Gesang • Jacob Gesang • Inge Gessner • Yochok Gestel • Katharina Gewitsch • Leo Gewitsch • Susanne Gewitsch • Basja Gezelewitch • Fischel Gezelewitch • Isja Gezelewitch • Friedrich Ghuckstern • Maria

Ghuckstern • Vladimir Gibanoff • Regina Gieson • Gertrude Giesser • Simon Giesser • George Giganoff • Alexandra Gilochkin • Andrew Gilochkin • Clara Gimmicher • Julius Gimmicher • Ewald Gimnicher • Salli Gimnicher • Guenther Hans Gimpel • Gunta Gimpel • Hans Gimpel • Joachim Hans Gimpel • Walter Gimpel • Adolf Gingold • Carl Gininger • Ester Ginsberg • Kurt Gintz • Fajwel Ginzburg • Feiwel Ginzburg • Morduch Ginzburg • Reuwen Ginzburg • Zlata Ginzburg • Elisabeth Girik • Herta Girik • Richard Girik • Rose Girone • Szymon Gitelis • Olga Gladkoff • Semen Gladkoff • Stepan Gladysheff • Gertrud Glahe • Irma Glahe • Heinrich Glancz • Berthold Glanz • Edith Glanz • Erna Glanz • Gertrud Glanz • Jacob Glanz • Leon Glanz • Margarethe Glanz • Adolf Glas • Bruno Glas • Adele Glaser • Alfons Glaser • Alfred Glaser • Erhard Glaser • Erna Glaser • Ernst Glaser • Ester Glaser • Gerda Glaser • Gisela Glaser • Helene Glaser • Herman Glaser • Hermann Glaser • Hilde Glaser • Josef Glaser • Julius Glaser • Kaethe Glaser • Kurt Glaser • Leopold Glaser • Lotte Glaser • Ludwig Glaser • Luzia Glaser • Maria Glaser • Martin Glaser • Moritz Glaser • Peter Glaser • Philipp Glaser • Regina Glaser • Robert Glaser • Rudolf Glaser • Sophie Glaser • Steffi Glaser • Suse Glaser • Werner Glaser • Gertrud Glasfeld • Max Glasfeld • Anni Glass • Clara Glass • Esra Glass • Georg Glass • George Glass • Heinz Glass • Helga Glass • Leiba Glass • Martin Glass • Werner Glass • Judith Glattstein • Julius Glattstein • Regine Glattstein • Josef Glatz • Marie Glatz • Josefine Glaubach • Wilhelm Glaubach • Vladimir Glazirin • Agnessa Glebovitch • Bencjon Glejzel • Hermann Glesinger • Herman Glickang • Jonas Gliksman • Gertrud Gliksmann • Grete Glogau • Gritta Glogau • Herbert Glogau • Lotte Glogau • Otto Glogau • Friedrich Glogauer • Heinrich Glogauer • Helene Glogauer • Franziska Glueckauf • Erna Gluecksmann • Max Gluecksmann • Irma Glueckstein • Moses Glueckstein • Else Gochsheimer • Fritz Gochsheimer • Ignatz Godel • Margit Godel • Zinaida Godjiva • Alfred Goetz • Arnold Goetz • Heinz Goetz • Ilse Goetz • Karola Goetz • Rudolf Goetz • Edgar Goetzl • Heinrich Goetzl • Karthe Goetzl • Freda Golab • Stefan Golab • Lizi Golbraich • Florentine Gold • Ignatz Gold • Otto Goldapp • Abram Goldberg • Alfred Goldberg • Alfred Goldberg • Boruch Goldberg • Chaim Goldberg • Else Goldberg • Erna Goldberg • Hannelore Goldberg • Heinz Goldberg • Hildegard Goldberg • Hugo Goldberg • Jurgen Goldberg • Kurt Goldberg • Liane Goldberg • Lisbeth Goldberg • Martin Goldberg • Mirjam Goldberg • Renata Goldberg • Rosalia Goldberg • Ruth Goldberg • Suschen Goldberg • Szmuljo Goldberg • Walter Goldberg • Wolfgang Goldberg • Elfriede Goldberger • Ernst Goldberger • Hermann Goldberger • Josef Goldberger • Kurt Goldberger • Leopold Goldberger • Margaretha Goldberger • Markus Goldberger • Steffi Goldberger • Werner Golde • Leo Goldemann • Emma Goldenberg • Hedwig Goldenberg • Michael Goldenberg • Hermann Goldfarb • Luzer Goldfarb • Froim Goldgamer • Egon Goldhammer • Josefine Goldhammer • Max Goldhammer • Otto Goldhammer • Rosa Goldhammer • Charlotte Goldhaum • Hans Goldhaum • Ludwig Goldlewsky • Zissle Goldlewsky • Bayta Goldman • Izrael Goldman • Nelsen Goldman • Noah Goldman • Robert Goldman • Alfred Goldmann • Bernhard Goldmann • Ernst Goldmann • Erwin Goldmann • Eugen Goldmann • Finding Goldmann • Frank Goldmann • Friedel Goldmann • Gerda Goldmann • Gerhard Goldman • Gertrud Goldmann • Helmut Goldmann • Herbert Goldmann • Herbert Goldmann • Ilse Goldmann • Jack Goldmann • Jakob Goldmann • Josef Goldmann • Lotte Goldmann • Lotte Goldmann • Peter Goldmann • Rosa Goldmann • Ruth Goldmann • Walter Goldmann • Erwin Goldner • Franz Goldner • Luitpold Goldner • Silona Goldner • Elise Goldscheider • Erich Goldscheider • Feige Goldscheider • Lipa Goldscheider • Arelia Goldschlager • Wilhelm Goldschlager • A. Goldschmidt • Amalie Goldschmidt • Clara Goldschmidt • Curt Goldschmidt • Egon Goldschmidt • Elly Goldschmidt • Erich Goldschmidt • Eva Goldschmidt • Franz Goldschmidt • Hans

Goldschmidt • Helmut Goldschmidt • Hilde Goldschmidt • Host Goldschmidt • Jenny Goldschmidt • L. Goldschmidt • Louis Goldschmidt • Ludwig Goldschmidt • Martin Goldschmidt • Piroska Goldschmidt • Rachel Goldschmidt • Ruth Goldschmidt • Sally Goldschmidt • Selma Goldschmidt • Simon Goldschmidt • Alfred Goldschmied • Dory Goldschmied • Elsa Goldschmied • Erika Goldschmied • Friedrich Goldschmied • Karte Goldschmied • Kurt Goldschmied • Louise Goldschmied • Ottokar Goldschmied • Golda Goldschmit • Adolf Goldstaub • Camilla Goldstaub • Eric Goldstaub • Jutta Goldstaub • Kamilla Goldstaub • Berthold Goldstein • Cilli Goldstein • Elfriede Goldstein • Erich Goldstein • Erwin Goldstein • Harry Goldstein • Ilse Goldstein • Inge Goldstein • Jakob Goldstein • Joachim Goldstein • Johann Goldstein • Julius Goldstein • Klara Goldstein • Leo Goldstein • Luise Goldstein • Martin Goldstein • Maud Goldstein • Peter Goldstein • Rosa Goldstein • Ruth Goldstein • Sara Goldstein • Werner Goldstein • Wilhelm Goldstein • Berta Goldstrom • Friedrich Goldstrom • Jake Goldszer • Henoch Goldszmidt • Jan Goldsztejn • Dorothea Golimann • Berno Golinski • Rosa Golinski • Grete Golombek • Hans Golombek • Icek Golombek • Sonja Golombek • Ekaterina Golovinsky • Vladimir Golovinsky • Samuel Golumb • Georg Gompertz • Maria Gomperz • J.M. Goncharenko • George Goodochkin • Ivan Goodochkin • Fedor Gooseff • Dina Goraschenko • Ivan Gorbunoff • Heinz Gordon • Margery Gordon • Szepsel Gordon • Wolf Gordon • Herbert Gorge • Leopold Gorge • Martha Gorge • George Gorinoff • Maria Gorkunoff • Emma Gorodiski • Erich Gorodiski • Werner Gorodiski • Anatoly Gorshkoff • Alexandra Gorshkova • Edith Gostl • Geza Gostl • Maria Gostl • Pinkus Gostynski • Hersh Gothelf • Irene Gothelf • Szolim Gotlib • Hinde Gottesfeld • Ignaz Gottesfeld • Jankiel Gottesfeld • Karl Gottesfeld • Hugo Gottesmann • Else Gottfeld • Josef Gottfeld • Martin Gottfeld • Sigmund Gottfeld • Clave Gottfried • Gerda Gottfried • Leopold Gottfried • Lori Gottfried • Manfred Gottfried • Salomon Gottfried • Sara Gottfried • Siegfried Gottfried • Eva Gottheiner • Peter Gottheiner • Hedwig Gotthelf • Henele Gotthelf • Henrich Gotthelf • Robert Gotthelf • Rosa Gotthelf • Sally Gotthelf • Wilhelm Gotthelf • Wolfgang Gotthelf • Felix Gotthilf • Kaethe Gotthilf • Richard Gotthilf • Alfred Gotthold • Anneliese Gottinger • Adolf Gottlieb • Alex Gottlieb • Berta Gottlieb • Denny Gottlieb • Erwin Gottlieb • Felix Gottlieb • Fred Gottlieb • Fritz Gottlieb • Hedwig Gottlieb • Hilda Gottlieb • Jika Gottlieb • Jona Gottlieb • Leopold Gottlieb • Liese Gottlieb • Moriz Gottlieb • Susanne Gottlieb • Ursel Gottlieb • Erna Gottreich • Sender Gottreich • Alfred Gottschalk • Berth Gottschalk • Dorotha Gottschalk • Ernst Gottschalk • Frieda Gottschalk • Fritz Gottschalk • Gerhard Gottschalk • Helmut Gottschalk • Hertha Gottschalk • Manfred Gottschalk • Szymon Gotz • Anna Gotzi • Ilse Gotzl • Karl Gotzl • Valerie Gotzl • Etla Gotzler • Jakob Gotzler • Ivan Gourkoff • Evdokia Govorunina • Jeko Govski • Majer Grabie • Betty Grabomski • Clilla Grabomski • Erwin Grabomski • Albert Grabscheid • Michael Grabscheid • Olga Grabscheid • Berthold Graetz • Eva Graetz • Harry Graetz • Isaak Graetz • Franz Graf • Ilona Graf • Salomon Graf • Julius Gran • Ellie Grasse • Alice Grassel • Oskar Grassel • Ernst Grauaug • Samuel Graudenz • Doris Graupe • Elise Graus • Gertrud Graus • Peter Graus • Richard Graus • Hans Grawi • Heinz Grawi • Mora Grawi • Klara Grebel • Noe Grebel • Ilse Kohn Grebenschikoff • Oleg Grebenschikoff • Herbert Greening • Ilse Greening • Wilhelm Greger • Louise Elizabeth Gregor • Moritz Gregor • Regina Gregor • Nadejda Gregorowitch • Tatiana Gregorowitch • David Greiner • G. Greiner • H. Greiner • Paula Greiner • Charles Gresser • Doris Grey • Erna Grhenebaum • Ivan Griazeff • Sara Griazeff • Lucie Grieg • Nina Grigoneff • Feodera Grigorieff • Maria Grigorieff • Dmitry Grigorovich • Ellinore Grimig • Erna Grimig • Herbert Grimig • A. Griooneff • Maria Grischenko • Pelageria Grischenko • Pinkus Griszka • Jeanette Gritz • Markus Gritz • Hilda Grob • Ilia Grodsky • Gzyja Grodzicki • Loth

Grodzin • Karl Groger • Ernst Grohnem • Ernst Grohnen • Emma Groholicht • Fevdor Gronemann • Hans Gronemann • Ernst Gronner • Chaim Gronowitz • Enna Gronowski • Georg Gronowski • Hans Gronowski • Ilse Gronowski • Kurt Gronowski • Rolf Gronowski • A. Groosdeff • Alexey Groosdeff • G. Groosdeff • K. Groosdeff • Olga Groosdeff • Tatiana Groosdeff • Bernhard Gropp • Eva Gropp • Therese Gropp • Nochem Grosbard • Adolf Groschinski • Julius Groschinski • Kate Groschinski • Saul Grosfater • Kurt Groslicht • Berta Grosner • Arthur Gross • Bennogeorg Gross • Fanny Gross • Georg Gross • Gertrud Gross • Isaac Gross • Jetty Gross • Mechel Gross • Richard Gross • Rudolf Gross • Siegfried Gross • Bernhard Grossfeld • Chase Grossfeld • Moriz Grossfeld • Stella Grossfeld • Wilhelm Grossfeld • Charlotte Grosslicht • Kurt Grosslicht • Robert Grosslicht • Arthur Grossmann • Christine Grossmann • Edgar Grossmann • Else Grossmann • Friedrich Grossmann • Fritz Grossmann • Gerson Grossmann • Henny Grossmann • Heymann Grossmann • Hugo Grossmann • Irene Grossmann • Karl Grossmann • Siegmund Grossmann • Armand Grosz • Oskar Grosz • Sonja Grosz • Armin Gruber • Edith Gruber • Egon Gruber • Selma Gruber • Desoderius Gruen • Ernst Gruen • Friederike Gruen • Goentev Gruen • Guenter Gruen • Hans Gruen • Helene Gruen • Henoch Gruen • Jenny Gruen • Max Gruen • Ruth Gruen • Siegbert Gruen • Wally Gruen • Werner Gruen • Wolfgang Gruen • Arthur Gruenbaum • Bertha Gruenbaum • Arthur Gruenberg • Berta Gruenberg • Dora Gruenberg • Erich Gruenberg • Ernst Gruenberg • Erwin Gruenbaum • Georg Gruenberg • Hedwig Gruenberg • Helene Gruenberg • Herbert Gruenberg • John Gruenberg • Leo Gruenberg • Margarete Gruenberg • Martin Gruenberg • Norbert Gruenberg • Paul Gruenberg • Siegbert Gruenberg • Walter Gruenberg • Erna Gruenberger • Eva Gruenberger • Fety Gruenberger • Gustav Gruenberger • Herbert Gruenberger • Ilse Gruenberger • Leopold Gruenberger • Lora Gruenberger • Carlo Gruenbug • Dora Gruenebaum • Erna Gruenebaum • Hans Gruenebaum • Louise Gruenebaum • Ludwig Gruenebaum • Selma Gruenebaum • Siefrid Gruenebaum • Sigmund Gruenebaum • Elsa Gruener • Isak Gruener • Feigla Gruenfeld • Gerhard Gruenfeld • Josef Gruenfeld • Leopold Gruenfeld • Lora Gruenfeld • Margarete Gruenfeld • Margot Gruenfeld • Max Gruenfeld • Werner Gruenfeld • Flora Gruenpeter • Leo Gruenspann • Anny Gruenwald • Artur Gruenwald • Franz Gruenwald • Fritz Gruenwald • Gertrud Gruenwald • Hedwig Gruenwald • Hugo Gruenwald • Jaques Gruenwald • Leone Gruenwald • Margarete Gruenwald • Oskar Gruenwald • Richard Gruenwald • Rudolf Gruenwald • Valerie Gruenwald • Heinz Grunan • Helene Grunan • Else Grunau • Paul Grunau • Erwin Grünbaum • Erna Grunberg • Heinz Grunberg • Melanie Grunberg • Moriz Grunberg • Natan Grunberg • Heinz Grünberg • Edith Grundland • Heinz Grundland • Camillo Grundmann • Debora Grundmann • Anatoly Grundon • Dewald Gruner • Leopold Gruner • Rosa Gruner • Selma Gruner • Kurt Grunewald • Edmond Grunfeld • Eveline Grunfeld • Erich Grunow • Felish Grunspann • Teodore Grunspann • Mary Grunwald • Alexander Gruschka • Edith Gruschka • Erna Gruschka • Guenter Gruschka • Leopold Gruschka • Peter Gruschka • Jankiel Gryc • Jakub Gryfenberg • Szeindca Gryfenberg • Jankiel Grynberg • Szmuel Grynberg • Frida Grynblat • Josef Grynblat • Fajwel Grynfogiel • Markel Gryngauz • Majer Gryngras • Max Gudenberg • A.J. Gudzenko • George Gudzenko • I.A. Gudzenko • I.E. Gudzenko • I.N. Gudzenko • M.D. Gudzenko • Emil Guenser • Schma Guenser • Johanna Guetkind • Suse Guggenheim • Johanna Guggenheimer • Rudolf Guggenheimer • Ludwig Guggenhelm • Suse Guggenhelm • Emmy Guhrauer • Chaim Gulewski • Erna Gumberich • Julius Gumberich • Elisabett Gumpel • Levy Gumpel • Aenni Gumpert • Elly Gumpert • Else Gumpert • Eugen Gumpert • Hans Gumpert • Inge Gumpert • Kurt Gumpert • Maria Gumpert • Martin Gumpert • Sally Gumpert • Selma Gumpert • Werner Gumpert • Else Gundermann • Alexander Gunsberger • Fritz Gunsberger • Rose

Gunsberger • Sabine Gunsberger • Max Gurassa • Fritz Gurau • Katerina Gurau • Margaretha Gurau • Joseph Gurfinkel • Moritz Gurfinkel • Pesia Gurwicz • Anisia Gustemeff • Joseph Gustemeff • Arthur Gutfeld • Eweline Gutfeld • Grete Gutfeld • Max Gutfeld • Rosa Gutfeld • Sally Gutfeld • Arthur Gutfreund • Friedrich Gutfreund • Gerty Gutfreund • Julie Gutfreund • Kitty Weiss Gutfreund • Lisl Gutfreund • Magarete Gutfreund • Margit Gutfreund • Moritz Gutfreund • Salomon Gutfreund • Aron Gutgold • Beny Guth • Bertha Guth • Felix Guth • Klara Guth • Fritz Gutherz • Sally Gutkind • Armin Gutmann • Chaim Gutmann • Clara Gutmann • Eisig Gutmann • Hans Gutmann • Ismar Gutmann • Lotte Gutmann • Margarete Gutmann • Regina Gutmann • Walter Gutmann • Grete Gutnerz • Josef Gutnerz • Rennee Gutnerz • Brigitte Gutstadt • Herbert Gutstadt • Olga Gutstadt • Fanny Gutstein • Salomon Gutstein • Simon Gutt • Theresia Gutt • Bruno Guttentag • Edwin Guttentag • Elene Guttentag • Franziska Guttentag • Irma Guttentag • Rachel Guttentag • Siegmund Guttentag • Toni Guttentag • Bernhard Guttmann • Charlotte Guttmann • Friedrich Guttmann • Gittel Guttmann • Heinz Guttmann • Herbert Guttmann • Ierene Guttmann • Lotte Guttmann • Max Guttmann • Relly Guttmann • Salo Guttmann • Stefanie Guttmann • Wolf Guttmann • Hans Gutwivth • Ruth Gutwivth • Izaak Gwircman

H Albin Haas • Bernhard Haas • Cili Haas • Ernst Haas • Friedrich Haas • Gerda Haas • Grete Haas • Hela Haas • Henry Haas • Irmgard Haas • Ivan Haas • Karl Haas • Karolive Haas • Kuno Haas • Paula Haas • Peter Haas • Edit Haase • Elly Haase • Erwin Haase • Eva Haase • Herbert Haase • Intz Haase • Margot Haase • Martha Haase • Ralph Haase • Resi Haase • Ruth Haase • Siegfried Haase • Waldemar Haase • Werner Haase • Samuel Haasz • Selma Haasz • Simon Haber • Rudolf Haberfeld • Alfred Hacker • Elli Hacker • Emil Hacker • Felix Hacker • Gertrude Hacker • Hilda Hacker • Josef Hacker • Josef Hacker • Leopoldine Hacker • Siegfried Hacker • Walter Hacker • Alice Hadda • Josef Hadda • Willy Hadda • Wolfgang Hadda • Gretl Haenlein • Hanns Haenlein • Dorothea Haesler • Vera Haesler • Dora Haeusler • Herse Haeusler • Cecile Haeutler • Gustav Haeutler • Paulina Hafftka • Franziska Hafner • Leon Hafner • Susanne Hafner • Ottilie Hagel • Kurt Hagelsberg • Anna Hahn • Franz Hahn • Gerta Hahn • Gisela Hahn • Hildegard Hahn • Joseph Hahn • Kohout Hahn • Leopold Hahn • Margarete Hahn • Martina Hahn • Rosa Hahn • Susi Hahn • Wilhelm Hahn • Maria Haila • Herth Haimovici • Paul Haimovici • Arthur Halberstadt • Mirjam Halberstadt • Nicolai Haliavin • Gustav Halle • Hugo Halle • Irma Halle • Karoline Halle • Kurt von Halle • Rolf Halle • Kaethe Hallein • Felix Haller • Walter Hallgarten • Fritz Halm • Heinrich Halpern • Jerzy Halpern • Klara Halpern • Lionne Halpern • Markus Halpern • Mayer Halpern • Rosa Halpern • Anna Hamberger • Erna Hamberger • Max Hamberger • Flara Hamburger • Herbert Hamburger • Margareta Hamburger • Tanja Hamburger • Walter Hamburger • Werner Hamburger • Gerhard Hamel • Susanne Hamel • Grete Hamm • Richard Hamm • Horst Hammer • Ilse Hammer • Kurt Hammer • A. Hammerschlag • Alma Hammerschlag • Ernst Hammerschlag • H. Hammerschlag • Hermann Hammerschlag • Gerda Hammerstein • Leo Hammerstein • Lili Hammerstein • Vera Hammerstein • Nurislan Hamsin • M.W. Hamutoff • Ernst Hanau • Hertha Hanauer • Hirsch Hanauer • Max Hanauer • Feige Hand • Jakob Hand • Josef Handl • Freichen Hanff • Frieda Hanff • Kurt Hanff • Karl Hann • Hans Josef Hannig • Helene Hannig • Johanna Hanover • Joseph Hanover • Siegfried Hanover • Salomon Hans • Harry Happ • Heinz Happ • Hertha Happ • Rosa Happ • Sally Happ • Eudokia Harchenko • Zinovy Harchenko • Maria Haritonskaya • Anna Harlamoff • Evdokia Harlamoff • Vladimir Harlamoff • Eva Harnik • Julius Harnik • Egmunt Harsmann • Carlotte Hartmann • Erich Hartmann • Ernst Hartmann • Herbert Hartmann • Luise Hartmann • Paul Hartmann • Peter Hartmann • Boris Hartvig • Eleonora Hartvig • Emma Hartwich •

Ernst Hartwich • Eva Hartwich • Irene Rosa Hartwich • Lucie Hartwich • Werner Hartwich • Laizer Hasfeld • Edmund Blau-Haas • Elsa Hass • Karoline Hass • Gunter Hauer • Heinrich Hauer • Margarethe Blau-Haas • Meta Hauer • Dagobert Hauer • Harry Hauptmann • Margarete Hauptmann • Arthur Hauschner • Alice Hausdorf • Martin Hausdorf • Werner Hausdorff • Else Hausen • Ruth Hausen • Willy Hausen • Amalia Hauser • Armin Hauser • Hanna Hauser • Jeanette Hauser • Johanna Hauser • Pauli Haushalter • Miriam Hausman • Bernhard Hausner • Erna Hausner • Richard Hausner • Gulchira Hazeeff • Riphart Hazeeff • Sharip Hazeeff • Hans Hechinger • Albert Hecht • Alexander Hecht • Edgar Hecht • Egon Hecht • Emma Hecht • Gerhard Hecht • Hanna Hecht • Hanns Hecht • Heinrich Hecht • Helene Hecht • Herbert Hecht • Hilde Hecht • Jacob Hecht • Jadviga Hecht • Kaethe Hecht • Lucie Hecht • Ludwig Hecht • Melaine Hecht • Ronald Hecht • Stefanice Hecht • Chaim Hechtkopf • Szajndla Hechtkopf • Icchok Hechtman • Ellen Heckscher • Otto Heckscher • Johanna Heft • Jozsi Heftman • Helene Heiberg • Isidor Heiberg • Hans Heide • Hans Juergen Heide • Margarete Heide • Max Heide • Edith Heidischka • Elisabeth Heiduschka • Heinrich Heiduschka • Robert Heiduschka • Alex Heilbronn • Alice Heilbronn • Leopold Heilbronn • Lina Heilbronn • Juliane Heilbronn • Moses Heilbronn • Moriz Heilbronner • Gert-Axel Heilbrun • Karl Heilbrun • Leonie Heilbrun • Meta Heilbrun • Siegbert Heilbrun • Walter Heilbrun • Heinrich Heilpern • Marie Heilpern • Julie Heim • Bernhard Heimann • Erich Heimann • Eva Heimann • Franz Heimann • Gerhard Heimann • Gustav Heimann • Hans Heimann • Herbert Heimann • Iller Heimann • Jettka Heimann • Julie Heimann • Kathe Heimann • Klaus Heimann • Kurt Heimann • Lotte Heimann • Manfred-Leo Heimann • Renno Heimann • Wilhelm Heimann • Julia Hein • Moritz Hein • H. Heinemann • H.E. Heinemann • Heinrich Heinemann • John Heinemann • Paula Heinemann • Max Heinrich • Andreas Heinsius • B.B. Heinsius • Brenda Heinsius • Grete Heinsius • Paul Heinz • Erika Heiss • Sala Heiss • Salo Heiss • Erna Heitel • Heinrich Heitel • Jerzy Hejman • Erika Heldt • Irma Heldt • Max Heldt • Walter Heldt • Ludwig Helfer • Malvine Helfer • Stella Helfgott • Moritz Heliczer • Alfred Heller • Bedrich Heller • Feige Heller • Franisek Heller • Friedrich Heller • Hans Heller • Heinrich Heller • Helene Heller • Irma Heller • Margot Heller • Mary Heller • Rosalie Heller • Trude Heller • Mira Hellerova • Artur Hellmann • Bella Braunschweiger-Hellmann • Bernard Hellmann • Berta Hellmann • Emil J Hellmann • Emil Jacob Hellmann • Helene Hellmann • Robert Rubin Hellmann • Lazar Helwing • Susman Helwing • Ladislano Henberger • Safie Henberger • Lejzer Hendeles • Golda Hendl • Heinrich Hendl • Helmut Hendl • Herta Hendl • Oskar Hendl • Rosa Hendl • Rudolf Hennefeld • Benjamin Henner • Egon Henner • Fanni Henner • Frieda Henner • Jacob Henner • Josef Henner • Martin Henner • Rosa Henner • Tauba Henner • Heinrich Henoch • Johanna Henoch • Moritz Henoch • Regina Henoch • Willy Henoch • Gerda Henschel • Irene Henschel • John Henschel • Kaethe Henschel • Peter Henschel • Ernst Heppner • Hilda Heppner • Charlotte Herbst • Heinrich Herbst • Jonny Herbst • Margarete Herbst • Maximilian Herbst • Chuna Hercman • David Herczlinger • Helene Herczlinger • Alfred Herer • Dorit Herer • Liebe Herer • Josef Herky • Anna Herling • Heinz Herling • Ignatz Herling • Karl Herling • Samuel Herling • Albert Herlinger • Toni Herlinger • Emanuel Herman • Otto Herman • Friedrich Felix Hermann • Hertha Hermann • Jacob Klaus Hermann • Ludwig Fritz Hermann • Manfred Hermann • Richard Hermann • Frieda Herold • Guenter Herold • Josef Herold • Paula Herold • Barthold Herpe • Klara Herpe • Valentin Herper • Elisabeth Herrmann • Else Herrmann • Theodor Herrmann • Gerda Herrnstadt • Henny Herrnstadt • Ilse Herrnstadt • Isman Herrnstadt • Klaus Herrnstadt • Margarete Herrnstadt • Walter Herrnstadt • Ludmil Herrschlowitz • Markus Herrschlowitz • Ottokar Herschan • Walli Herschan • Helena Hersfeld • Ingeborg Hersfeld • Leiser Hersh • Selma Hershfeld • Joseph Hershkovitch • Edgar Hert • Karl Hertz • Max

Hertz • Else Hertzfeld • Hans Hertzfeld • Johanna Hertzka • Jaroslav Herych • Abraham Herz • Emanuel Herz • Georg Herz • Gerda Herz • Gustav Herz • Helene Herz • Jella Herz • Laura Herz • Ludwig Herz • Oskar Herz • Siegfried Herz • Thea Herz • Thekla Herz • Wily Herz • Eric Herzberg • Felix Herzberg • Helga Herzberg • Herbert Herzberg • Irma Herzberg • Isma Herzberg • Lucie Herzberg • Ludwig Herzberg • Ruth Herzberg • Friedrich Herzfeld • Harry Herzfeld • Hermine Herzfeld • Klara Herzfeld • Kurt Herzfeld • Maria Herzfeld • Marie Herzfeld • Oskar Herzfeld • Peter Herzhaft • Robert Herzhaft • Betty Herzko • Ernst Herzko • Anton Herzl • Hilde Herzl • Ilse Herzl • Josef Herzman • Berno Herzog • Elsa Herzog • Ernst Herzog • Georg Herzog • Marianne Herzog • Salomon Herzog • Siegfried Herzog • Bozena Herzova • David Hes • Ilse Hes • Minna Hes • Friederike Hesky • Susanne Hesky • Adolf Hess • Bernhard Hess • Clara Hess • Emilie Hess • Ernst Hess • Fred Hess • Gertrude Hess • Gustav Hess • Margarete Hess • Mary Hess • Ruddy Hess • Rudolf Hess • Else Hesse • Hedwig Hesse • Lodwig Fritz Hesse • Max Hesse • Bertha Hessel • Fred Hessel • Friedrich Hessel • Henny Hessel • Erna Hettman • Gustav Hettman • Hans Hettman • Hugo Heuberger • Hermann Heumann • Hetty Heumann • Maria Heumann • Max Heumann • PETER HEUMANN • Rudolf Heumann • Hedwig Hewes • Alfred Heymann • Anna Heymann • Ellen Heymann • Erich Heymann • Erna Heymann • Felizitas Heymann • Hans Heymann • Hedwig Heymann • Heinz Heymann • Henriette Heymann • Herbert Heymann • Horst Heymann • Ida Heymann • James Heymann • Johanna Heymann • Klara Heymann • Kurt Heymann • Leo Heymann • Lothar Heymann • Margarete Heymann • Martin Heymann • Moritz Heymann • Paul Heymann • Rahel Heymann • Regina Heymann • Sally Heymann • Theodor Heymann • Walter Heymann • Kartha Heynemann • Leonhard Heynemann • Max Heynemann • Nelly Heynemann • Rudolf Heynemann • Evfalia Hidchenko • Nicolai Hidchenko • Sergei Hidchenko • Pauline Hiesch • Alfons Himmler • Kurt Hinspeter • Ruth Hinspeter • Hans Hinzelmann • Herbert Hinzelmann • Margarete Hinzelmann • Max Hinzelmann • Adolf Hirsch • Alfred Hirsch • Anna Hirsch • Anneliese Hirsch • Arthur Hirsch • Berthold Hirsch • Betti Hirschel • Bruno Hirsch • Edith Hirsch • Editha Hirsch • Elisabeth Hirsch • Ella Hirsch • Erich Hirsch • Esther Hirsch • Fritz Hirsch • Gerhard Hirsch • Gustav Hirsch • Hans Hirsch • Heinrich Hirsch • Henny Hirsch • Hermann Hirsch • Herta Hirsch • Irma Hirsch • Isaac Hirsch • Jakob Hirsch • Josef Hirsch • Joseph Hirsch • Josephine Hirsch • Julie Hirsch • Julius Hirsch • Karoline Hirsch • Klara Hirsch • Klaus Hirsch • Kurt Hirsch • Lazar Hirsch • Leo Hirsch • Margarete Hirsch • Margot Hirsch • Max Hirsch • Paula Hirsch • Ralph Hirsch • Resi Hirsch • Rita Hirsch • Rolf Hirsch • Rosa Hirsch • Ruda Hirsch • Rudolf Hirsch • Ruth Hirsch • Sali Hirsch • Sally Hirsch • Salomon Hirsch • Sara Hirsch • Sarah Hirsch • Selma Hirsch • Siegfried Hirsch • Stella Hirsch • Ursula Hirsch • Wanda Hirsch • Wilhelm Hirsch • Willy Hirsch • Alfred Hirschberg • Erich Hirschberg • Gertrud Hirschberg • Hannelove Hirschberg • Hildegard Minz-Hirschberg • Kathe Hirschberg • Lilli Hirschberg • Reinhard Hirschberg • Samuel Hirschberg • Eva Hirschel • Hedwig Hirschel • Heinz Hirschel • Helga Hirschel • Horst Hirschel • Jananna Hirschel • Julius Hirschel • Karl Hirschel • Kurt Hirschel • Lea Hirschel • Manfred Hirschel • Marie Hirschel • Max Hirschel • Meta Hirschel • Peter Hirschel • Rudibachelor Hirschel • Sally Hirschel • Therese Hirschel • Wilhelm Hirschel • Lea (Lotte) Hirschel • Fried Hirschensohn • Richard Hirschensohn • Anna Hirschfeld • Aron Hirschfeld • Berta Hirschfeld • Charlotte Hirschfeld • Claus Hirschfeld • Eva Hirschfeld • Gauther Hirschfeld • Gerhard Hirschfeld • Gertrud Hirschfeld • Hanna Hirschfeld • Heinz Hirschfeld • Herbert Hirschfeld • Isidor Hirschfeld • Jenny Hirschfeld • Margot Hirschfeld • Max Hirschfeld • Paula Hirschfeld • Samuel Hirschfeld • Karl Hirschhahu • Breine Hirschhorn • Jakob Hirschhorn • Eduard Hirschkron • Josef Hirschkron • Alfred Hirschl • Berta Hirschl • Heinz Hirschl • Alexander Hirschler • Benno Hirschmann • Auguste

Hirschowitz • Nachem Hirschowitz • Josef Hirszson • Rebekka Hirszson • Josef Hlinovsky • Peter Hlopunoff • Gladys Hobbs • Szloma Hochlerer • Anna Hochstadler • Hermann Hochstadler • Amalia Hochstädt • Josef Hochstädt • Mia Hochstädt • Flora Hochstein • Herbert Hochstein • Louis Hochstim • Adolf Hochwald • Erika Hochwald • Rosa Hochwald • Robert Hock • Alexis Hodyreff • Eidal Hoenigsberg • Friedrich Hoexter • Philippine Hoexter • Adele Hoffer • Alice Hoffmann • Berta Hoffmann • Cathie Hoffmann • Daniel Hoffmann • Eldriede Hoffmann • Erich Hoffmann • Erna Hoffmann • Fanny Hoffmann • Felix Hoffmann • Georg Hoffmann • George Hoffmann • Gert Hoffmann • Hanna Hoffmann • Hannelar Hoffmann • Henriette Hoffmann • Josef Hoffmann • Leo Hoffmann • Ludvik Hoffmann • M. Hoffmann • Margot Hoffmann • Minna Hoffmann • Moritz Hoffmann • Oskar Hoffmann • Paula Hoffmann • Richard Hoffmann • Ruth Hoffmann • Erwin Hohenberg • Alice Hohenstein • Georg Hohenstein • Manda Hohn • Hilel Holcberg • Sura Holcberg • Ruth Holeblat • Szlama Holeblat • Mihail P. Holkin • Ellen Hollander • Lotte Hollander • Margot Hollander • Fritz Hollender • Lily Hollender • Afanasy Holmogoroff • Anna Holmogoroff • Ivan Holmogoroff • Katharina Holub • Lillith Holub • Max Holub • Hermine Maria Holy • Else Holz • Frida Holz • Georg Holz • Greta Holz • Hermann Holz • Hugo Holz • Johanna Holz • Max Holz • Siegbert Holz • Alexander Holzer • Elvira Holzer • Gustav Holzer • Ida Holzer • Oswald A. Holzer • Samuel Holzer • Erna Holzinger • Berta Honig • Hella Honig • Isak Honig • Jezajasz Honig • Laura Honig • Leion Honig • Rosa Honig • Camilla Honigsberg • Gustav Honigsberg • Hugo Honigsberg • Julie Honigsberg • Walter Honigsberg • Adolf Honigsfeld • Leopoldine Honigsfeld • Vladimir Hoodik • Boris Hoodoley • Marion Hoodoley • Siegfried Hoodstraal • Elisabeth Hoogstraal • Fritz Hoogstraal • Sally Hoogstraal • Lilly Hoorin • Frida Hopp • Gunter Hopp • Hans Hopp • Sally Hopp • Rafael Horch • Fritz Horn • Jakoc Horn • Senta Horn • Walter Horn • Adele Hornik • Joachim Hornik • Leo Hornik • Max Hornik • Josef Horowiez • Abraham Horowitz • Alexander Horowitz • Beila Horowitz • Bernhard Horowitz • Carola Horowitz • Chaja Horowitz • Ernst Horowitz • Georg Horowitz • George Horowitz • Gisela Horowitz • Herbert Horowitz • Hermina Horowitz • Hertrude Horowitz • Lisa Horowitz • Margarete Horowitz • Mojzesz Horowitz • Raiza Horowitz • Samuel Horowitz • Else Horschitz • Felix Horschitz • Derry Horwitz • Heinrich Horwitz • Johanna Horwitz • Kurt Horwitz • Olga Horwitz • Perla Horwitz • Rosa Horwitz • Edith Hoselitz • Paul Hoselitz • Hussain Hosin • Hildegard Hostkowski • Anna Hostovsky • Oskar Hostovsky • Erwin Hostowsky • Sara Hozina • Galina Hristoforoff • Irene Hristoforoff • Vladimir Hristoforoff • Efimia Hruschova • Fritz Huber • Hans Huber • Hermina Huber • Lubov Hudiakova • Hans Georg Huebsch • Ursula Huebsch • Abraham Hulles • Erich Hulles • Sofie Hulles • Erich Humburger • Fritz Hungerleider • Gabriel Hungerleider • Inge Hungerleider • Karoli Hungerleider • Charlotte Hurtig • Erwin Hurtig • Gamaltin Husainoff • Abhalik Hussainoff • Salomon Hutterer

I

Zoia Idanova • Ludwig Iffort • Margarete Iffort • Aleksandra Igdomnoff • Inokenty Igdomnoff • Gustaw Elelman-Igiel • Rachela Elelman-Igiel • Boruch Igla • Chawa Igla • Sonia Igla • Alexander Ilchenko • Ernestine Ilieff • Mois Ilieff • Ekaterina Illyritsky • Vasili Illyritsky • Leiwi Imas • Sara Imas • Evelin Imber • Max Imber • Selma Imber • Siegfried Imber • Friedrich Insel • Hildegard Insel • Margarete Insel • Paul Insel • Susanne Insel • Alfred Inslicht • Antonie Inslicht • George Inslicht • Leon Inslicht • Elsa Inspektor • Moisej Inspektor • Anni Inwald • Fred Inwald • Kurt Inwald • Walter Inwald • A.F. Ionoff • Josef Irgang • Zofia Irrgang • Gisela Isaac • Guenther Isaac • Harriet Isaac • Heinz Isaac • Herbert Isaac • Johannes Isaac • Siegfried Isaac • Nina Isaacs • Simon Isaacs • Grete Isaak • Julius Isaak • Max Isaak • Ruth Isaak • Robert Isakowitz • Anisia Ischenko • Hirsh Isenberg • Julius

Isenberg • Fritz Isenthal • Bertha Ismann • Hans Ismann • Karl Ismann • Alfred Israel • Berta Israel • Erna Israel • Georg Israel • Gerhard Israel • Helga Israel • Hertha Israel • Irma Israel • Kurt Israel • Martin Israel • Norbert Israel • Paul Israel • Sally Israel • Siegmund Israel • Wolfgang Israel • Adolf Israelski • Annemarie Israelski • Arthur Israelski • Egon Israelski • Helene Israelski • Klara Issac • Betty Issmann • Szaja Issmann • Eva Itzies • Harry Itzies • Kaete Itzies • Alexander Ivanoff • Ivan Ivanoff • Sergei Ivanoff • Anna Ivanova • Samuel Iwry

J

Erna Jablonski • Gerhard Jablonski • Siegfried Jachmann • Alexandr Jacob • Dorit Jacob • Elisabeth Jacob • Erich Jacob • Eva Jacob • Frieda Jacob • Fritz Jacob • Gerda Jacob • Gerry Jacob • Gertha Jacob • Grete Jacob • Hedwig Jacob • Heinz Jacob • Hermann Jacob • Hetta Jacob • Hugo Jacob • John Jacob • Martin Jacob • Max Jacob • Ruth Jacob • Sidonie Jacob • Ursula Jacob • Wolf Jacob • Alfred Jacobi • Ella Jacobi • Gerhard Jacobi • Herta Jacobi • Kurt Jacobi • Manfred Jacobi • Margit Jacobi • Martin Jacobi • Selma Jacobi • Hermann Jacobius • Marianna Jacobius • Sally Jacobius • Siegmund Jacobius • Alice Jacobowitz • Arno Jacobowitz • Hermine Jacobowitz • Walter Jacobowitz • Berthold Jacobs • Margarete Jacobs • Alfred Jacobsberg • Regina Jacobsberg • Siegfried Jacobsberg • Walter Jacobsberg • Adolf Jacobsohn • Alfred Jacobsohn • Annemarie Jacobsohn • Artur Jacobsohn • Betty Jacobsohn • Carl Jacobsohn • Elfriede Jacobsohn • Erich Jacobsohn • Erich Jacobsohn • Frieda Jacobsohn • Hans Jacobsohn • Hermann Jacobsohn • Horst Jacobsohn • Ilka Jacobsohn • Inge Jacobsohn • Julius Jacobsohn • Leo Jacobsohn • Meta Jacobsohn • Meta Jacobsohn • Rudolf Jacobsohn • Sara Jacobsohn • Victoria Ilka Jacobsohn • Aileen Jacobson • Else Jacobson • Ernst Jacobson • Frieda Jacobson • Hans Jacobson • Louis Jacobson • Max Jacobson • Ruth Jacobson • Siegbert Jacobson • Ernst Jacobsthal • Ilse Jacobsthal • Isidor Jacobsthal • Gisela Jacobus • Helene Jacobus • James Jacobus • Paula Jacobus • Agnes Jacoby • Alfred Jacoby • Arthur Jacoby • Carl Jacoby • Erich Jacoby • Gerhard Jacoby • Gerry jacoby • Hans Jacoby • Heinrich Jacoby • Herbert Jacoby • Kurt Jacoby • Maria Jacoby • Martha Jacoby • Max Jacoby • Paul Jacoby • Siegfried Jacoby • Julius Jacosohn • Mary Jacowlewna • Hans Jacubowski • Edith Jaffe • Otto Jaffe • Abraham Jakob • Bertha Jakob • Elisabeth Jakob • Willy Jakob • Elsa Jakobi • Siegfried Jakobi • Emil Jakobowitz • Gisela Jakobowitz • Robert Jakobowski • Adolf Jakobsberg • Alfred Jalowitz • James Jamerson • Henrich Jami • Rudolf Janecke • Gerszon Jankielewicz • Hildegard Janklowicz • James Janklowicz • Emma Jaschkowitz • Heinrich Jaschkowitz • Else Jaschunsky • Sofie Jaschunsky • Fritz Jaskulski • Kaete Jaskulski • Bernhard Jastrow • Emil Jaul • Adrian Jedlinsky • Irma Jedlinsky • Oskar Jedlinsky • Edith Jedwab • Gorge Jedwab • Hermann Jedwab • Kaete Jedwab • Kaethe Jedwab • Margot Jedwab • Max Jedwab • Selma Jedwab • Wilhelm Jedwab • Willy Jedwisky • Ruth Jelin • Samuel Jelin • Jeanette Jelinek • Philipp Jelinek • Sigmund Jelinek • Erich Jellinek • Hans Jellinek • Heinz Jellinek • Herbert Jellinek • Ida Jellinek • Irma Jellinek • Josef Jellinek • Leo Jellinek • Max Jellinek • Paula Jellinek • Rudolf Jellinek • Wilhelm Jellinek • Wilhelmina Jellinek • Irngard Kosse-Jensen • Peter Kosse-Jensen • Lilli Jeretzky • Bruno Jernchim • Dora Jernchim • Else Jernchim • Manfred Jernchim • Spingard Jernchim • Irmgard Jeruchim • V.A. Jirtoff • Zlata Jirtoff • Hans Joachim • Julius Joachimsthal • Robert Joachimsthel • Abram Jodlo • Ivan Jodorovith • Todor Jodorovith • Elsa Jokl • Emy Jokl • Franz Jokl • Julius Jokl • Ruth Jokl • Charlotte Joles • Joel Joles • Gertrud Jolles • Berthold Jonas • Carl Jonas • Fritz Jonas • Fritz Edward Jonas • Joseph Jonas • Kaethe Jonas • Lina Jonas • Martko Jonas • Oskar Jonas • Otto Jonas • Helmut Jonassohn • Rosa Jonassohn • Arthur Joresch • Edith Joreslaw • Herbert Joreslaw • Franciska Jorysz • Hans Jorysz • Rudolf Jorysz • Paul Josef Bauer • Golde Josefsberg • Zudek Josefsberg • Alfred Joseph • Benno Joseph • Bernhard Joseph • Edith Joseph • Ellli Joseph • Fani

Joseph • Franz Joseph • Friedrich Joseph • Hedwig Joseph • Helene Joseph • Kurt Joseph • Martin Joseph • Meta Joseph • Paula Joseph • Herbert Josephson • Hermann Jospe • Johanna Jospe • Albert Jouravel • Eleonore Jouravel • Eveline Jouravel • Litman Jouravel • Raissa Jouravel • Virginia Jouravel • Alfred Juer • Helene Juer • Nathan Juer • Aloisia Juhn • Ludwig Juhn • Alexander Jukoff • Filipp Jukoff • Arthur Julius • Else Julius • Georg Julius • Hermann Julius • Heyman Julius • Klara Julius • Lola Julius • Paula Julius • Else Juliusburger • Erich Juliusburger • Erna Juliusburger • Fritz Juliusburger • Leonhard Juliusburger • Siegfried Juliusburger • Susi Juliusburger • L.Y. Jungmann • Olga Jungmann • Eliasz Jurkanski • Friedrich Justh • Benedikt Justiz • Ernestine Justiz

K

Fredy K. Seidel • Icohek Jehuda Kac • M. Kachmarchik • Bernhard Kaczynski • Martha Kadisch • Martin Kadisch • Malwine Kadisch • Alfred Kaehn • Olga Kaerpel • Ruth Kaever • Mejer Kagan • Boruch Kahan • Estera Kahan • Kuno Kahan • Lejzer Kahan • Pejsach Kahan • Chaim Kahane • Marcel Kahane • Anny Kahn • Sally Kahn • Edmund Kahn • Erich Kahn • Gerhard Kahn • Heinz Kahn • Isidor Kahn • Josef Kahn • Julius Kahn • Luise Kahn • Margot Kahn • Mase Kahn • Max Kahn • Mimi Kahn • Neha Kahn • Rudolf Kahn • Ruth Kahn • Siegfried Kahn • Franz Kaim • Hans Kaim • Ilse Kaim • Julius Kaim • Leopold Kaim • Margarete Kaim • Wilhelmine Kaim • Frajula Kaiser • Fredrich Kaiser • Friedrich Kaiser • Jacob Kaiser • Paul Kaiser • Ruth Kaiser • Siegfried Kaiser • Sonya Kaiser • Szlama Kaiser • Wolf Kaiser • Tadeusz Kajzynski • Gustav Kalb • Anita Kaleuscher • Evelyn Kaleuscher • Mali Kaleuscher • Max Kaleuscher • Anatoly Kalgunoff • Friedericke Kalinhof • Hermann Kalinhof • Boris Kalinitchenko • Szymon Kalis • Edith Kalischak • Else Kalischak • Richard Kalischak • Hans Kalischer • Hedwig Kalischer • Walter Kalischer • Iszak Kalish • Leo Kalitzki • Pauline Kalitzki • Ludwig Kalka • Stefan Kallai • Benno Kallmann • Egon Kallmann • Fritz Kallmann • Lothar Kallmann • Margarethe Kallmann • Rachel Kallmann • Veronika Kallmann • Aron Kallmannsohn • Else Kallmannsohn • Lucjan Kalmanowicz • Egon Kalman • Alexander Kalmar • Edmund Kalmar • Gisela Kalmar • Ida Kalmar • Irma Kalmar • Ekaterina Kalmodskay • Antanina Kalnina • Egon Kalski • Gertrud Kalweit • Harry Kalweit • Herbert Kalweit • Liesbeth Kalweit • Ruth Kalweit • Nina Kamenchikoff • Peter Kamenchikoff • Hugo Kamenovic • Kornelia Kamenovic • Antonina Kamensky • Maximilian Kamfer • Saweli Kamieniecki • Bernhard Kaminsky • Heinrich Kamitzer • Alfred Kamm • Amalie Kamm • Ernst Kamm • Eugenie Kamm • Guenter Kamm • Heinz Kamm • Irene Kamm • Johanna Kamm • Julie Kamm • Walter Kamm • Heinrich Kamnitzer • Irma Kamnitzer • Rudi Kamnitzer • E.I. Kaniseff • Maria Kaniseff • Nicolai Kaniseff • Paul Kanitz • Alfred Kann • Frieda Kann • Otto Kann • Kaete Kante • Max Kante • Hugo Kantorowsky • Marta Kantorowsky • Arnst Kanturek • Max Kanturek • Vilem Kanturek • Eliska Kanturkova • Hedvika Kanturkova • Eva Kanturova • Hilda Kanturova • Alfred Kaphan • Anne Kaphan • Heinz Kaphan • Silva Kaphan • Ursel Kaphan • E. Kapise • Fanny Kapise • Marie Kapise • Wilhelm Kapise • Berta Kaplan • David Kaplan • Gyrl Kaplan • Hersz Kaplan • Izrael Kaplan • Jeruchim Kaplan • Joel Kaplan • Karl Kaplan • Mejloch Kaplan • Sora Kaplan • Abram Kaplinski • Izaak Kaplinski • Michel Kaplinski • Nachama Kaplinski • Hans Kappel • Olga Kappel • Josef Kapuszewski • Wally Karbowiak • Felix Kardegg • Margarete Kardegg • Nikolai Kareieff • A.M. Karelina • Gertrud Karger • Julius Karger • Rudolf Karlburger • Ernst Karliner • Ruth Karliner • Sasebenza Karliner • Nina Karmadonoff • Erna Karmann • Heinz Karmann • Josef Karmann • Eberhard Karmeinsky • Franz Karmeinsky • Marie Karmeinsky • Abraham Karmel • Rubin Karmelek • Herbert Karo • Marfa Karolitch • Harry Karoly • Hugo Karoly • Marianne Karoly • Bruno Karolyi • Gertrude Karolyi • Gisela Karolyi • Ignat Karolyi • Justiman

Karolyi • Rita Karolyi • Vera Karolyi • Walter Karolyi • Alexandra Karovina • Peter Karp • Willi Karpel • Ferdinand Karpeles • Josef Karpeles • Boris Karpelini • Tadimir Karpelini • Tamara Karpelini • Mordko Karpenszprung • E.T. Karpoff • Max Karpowitz • Klavdia Kashkarova • Evgeny Kashkim • Arnold Kaspar • Julie Kaspar • Rose Kaspar • Edith Kassel • Erwin Kassel • Fajga Kassel • Herta Kassel • Oskar Kassel • Szymon Kassel • Rudolf Kassel • Julius Kassewitz • Regine Kassner • Ferdinand Kasstan • Klara Kasstan • Doris Kasswan • Elieser Kasswan • Lonny Kasswan • Mirla Kasswan • David Kastrovicki • Elisabeth Kasztl • Emerich Kasztl • Erwin Kasztl • Paul Kasztl • Sofie Kasztl • Alexander Kataeff • Valentina Kataurova • Max Katschinsky • Betty Katschke • Else Katschke • Felix Katschke • Adolf Katz • Alexander Katz • Alfred Katz • Amalie Katz • Anna Katz • Anni Katz • Bertha Katz • Berthold Katz • Bruno Katz • Daniel Katz • David Katz • Eda Katz • Egon Katz • Ellen Katz • Ernst Katz • Ernst Alexander-Katz • Frieda Katz • Gertrude Katz • Hannah Katz • Harry Katz • Heinrich Katz • Horst Katz • Ilse Katz • Irma Katz • Julius Katz • Kaeta Katz • Lazar Katz • Leopold Katz • Ludwig Katz • Lydia Katz • Marcus David Katz • Maria Alexander-Katz • Markus David Katz • Martha Katz • Martin Katz • Max Katz • Moritz Katz • Osip Katz • Oskar Katz • Regine Katz • Roeschen Katz • Rolf Katz • Ruth Katz • Selma Katz • Walter Katz • Alfred Katzenberg • Ernst Katzenberg • Curt Katzki • Herta Katzki • Klaus Katzki • Meier Katzman • Sophie Katzman • Ella Katzmann • Richard Katzmann • Siegfried Katznol • Max Kauders • Anastasy Kauf • Arno Kauf • Emanuel Kauf • Erich Kauf • Erna Kauf • Franziska Kauf • Hedwig Kauf • Leopold Kauf • Meta Kauf • Norbert Kauf • Alfred Kaufmann • Bernhard Kaufmann • Bertha Kaufmann • Carl Kaufmann • Carola Kaufmann • Elisbeth Kaufmann • Elka Kaufmann • Elsa Kaufmann • Else Kaufmann • Erika Kaufmann • Ernst Kaufmann • Frieda Kaufmann • Friedrich Kaufmann • Gertrud Kaufmann • Gustav Kaufmann • Hans Kaufmann • Heinz Kaufmann • Helene Kaufmann • Herbert Kaufmann • Hugo Kaufmann • Inge Kaufmann • Ingeborg Kaufmann • Jacob Kaufmann • Josef Kaufmann • Julie Kaufmann • Leo Kaufmann • Lotte Kaufmann • Ludwig Kaufmann • Margarete Kaufmann • Maria Kaufmann • Max Kaufmann • Robert Kaufmann • Rolf Kaufmann • Willi Kaufmann • Manasza Kawa • Mieciyslaw Kawa • Yankiel Kawkiewicz • Manfred Kayser • Reni Kayser • Robert Kayser • Ivan Kazakeeff • Nina Kazakeeva • Alexandra Kazanoff • Gennady Kazanoff • Michael Kazanoff • Fevronia Kazantzeva • Mejer Kecler • Leonid Keeparisoff • Adolf Keibel • Thekla Keibel • Justus Keil • Claus Keilson • Georg Keilson • Ruth Keilson • Ida Keitsch • Simon Keitsch • Erich Keller • Hedwig Keller • Julius Keller • Walter Keller • Edith Kellermann • Erna Kempe • Karl Kempe • Erna Kempinski • Martin Kempinski • Walter Kempinski • Hans Kempner • Hermann Kempner • Julius Kempner • Samuel Kempner • Aron Kepelowier • Alfred Kern • Frieda Kern • Herta Kern • Otto Kern • Walter Kern • Ascher Kerner • Bella Kerner • Elsa Kerner • Zygmunt Kerner • Antonie Kerpen • Grete Kerpen • Gustav Kerpen • Hermann Kerpen • Walter Kerpen • Charlotte Kert • Erich Kert • Fritz Kert • Salomon Keruer • Sonia Keruer • Teodor Keruer • Harry Kessel • Ada Kessler • Fanny Kessler • Irma Kessler • Leopold Kessler • Manfred Kessler • Norbert Kessler • Otto Kessler • Erika Kesten • Ida Kesten • Israel Kesten • Dorothey Keuchel • Amalie Khajet • Leiser Khajet • Lotte Khajet • Suca Khajet • Susette Khajet • Baruch Kielcz • Jetty Kielcz • Hans Kiesler • Richard Kiesler • Bernhard Kiewe • Etel Kiewe • Hanna-Selma Kiewe • Jacob Kiewe • Lesser Kiewe • Siegfried Kiewe • Max Kiewe • Edmund Kikinis • Henry Kileen • Fischel Kimmel • Gitta Kimmel • Leopold Kimmel • Oskar Kimmel • Paul Kimmel • Pessi Kimmel • Arthur Kimmelmann • Ilse Kimmelmann • Ernst Kimmelstiel • A.P. Kinjatsky • Jankel Kinsbrunner • Arthur Kinsky • Bianka Kinsky • Helen Kiparisoff • Dmitry Kirbutz • Raisa Kirbutz • Golde Kirchenbaum • Szol Kirchenbaum • David Kirchhausen • Erna Kirchhausen • Larisa Kiriakova •

Valentina Kiriakova • Nadejda Kirichenko • A.T. Kirichko • Zinaida Kirienko • Alexandra Kirilloff • Boris Kirilloff • Gena Kirilloff • George Kirilloff • Irene Kirilloff • Vera Kirilloff • Alfred Kirsch • Georg Kirsch • Margarete Kirsch • Betty Kirschbaum • Hannelore Kirschbaum • Theodor Kirschbaum • Erna Kirschner • Gert Kirschner • Willy Kirschner • Hans Kirschstein • Helena Kirschstein • Dorothea Kirsmann • Annemarie Kirstein • Gertud Kirstein • Guenter Kirstein • Julius Kirstein • Leo Kirstein • Rita Kirstein • Dawid Kirszencweijg • Erich Kisch • Grete Kisch • Walter Kisch • Paulina Kischitz • Elena Kisenkova • George Kitaeff • Fritz Kiwi • Gerhard Kiwi • Hulda Kiwi • Hans Klaar • Lucie Klahr • Maria Klahr • Max Klahr • Samuel Klahr • Ernestine Klamper • Margarete Klamper • Otto Klamper • Debora Klanfer • Auguste Klapholz • Clara Klapholz • Isak Klapholz • Meta Klapp • Simon Klapp • Lotte Klapper • Simon Klappholz • Auguste Klarmann • Erika Klausner • Moritz Klausner • Sabine Klausner • Walter Klawanski • Elfriede Klawansky • Sonja Klawansky • Alice Kleczewski • Joel Kleczewski • Hermann Klee • Anna Kleemann • Harry Kleemann • Alexander Klein • Alfred Klein • Auguste Klein • Benno Klein • Bertha Klein • Chaim Klein • Egon Klein • Emil Klein • Franz Klein • Fritz Klein • Hermann Klein • Hugo Klein • Irena Klein • Jack Klein • Josef Klein • Karl Klein • Klara Klein • Klementine Klein • Lemel Klein • Lilly Klein • Max Klein • Paul Klein • Robert Klein • Sara Klein • Sidonie Klein • Siegfried Klein • Sigmund Klein • Simon Klein • Teofila Klein • Walter Klein • Wilhelm Klein • Bertha Kleinberger • Blima Kleinberger • Ignac Kleinberger • Salomon Kleinberger • Margarete Kleinborger • Zalten Kleinborger • Jonas Kleiner • Kreindel Kleiner • Edith Kleinhon • Hans Kleinhon • Cilly Kleinmann • Jankiel Kleinsinger • Motel Klejn • Adolf Klemann • Curt Klemann • Ernst Klemann • Fritz Klemann • Margit Klemann • Johann Klempener • Cida Klener • Valentina Klepak • Harry Erich Klepetal • Franziska Klepexar • Jenny Klepexar • Evgenia Kliar • Karl Kliar • Maria Kliar • Rozia Kliavlin • Shach Kliavlin • Max Klinberger • Emil Klinenberger • Anna Klinger • Hans Klinger • Hermann Klinger • Herta Klinger • Izrael Klinger • Leon Klinger • Marie Klinger • Moszek Klinger • Rudolf Klinger • Willi Klingsberg • Karl Klopstock • Ela Klor • Charles Klotzer • Lothar Klotzer • Meta Klotzer • Salo Klotzer • Emil Klueger • Heinz Klueger • Hermann Klueger • Hermine Klueger • Chaim Klug • Houlda Klug • Siegfried Klug • Stella Elsa Klug • Ernst Kluge • Ruth Kluge • Kurt Klyne • Kurt Klyszcz • Alfred Kneucker • Hertha Kneucker • Hilda Knie • Waldemar Knieling • Erna Knisbacher • Hanni Knisbacher • Arnold Knobel • Lea Knobloch • Meinhard Knobloch • Willi knobloch • Willie knobloch • Willy Knobloch • Zierel Knobloch • Hans Knoche • Margarete Knoche • Sara Knoll • Simche Knoll • Josef Knoller • Rudolf Knopf • Anna Knopp • Arthur Knopp • Irma Knopp • Ludwig Konrad Knopp • Max Knopp • Robert Knopp • Otto Knorpelmacher • Alfred Kobak • Clemens Kobak • Hermine Kobak • Lucy Kobak • Rosa Kobak • Egon Koch • Fritz Koch • Klara Koch • Lina Koch • Martin Koch • Renate Koch • Richard Koch • Rudolph Koch • Berta Kochanowski • Philipp Kochanowski • Viktor Kochanowski • Edmund Kocheim • Herta Kocheim • Hans Kochmann • Heinz Kochmann • Josef Kochmann • Leonhard Kochmann • Manfred Kochmann • Marta Kochmann • Rosa Kochmann • Rudolf Kochmann • Sali Kochmann • Alexis Kochneff • Dimitry Kochneff • Ekaterina Kochneff • Vasily Kochur • Barbara Kock • Frederick Kock • Jean Frederick Kock • Marie Kock • Toyoke Kock • Hans Koeben • Heinz Koeben • Karl Koehler • Hugo Koelbl • Ferdinand Koenig • Henricke Koenig • Hermann Koenig • Johannes Koenig • Marie Koenig • Melanie Koenig • Renate Rahel Koenig • Stefan Koenig • Rosa Koenigfest • Wilhelm Koenigsberger • Alice Koeppler • Erwin Koeppler • Ernst Koerner • Flora Koerner • Leo Koerner • Josef Kofker • Maximilian Kofler • Gerhard Koh • Magda Koh • Selmar Koh • Gerhard Kohbieter • Hildegard Kohen • Jakob Kohen • Ida Kohl • Julius Kohlhagen • Antonie Kohlruss • Osward Kohlruss • Agnes Kohn • Alfred Kohn • Amalie Kohn • Aron Kohn • Arthur Kohn •

Berta Kohn • Betty Kohn • Chaim Kohn • Charlotte Kohn • Chaskiel Kohn • Edenko Kohn • Edith Kohn • Elfriede Kohn • Elsa Kohn • Emanuel Kohn • Erna Kohn • Ernst Kohn • Felix Kohn • Ferdinand Kohn • Franciska Kohn • Franz Kohn • Fritz Kohn • Gerald Kohn • Gerhard Kohn • Gertrud Kohn • Gertrude Kohn • Hani Kohn • Hanna Kohn • Heinrich Kohn • Heinz Kohn • Hella Kohn • Herbert Kohn • Hermann Kohn • Hermine Kohn • Ingeborg Kohn • Ingolf Kohn • Isak Kohn • Jakob Kohn • Jolan Kohn • Josef Kohn • Julie Kohn • Jutta Kohn • Karl Kohn • Klara Kohn • Leonhard Kohn • Leopold Kohn • Leopoldine Kohn • Margot Kohn • Maria Kohn • Max Kohn • Olga Kohn • Pauline Kohn • Philipp Kohn • Richard Kohn • Rosa Kohn • Rosalia Kohn • Siegfried Kohn • Gisela Kohn Dollinger • Felix Kohnig • Karl Kohut • Zisel Koidanowski • Brocha Kojdanowski • Calko Kojdanowski • Hadasa Kojdanowski • Polina Kokilashvilie • Michael Kokonin • Stephan Kokonin • Praskovia Koktasheff • Hedwig Kolar • Judy Kolb • Karl Kolb • Adolf Kolber • Charles Kolber • Eva Kolber • Josef Kolber • Walter Kolber • Bernhard Koldschmidt • Laura Koldschmidt • Arthur Kollek • Hermann Koller • Ilse Koller • Isaak Koller • Alex Kollmann • Anna Kollmann • Annelore Kollmann • Arthur Kollmann • Egon Kollmann • Elise Kollmann • Ernst Kollmann • Friderike Kollmann • Adolf Kolm • Franz Komlos • Alexander Konicki • Fritz Konicki • Hildegard Konicki • Margarete Konicki • Peter Konicki • Renate Konicki • A.K. Konopleff • Richard Konritsch • Siegfried Konski • Urevien Konstantin • Auguste Konstein • Dorota Konstein • Edith Konstein • Ernst Konstein • Max Konstein • Valentina Koolikoff • Vladimir Koosin • Alexander Koostoff • Bertha Kopf • David Kopf • Emmy Kopf • Harry Kopf • Moise Kopilow • Rudolf Kopilow • Walter Kopilow • Salo Koplowicz • Richard Koplowitz • Hans Koppanyi • Muki Koppanyi • Sedonie Koppanyi • Albert Koppe • Alfred Koppe • Felix Koppe • Marie Koppe • Szlama Koppel • Herbert Koppelkowski • Ruth Koppelkowski • Juliusz Koppelman • Richard Koppelmann • Rosa Koppelmann • Max Kopplowitz • Simon Kopski • Max Kopstein • Dawid Korabelnik • Ilse Koratkowski • Irene Koratkowski • Paul Koratkowski • Walter Koratkowski • Albin Korch • Helene Korch • Ida Korch • Jenni Korch • Simon Korch • Arthur Korczyn • Gertrude Korczyn • Johanna Korczyn • Elisabeth Korf • Elena Korioeff • Marianne Koritschoner • Otto Koritschoner • Lazar Korkes • Fanny Korlowicz • Gertrude Kormes • Helene Kormes • Siegfried Kormes • Albert Korn • Cacilie Korn • Elias Korn • Fritz Korn • Gertrud Korn • Guenter Korn • Hulda Korn • Schloime Korn • Wolfgang Korn • Leo Kornblueth • Walter Kornblueth • Egon Kornblum • Jan Kornblum • Paul Korneff • Alfred Kornhaber • Helene Kornhaber • Robert Kornhaber • Walter Kornhaber • Vassa Korniltzeva • Walter Kornitzer • Malcie Kornmehl • Rudolf Kornmehl • Helene Kornreich Duldner • Lusia Kornreich Duldner • Elena Korotkova • Maria Korotkova • Anna Korovina • Frida Korytowski Moses • Anna Kosach • Isaak Kosheinik • J.L. Koshmann • Gerda Kosiner • Leopold Kosiner • Aleksei Kositzin • Alexander Kossowsky • Gerda Kossowsky • Golde Kossowsky • Auguste Kosterlitz • Friedrich Kosterlitz • Hans Kosterlitz • Werner Kosterlitz • Alexander Kostin • S.A. Kostina • V. Kostina • Emil Kostiner • Regine Kostiner • Nicolai Kotelnikoff • Margarethe Kotlarzik • Frieda Kotlarczyk • Heinz Kotlarczyk • Sally Kotlarczyk • Siegbert Kotlarczyk • Adelheidt Kottlarzig • Alexander Kotzmann • Peter Kouleff • Gleb Koupche • L.A. Koupche • Vasily Kouznetzoff • Berthold Kovach • Fanny Kovach • Leonhard Kovach • Adele Kovacs • Erwin Kovacs • Friedrich Kovacs • Lilly Kovacs • Margot Kovacs • Oskar Kovacs • Paul Kovacs • Moryc Kowalski • Senta Kowalsky • Rachela Kozak • Welwel Kozak • Dawid Kozakiewicz • Jako Kozakiewicz • Leon Kozakiewicz • Sara Kozakiewicz • George Kozhin • Maria Kozloff • Nicolai Kozloff • Pavel Kozloff • Vera Kozlova • Aleftina Kozlovskaiya • Michail Kozlovsky • Vladimir Kozlovsky • Rubin Kozlowski • Salomon Kozminski • Anastasia Kozukon • Marjem Krac • Moses Krac • Susane Krac • Ellen Chaim Kracko • Alfons Kraemer • Dora Kraemer •

Else Kraemer • Fanny Kraemer • Herbert Kraemer • Leo Kraemer • Nicolai Kraemer • Philipp Kraemer • Chaja Krajsmann • David Krajsmann • Edita Krakauer • Klara Krakauer • Leopold Krakauer • Vilem Krakauer • Hans Krakaver • Selma Krakaver • Margarethe Krall • Otto Krall • Alfred Kramarski • Hermann Kramarski • Hildegard Kramarski • Oskar Kramer • Samuel Kramer • Irena Krampel • Zygmund Krampel • Alexander Krasienikoff • V.F. Krasnoselsky • Christine Krasso • Ernst Krasso • Eugeny Krassoolia • Victor Krassoolia • Liselotte Kratzer • Margarete Kratzer • Moritz Kratzer • Anna Kraus • Egon Kraus • Hans Kraus • Irma Kraus • Johann Kraus • Pavel Leopold Kraus • Elise Krause • Walter Krause • Heinz Krausnick • Hildegard Krausnick • Ferdinand Krausz • Friedrich Krausz • Heinrich Krausz • Hilda Krausz • Irma Krausz • Leopold Krausz • Salomea Krausz • Wilhelm Krausz • Grojnejm Krauze • Hertha Krauze • Renate Krauze • Antonina Kravchenko • Abraham Krawiec • Margot Kreamer • Walter Kreamer • Alfred Krebs • Eleonore Krebs • Georg Krebs • Grete Krebs • Hans Krebs • Heinz Krebs • Henriette Krebs • Herbert Krebs • Hilde Krebs • Kurt Krebs • Lina Krebs • Ludwig Krebs • Max Krebs • Rosa Krebs • Siegfried Krebs • Susanne Krebs • Julius Kreimer • Jakob Kreisel • Aaron Kreiser • Fritz Kreisky • Selma Kreisky • Hermann Kreisler • Hans Kremm • Rosze Kreuber • Emil Kreuter • Jakob Kreuter • Edith Kreuterblueth • Heinrich Kreuterblueth • Franziska Kreutzer • Fritz Kreutzer • Herbert Kreutzer • Hermine Kreutzer • Felix Kreuz • Meta Kreuz • Herbert Kreuzfuchs • Irma Kreuzfuchs • René Kreuzfuchs • Renee Kreuzfuchs • Sigmund Kreuzfuchs • Siegmund Kreuzfuchs • Abraham Krieser • Max Krieser • Sabine Krieser • Matvei Kriezevich • Michail Krilenko • Hermann Krips • Ilse Krips • Peter Krips • Sonja Krips • Anna Kris • Georg Kris • Gisela Kris • Hannelore Kris • Heinrich Kris • Helene Kris • David Krisch • Paula Krisch • Rosa Krisch • Willy Krisch • n.P. Krivalap • L.D Krivenkaig • V.D. Krivenkaig • Vladimir Krivoochekoff • Lydia Krivoroochko • Mathew Krivoroochko • Walter Kriwaczek • Aenne Kriwer • Siegmund Kriwer • Max Krohn • Jacob Kroll • Klara Kroll • Sabine Kroll • Erich Kronberger • Paul Kronberger • Ilse Krone • Sally Krone • Hugo Kronenberg • Emil Kroner • Martin Kroner • Gerhard Kronheim • Martin Kronheim • Rosa Kronheim • Alfons Kronstein • Efcheim Kronthal • Elisabeth Kronthal • Heinz Krotoschinski • James Krotoschinski • Nanetty Krotoschinski • Sally Krotoschinski • Vladimir Krotovsky • Alexander Kroutikoff • George Kroutikoff • Ludmila Kroutikoff • Walter Krug • Leopold Krugel • Lejwik Krupenia • Abram Krupnik • Margarete Kruschke • Agafia Krutia • Anathol Krutia • Anthony Krutia • Faina Krutia • Leonty Krutia • Lydia Krutia • Tatiana Krutia • Eufim Kryloff • Ivan Kryloff • Serge Kryloff • Isia Krymski • Cluwa Krystal • Chaja Ksinski • Ismar Ksinski • Meta Ksinski • Philipp Ksinski • Max Kuba • Peter Kudakovsky • J. Kudoyaroff • Nina Kudreshewa • Irma Kuechler • Jacob Kuechler • Lajos Kuehnberg • F.O. Kuehne • P.R. Kuehne • Anna Kuehns • Bedrich Kuehns • Harry Kuehns • Alice Kuehrer • Else Kuehrer • Franz Kuemmelberg • Hans Kuenstlinger • Josef Kuenstlinger • Lina Kuenstlinger • Toni Kuenstlinger • Gertrud Kuestermann • Alfred Kugel • Alma Kugel • Else Kugel • Hermine Kugel • Josef Kugel • Sabine Kugel • Walter Kugel • Alice Kugelmas • Jakob Kugelmas • Ruth Kugelmas • Benno Kuh • Elise Kuh • Aron Kuhmerker • Rachel Kuhmerker • Rudolf Kuhnberg • Wally Kuhnberg • Alfred Kuiat • Hirsch Kuiat • Lina Kuiat • Liselotte Kuiat • Herc Kulik • Ivan Kulik • Viacheslav Kulik • Ferdinand Kulka • Hilde Kulka • Henny Kulmann • Walter Kulmann • Friedrich Kulp • Ivan Kultisheff • P.S. Kultisheff • Alexander Kulugurieff • Elena Kulugurieff • Nicolai Kuminoff • Taisia Kuminoff • Vladimir Kuminoff • Ernst Kummermann • Fanny Kummermann • Friederike Kummermann • Otto Kummermann • Zalman Kunda • Ester Kuner • Osias Kuner • Anna Kunevich • M.I. Kunevich • Nicolai Kunevich • V.N. Kunevich • Anna Kunfi • Tibor Kunfi • Max Kuninsky • Kurt Kunitzky • Margarete Kunitzky • Schaja Kunitzky • Emanuel Kunst • Helene Kunst • Gertrud

Kuntz • Gertrud Kuntz • Carl Kuntzsch • Frieda Kuntzsch • Jcek Kuperman • Samuel Kupfer • Baruch Kupferberg • Gittel Kupferberg • Hedwig Kupferberg • Josef Kupferberg • Siegmund Kupferberg • Eljasz Kupinski • Hirsz Kupinski • Samuel Kupinski • Sara Kupinski • Slaun Kupinski • Igor Kurgansky • Nina Kurgansky • Rufina Kurgansky • Arnold Kurnik • Wilhelmine Kurnik • Michael Kurskinoff • William Kurtz • Selma Kurz • Walter Kurz • Wilhelm Kurz • Johannes Kurzbart • Etel Kurzer • Mathias Kurzer • Leo Kurzmann • Gertrud Kurzweg • Berl-Uri Kurzweg • Dagobert Kurzweg • Berta Kuschelewski • Hugo Kuschelewski • Adela Kushner • Gasha Kushner • Michel Kushner • Susanna Kushner • Anatoliy Kushnir • Elena Kushnir • Emilian Kushnir • Elisabett Kusnetsoff • Valentina Kusnetsoff • Ilse Kussel • Liesbeth Kussel • Theodor Kussel • Izrael Kusznir • Jakub Kusznir • Mirla Kusznir • Rubin Kusznir • Clara Kutman • Grete Kutnewsky • Paul Kutnewsky • Anneliese Kuttner • Edgar Kuttner • Elfriede Kuttner • Fritz Kuttner • Hermann Kuttner • Julius Kuttner • Liselott Kuttner • Max Kuttner • Willy Kuttner • Dmitry Kuznetsoff • N.D. Kuznetsoff • Vera Kuznetsoff • Dimitry Kuznetzoff • Heinz Kuznitzky • Grigory Kwasmetsky • Dawid Kwiat • Martin Kwilecki • Vera Kwilecki • Max Kwittner • Mendel Kwittner

L

Edward L. Blest • Georg Laband • Grete Laband • Kurt Laband • Lucy Laband • Ludwig Laband • Janette Labischinski • Kurt Labischinski • Margarete Laboschin • Paul Laboschin • Rudolf Laboschin • Annie Labrustein • Fritz Labrustein • Adolf Lachmann • Arno Lachmann • Else Lachmann • Eugen Lachmann • Kaethe Lachmann • Lilli Lachmann • Lotte Lachmann • Ralph Lachmann • Siegfried Lachmann • Alice Lachotzky • Dora Lachotzky • Leo Lachotzky • Manfred Lachotzky • Max Lachotzky • Alfred Lackenbacher • Anna Lackenbacher • Arnold Lacker • Clara Lacker • Egon Lacker • Isak Lacker • Itzhak Lacker • Klara Lacker • Paula Lacker • Abe Ladar • Esther Ladar • Isaac Ladar • John Ladar • Marion Ladar • Rosalind Ladar • Constance Lagoon • Nicolas Lagoon • Frieda Lagstein • Samuel Lagstein • Morris Lamb • Alfred Lambert • Paula Lambert • Paul Lambertz • Paula Lambertz • Adolf Lampl • Hilda Lampl • Josef Lan • Isak Lanchart • Leon Lanchart • Arthur Landau • Beda Landau • Channa Landau • Curt Landau • Dora Landau • Ernst Landau • ERwin Landau • Fanny Landau • Hans Landau • Ignatz Landau • Irene Landau • Jonas Landau • Max Landau • Paula Landau • Sigmund Landau • Wolf Landau • Iva Landau • Gustav Landeck • Heinz Landeck • Lilli Landeck • Klara Landes • Henry Landesberger • Sally Landesberger • Karen Landis • Mojzesz Landman • Abraham Landmann • Inge Landmann • Julia Landmann • Kurt Landmann • Ludwig Landmann • Ruth Landmann • Vera Landmann • Evelyne Landsberg • Fritz Landsberg • Guenter Landsberg • Helga Landsberg • Margot Landsberg • Siegfried Landsberg • Elsa Landsberger • Hugo Landsberger • Paul Landsberger • Theodor Landsmann • Adolf Lang • Amalie Lang • Belba Lang • Berthold Lang • Ernst Lang • Friedrich Lang • Gittel Lang • Hans Lang • Harry Lang • Helene Lang • Horst Lang • Ilse Lang • Jenny Lang • Josef Lang • Leo Lang • Robert Lang • Siegdried Lang • Hermann Langberg • Johanna Langberg • Malwine Langberg • Saul Langberg • Emil Lange • Kaethe Lange • Max Lange • Anne-Marie Langer • Arno Langer • Bodo Langer • Ida Langer • Ignatz Langer • Lieselott Langer • Mirjam Langer • Moses Langer • Peter Langer • Renate Langer • Robert Langer • Stephani Langer • Zmira Langer • Franziska Langfelder • Hedwig Langfelder • Oskar Langfelder • Else Langsner • Siegfried Langsner • Valentina Lapina • Zinaida Lapina • L.N. Lapteff • Ivan Larionoff • Alfred Larisch • Egon Larisch • Emilie Larisch • Ludwig Lasch • Leo Lasdowski • Dagmar Lasdun • Ernest Lasdun • Gerhard Lasdun • Lisbeth Lasdun • Theodor Lasdun • Georg Laske • Else Lasker • Wolf Lasker • Johann Walter Laski • Alfred Laskowicz • Hella Laskowicz • Josef Laskowicz • Willy Laskowicz • Wolf Last • Adolf Laster • Danniel Laster • Gedalie

Laster • Gertrude Laster • Herta Laster • Sophie Laster • Wilhelm Laster • Erich Lasus • Erika Lasus • Friedrich Lasus • Johanna Lasus • Mathilde Lasus • Perl Lasus • Susan Lasus • Hans Latz • Braindca Laub • Dora laub • Feiwel Laub • ferdinand laub • Heinz Laub • Hermann Laub • Joel Laub • Lina Laub • Moses Laub • paulina Laub • Sabine Laub • Samuel Laub • Bernhard Lauer • Sure Lauer • Alfred Laufer • Anna Laufer • David Laufer • Egon Laufer • Hans Laufer • Heinrich Laufer • Heinz Laufer • Jakob Laufer • Max Laufer • Otto Laufer • Ruth Laufer • Sabine Laufer • Samuel Laufer • Sarolta Laufer • Erich Lauffer • Friedrich Lauffer • Kurt Lauffer • Martin Lauffer • Rifka Launer • Gertrud Lauter • Herbert Lauter • Martha Lauter • Martin Lauter • Susanne Lauter • Hans Lauterstein • Julie Lauterstein • Brane Lautmann • Karl Lautmann • David Lavenda • Eli Lavenda • Ella Lavenda • Elsa Lavenda • Gunther Lavenda • Melitta Lavenda • Rudy Lavenda • Judith Schaffer Lavitt • Elias Lawenda • Ella Lawenda • Günter Lawenda • Gunther Lawenda • Rudolf Lawenda • Edith Lawitz • Felix Lawitz • Erwin Lax • Klara Lax • Josef Lay • Lavrenty Lazareff • Anneliese Lazarus • Erwin Lazarus • Gary Lazarus • Gerda Lazarus • Dweira Lazduna • George Lebedeff • Maria Lebedeff • Peter Lebedeff • Vassa Lebedeff • Victor Lebedeff • Vladimir Lebedeff • Maria Lebedeva • Vera Lebedeva • Jakob Lebrecht • Regina Lebrecht • Jaethe Lechner • Jakob Lechner • Abraham Lecker • Kurt Lederer • Olga Lederer • Richard Lederer • Robert Lederer • Rosalie Lederer • Margarete Ledermann • Hans Ledien • Alfons Lefeber • Curt Lefeber • Gerda Lefeber • Johanna Lefeber • Klaus Lefeber • Heinz Lefebre • Irmgard Lefebre • Martin Lefebre • Sara Lefebre • Alfred Lehmann • Edith Lehmann • Gerd Lehmann • Grete Lehmann • Günther Lehmann • Gustav Lehmann • Hans Lehmann • Hertha Lehmann • Kaethe Lehmann • Louis Lehmann • Martin Lehmann • Rosa Lehmann • Siegfried Lehmann • Ilse Lehmeier • Bernhard Lehr • Eleonora Lehr • Joel Lehrer • Sophie Lehrer • Norbert Lehrmann • Friedrich Leib • Henriette Leib • Isidor Leib • Josef Leib • Karl Leib • Leile Leib • Lea Leibel • Rudolf Leicht • Josef Leichter • Bernhardt Leidert • Elisabeth Leidert • Heinrich Leidert • Isaak Leifer • Bernhard Leimberg • Johanna Leimberg • Adolf Leinkram • Helene Leinkram • Franz Leipen • Roma Leipen • Samuel Leipuner • Berta Leiser • Edith Leiser • Heinz Leiser • Herbert Leiser • Kaethe Leiser • Rudolf Leiser • Henny Leisten • Herbert Leisten • Oskar Leisten • Arthur Leiter • Tony Leiter • Bruno Leitner • Eduard Leitner • Martha Leitner • Richard Leitner • Ajzik Lejber • Chaskil Lejber • Gerda Lejber • Karl Lenczynski • Guenther Lenhardt • Wilhlem Lenz • Boris Leon • Branka Leopold • Dagobert Leopold • Erika Leopold • Gerhard Leopold • Herbert Leopold • Louis Leopold • Regina Leopold • Sally Leopold • Abram Lerman • Hedwig Lerner • Leo Lerner • Maryem Lerner • Max Lerner • Tobias Lerner • Ernst Lerser • Martin Leschkau • Olga Leschkau • Amalie Leschnik • Martha Leschnik • Sally Leschnik • Klaus Leske • Nuchim Lesman • Albert Less • Ella Less • Erich Less • Hans Less • Irma Less • Vera Less • Walter Lesselbaum • Adelheid Lesser • Dagobert Lesser • Edith Lesser • Eva Lesser • Frieda Lesser • Fritz Lesser • Hans Lesser • Heinz Lesser • Herta Lesser • Hilda Lesser • Jenny Lesser • Martha Lesser • Rosa Lesser • Theodor Lesser • Walter Lesser • Willi Lesser • P.F. Letoonoff • Cicilia Letvinoff • Bertha Leubuscher • Joseph Leubuscher • Helene Leuchtag • Eva Leurke • Gerhard Leurke • Minna Leurke • Leo Leutmann • Michael Loewi-Levai • George Levashoff • Nadia Levashoff • Dolly Levenbach • Ingrid Levenbach • Kurt Leveson • Pauline Leveson • Arnould Levi • Curt Levi • F. W. Levi • Hella Levi • Ilse Levi • Margot Levi • Michael Levi • Richard Levi • Michael Levicki • Aaron Levin • Cypa Levin • Horst Levin • Leni Levin • Uszer Levin • Boris Levinsky • Hasa Levinsky • Meer Levinsky • Rafael Levinsky • Volodia Levinsky • Hans Levinsohn • Heinz Levinsohn • Irene Levinsohn • Leopold Levinsohn • Hertha levinson • Meinhard Levinsohn • Alfred Levinthal • Charlotte Levison • J. Levison • Malter Levison • E. Levit • Louis Levit • Paul Levit • Ernst

Levita • Regine Levita • S. Levita • Ber Levitin • Ella Levitin • Faima Levitin • Nehama Levitina • Adolf Karl Levy • Arnold Levy • Berta Levy • C. Levy • Charlotte Levy • E. Levy • E. O. Levy • Edith Levy • Emma Levy • Erich Levy • Ernst Levy • Friedrich Levy • G. Levy • Georg Levy • Gustav Levy • Hans Levy • Harry Levy • Hedwig Levy • Herbert Levy • Hildegard Levy • Inge Levy • Irma Levy • Iszak Levy • Jacob Levy • Kurt Levy • Lieselott Levy • Lona Levy • Lucie Levy • M. Levy • M. S. Levy • Margarete Levy • Margot Levy • Maria Levy • Marion Levy • Max Levy • Otto Levy • Rigina Levy • Rita Levy • Ruth Levy • S. Levy • Sally Levy • Siegfried Levy • Tana Levy • Theodor Levy • Walter Levy • Heinz Levysohn • Olga Levysohn • Paul Levysohn • Ursula Levysohn • Wolfgang Levysohn • Victor Lew • Eddie Lewald • Frieda Lewald • Kurt Lewald • Lotte Lewald • Walter Lewald • William Lewald • Auguste Lewandowski • Martin Lewandowski • Walter Lewandowski • Alfons Lewin • Alfred Lewin • Alice Lewin • Anna Lewin • Arno Lewin • Dago Lewin • David Lewin • Denny Lewin • Edith Lewin • Else Lewin • Emma Lewin • Erika Lewin • Eva Lewin • Fanny Lewin • Fredy Lewin • Georg Lewin • Gerda Lewin • Gertrude Lewin • Gittel Lewin • Hedwig Lewin • Heinz Lewin • Helga Lewin • Herbert Lewin • Hermann Lewin • Isidor Lewin • James Lewin • Josef Lewin • Julia Lewin • Julian Lewin • Kate Lewin • Kathe Lewin • Klara Lewin • Kurt Lewin • Lejma Lewin • Leo Lewin • Lotti Lewin • Louis Lewin • Margot Lewin • Martin Lewin • Max Lewin • Ossi Lewin • Pauline Lewin • Regine Lewin • Reina Lewin • Rolf Lewin • Rosa Lewin • Ruth Lewin • Sally Lewin • Taube Lewin • Werner Lewin • Philipp Lewinger • Alfred Lewinski • Elfriede Lewinski • Emil Lewinski • Fanny Lewinski • Felizia Lewinski • Hans Lewinski • Heinz Lewinski • Herbert Lewinski • Irma Lewinski • Jakob Lewinski • Johanna Lewinski • Leiser Lewinski • Lina Lewinski • Louis Lewinski • Philipp Lewinski • Susanne Lewinski • Fritz Lewinsky • Meta Lewinsky • Berta Lewinsohn • Bianca Lewinsohn • Edwin Lewinsohn • Hodwig Lewinsohn • Joachim Lewinsohn • Leo Lewinsohn • Ludwig Lewinsohn • Rosi Lewinsohn • Max Lewinson • Chackiel Lewinsztejn • Chaja Lewinsztejn • Jochewed Lewinsztejn • Paul Lewisohn • Edith Lewitt • Hermann Lewitt • Hans Lewkowicz • Jozef Lewkowicz • Liselotte Lewkowicz • Marie Lewkowicz • Samuel Lewkowicz • Erika LewkowitzHans Lewkowitz • Inga Lewkowitz • Max Lewkowitz • Mendel Lewkowitz • Sally Lewkowitz • Sam Lewkowitz • Alfred Lewy • Alice Lewy • Anny Lewy • Cecilie Lewy • Dorothea Lewy • Eva Lewy • Georg Lewy • Herbert Lewy • Julius Lewy • Kaethe Lewy • Ludwig Lewy • Manfred Lewy • Moritz Lewy • Nathan Lewy • Pauline Lewy • Sally Lewy • Siegfried Lewy • Theodor Lewy • Johanna Leymann • Felix Leyser • Kurt Leyser • Martin Leyser • Margot Libowski • Moritz Libowski • William Libowski • Margarete Lichenheim • Max Lichenheim • Abram Licht • Fritz Lichtblau • Adolf Lichtenhayn • Edith Lichtenhayn • Arnold Lichtenstein • Anna Lichtenstein • Arthur Lichtenstein • Erich Lichtenstein • Georg Lichtenstein • Grete Lichtenstein • Leopold Lichtenstein • Lionel Lichtenstein • Lyonet Lichtenstein • Margar Lichtenstein • Margarete Lichtenstein • Paul Lichtenstein • Rita Lichtenstein • Rosa Lichtenstein • Valerie Lichtenstein • Mejer Lichtensztejn • Roza Lichtensztejn • Margaretha Lichtenthal • Sinai Lichtigfeld • Oszer Lichtsztejn • Mowsza Lidski • Bobby Lie • Josefine Liebel • Karl Felix Liebel • Otto Liebel • Heinz Liebes • Kurt Liebes • Eva Liebrecht • Heinz Liegmann • Curt Lienrecht • Johanna Lieser • Berthold Lieber • Hedwig Lieber • Ingeberg Lieber • Dolly Liebrecht • Erich Lind • Selma Lind • Bruno Linde • Frieda Linde • Anna Liebermann • Baruch Liebermann • Erica Liebermann • Ernestine Liebermann • Gunter Liebenwalde • Herta Liebenwalde • Isak Liebermann • Ludwig Liebermann • Johanna Liebrecht • Ludwig Liebermann • Ottilie Liebermann • Richard Liebermann • Sidonie Liebermann • Sofie Liebermann • Susie Liebermann • Tillie Liebermann • Adele Lievendag • Peter Lievendag • Siegbert Lievendag •

Ursula Lievendag • Hans Liffmann • Hans Karl Liffmann • Ronald Liffmann • Erna Lilienstern • Gerhard Lilienstern • Hermann Lilienstern • Adolfine Lilienthal • Abraham Liebermann • Alfred Lilienthal • Alois Lilienthal • Arthur Lilienthal • Johanna Lilienthal • Mary Mercedes Limbach • Wilhelm Peter Limbach • Bernhard Lindemann • Erwin Lindemann • Gunter Lindemann • Hanna Lindemann • Herta Lindemann • Inge Lindemann • Listech Lindemann • Louis Lindemann • Manfred Lindemann • Rita Lindemann • Rosa Lindemann • Samuel Lindemann • Alfred Lindenbaum • Edith Lindenbaum • Feige Lindenberg • Ilse Lindenberg • Isidor Lindenberg • Siegfrid Lindenberg • Anna Lindenstraus • Fritz Lindenstraus • Gerd Lindenstraus • Heinz Lindenstraus • Joahim Lindenstraus • Kurt Lindenstraus • Ruth Lindenstraus • Max Lindenstrauss • Ruth Lindenstrauss • Lotte Lindequist • Josef Lindner • Paula Lindner • Ursel Lindner • Dwojra Lindwasser • Jehuda Lindwasser • Leiser Link • Philipp Linker • Edith Linneberg • Elisabeth Linneberg • Louis Linneberg • Jakob Linsker • Else Lion • Gisela Lipiner • Siegfried Lipiner • Dydje Lipmanowicz • E.G. Lippa • Ernst Lippa • Melanie Lippa • Adolf Lippert • Casar Lippmann • Gerhard Lippmann • Ingrid Lippmann • Rosa Lippmann • Willy Lippmann • Nuta Lipsbitz • Harry Lipstadt • Ela Majsze Lis • Josef Lis Vel Lisek • Charlotte Lisband • Fabian Lisband • Ruth Lisband • Erwin Lissberger • Ida Lissberger • Paul Lissenheim • Arno Lissner • Edgar Lissner • Georg Lissner • Kaetel Lissner • Klaus Lissner • Margarete Lissner • Marion Lissner • Pinchos Litmanowicz • Alex Litmanowitz • Charlotte Litmanowitz • Gertruda Litmanowitz • Henry Litmanowitz • Moritz Litmanowitz • Wolf Litmanowitz • Helen Litten • Ludwig Litten • Melanie Litten • Moritz Littmann • Cezilie Littwitz • Josef Littwitz • Paula Littwitz • Albert Lob • Friedrich Lob • Moritz Lobatz • Leo Loeb • Leopold Loebel • Paula Loebel • Adolf Loebenstein • Bertel Loebenstein • Fanny Loebenstein • Frances Loebenstein • Fred Loebenstein • Gustav Loebenstein • Inge Bertha Loebenstein • LeopLold Loebenstein • Leopold Loebenstein • Alexander Loebl • Dona Loebl •Ella Loebl • Ellen Loebl • Friedrich Loebl • Gustav Loebl • Karl Loebl • Leopoldine Loebl • Manfred Loebl • Richard Loebl • Siegried Loebl • VeRa Loebl • Walter Loebl • Alice Loebleltler • Siegmund Loebmann • Walter Loebruger • Hans Loedecke • Hedwig Loeff • Tobias Loeff • Walter Loeff • Markus Loeffel • Anna Loehnberg • Erna Loehnberg • Erna Klein Loehnberg • Paul Loehnberg • Herbert Loen • Irmgard Loen • Heinz Loew • Hugo Loew • Isaac Loew • Jakob Loew • Jenny Loew • Risa Loew • Simson Loew • Erna Loewe • Georg Loewe • Hildegard Loewe • Max Loewe • Hans Loewenbach • Luis Loewenbach • Meta Loewenbach • Abraham Loewenberg • Adolf Loewenberg • Ange Loewenberg • Bruno Loewenberg • Charlot Loewenberg • Ellinor Loewenberg • Erich Loewenberg • Gert Loewenberg • Gertrud Loewenberg • Heinz Loewenberg • Hulda Loewenberg • Joyce Loewenberg • Kurt Loewenberg • Lisbeth Loewenberg • Paul Loewenberg • Peter Loewenberg • Richard Detlev Loewenberg • Reinhard Loewenberg • Siegfried Loewenberg • Sophie F. Loewenberg • Trude Loewenberg • Grete Loewenberger • Maria Loewenberger • Betti Loewenheim • Mina Margot Loewenheim • Paul Loewenheim • Peter J. Loewenberg • Martha Loewenhek • Gertrud Loewenrosen • Simon Loewenrosen • Arthur Loewenstamm • Alfred Loewenstein • Berta Loewenstein • Dorothe Loewenstein • Else Loewenstein • Feliz Loewenstein • Georg Loewenstein • Hans Loewenstein • Hens Loewenstein • Herta Loewenstein • Johan Loewenstein • Kurt Loewenstein • Levy Loewenstein • Lilly Loewenstein • Lisa Loewenstein • Max Loewenstein • Rosa Loewenstein • Werner Loewenstein • Alfred Loewenthal • Arthur Loewenthal • Bernhard Loewenthal • Betty Loewenthal • Else Loewenthal • Ernst Loewenthal • Eugen Loewenthal • Gertrud Loewenthal • Gertrude Loewenthal • Hans Loewenthal • Hilde Loewenthal • Ibolyka Loewenthal • Irma Loewenthal • Justin Loewenthal • Kurt Loewenthal • Max Loewenthal •

Ursula Loewenthal • Siegfrid Loewenthal • Franziska Loewi • Esther Loewin • Herse Loewin • Theodor Loewinger • Arthur Loewinski • Ella Loewy • Axel Loewinsohn • Sidonie Loewinsohn • Adolf Loewy • Alfred Loewy • Artur Loewy • Charles Loewy • Curt Loewy • Edile Loewy • Edward Loewy • Egon Loewy • Ernst Loewy • Franz Loewy • Georg Loewy • Hans Loewy • Heinrich Loewy • Heinz Loewy • Herbert Loewy • Irmgard Loewy • Josefine Loewy • Klara Loewy • Kurt Loewy • Leo Loewy • Lily Loewy • Lotte Loewy • Margarete Loewy • Margot Loewy • Martin Loewy • Miloslav Loewy • Regina Loewy • Rosa Loewy • Rosalie Loewy • Rosi Loewy • Rudolf Loewy • Salomon Loewy • Sigmund Loewy • Steven Loewy • Therese Loewy • Thomas Loewy • Walter Loewy • Werner Loewy • Richard Loewyn • Fritz Loff • U.J. Loginoff • U.V. Loginoff • V.F. Loginoff • Anna Lohenberg • Dagobert Lohnberg • Erna Lohnberg • Erna Klein Lohnberg • Paul Lohnberg • Camilla Löhnert • Elsa Lomnitz • Herbert Lomnitz • Lotte Lomnitz • Moritz Lomnitz • Werner Lomnitz • Ernst Lomnitzer • Hans Lomnitzer • Laura Lomnitzer • Margarete Lomnitzer • Max Lomnitzer • Abraham Lomrang • Estera Lomrang • Jakob Lomrang • Charlotte London • Nachman Lonenfeld • Salomon Lonenfeld • Guenther Looser • F.G. Lopatin • M.S. Lopatin • Margarete Lorant • Walter Lorant • Barud Lorch • Egon Lorch • Helmut Lorch • Irene Lorch • Kaethe Lorch • Werner Lorch • Adolf Lorcy • Hilde Lorcy • Johanna Lorcy • Felix Loschitz • Steffi Loschitz • Edith Loszynski • Ingridt Loszynski • Martin Loszynski • Leon Lothammer • Leopert Lothan • Ernst Lother • Melitta Lottner • Herbert Louis • Semen Loukianoff • Sofia Loukianoff • Tamara Loukianoff • Valery Loukianoff • Victor Loukianoff • Paula Löwenthal • Rudolf Löwenthal • Hilda Lowy • Zoia Loukianoff • Waldemar Louneff • Lubov Lounewa • Chaje Lowenfeld • Rudy Lowy • Emil Luberk • Rahel Luberk • Sally Luberk • Frieda Lubianitzky • Gerda Lubianitzky • Horst Lubianitzky • Werner Lubianitzky • Arthur Lubinski • Lucien Lubinski • Marga Lubinski • Margarethe Lubinski • Steffi Lubinski • Susanne Lubinski • Bertha Lublinski • Betty Lublinski • Else Lublinski • M. Lublinski • Max Lublinski • Maria Lubsan • Julius Lübschütz • Else Lubshutz • Julius Lubshutz • Jutto Lubshutz • Georg Ludomer • Helene Ludomer • Ilse Ludomer • Margarete Ludomer • Dieter Ludwig • Ella Ludwig • Richard Ludwig • Wilhelm Ludwig • Leopold Ludwig Eisfelder • Else Luebschuetz • Julius Luebschuetz • Jutta Luebschuetz • Eva Luedecke • H.A. Luedecke • Jeanette Luedecke • Hela Luft • Hertha Luft • Jacob Luft • Lothar Luft • Willi Luft • Ernst Luftig • Otto Luftig • Hirsch Hermann Luftmann • Margot Sara Luftmann • Mordka Lugart • Hans Lukacs • Heinrich Lukacs • Nelly Lukacs • Renee Lukacs • Joseph Lukashevsky • Lubov Lukashevsky • Valentina Lukesh • Milada Luklova • Victor Sanda-Luksan • Else Lump • Max Lump • Clenyina V. Lunina • Walter Lunzer • Anna Lurian • Elfi Lurian • Otto Lurian • Morduch Lurje • Inge Lustgarten • Josef Lustgarten • Friedrich Lustig • Grete Lustig • Heinz Lustig • Juliane Lustig • Lotte Lustig • Mahla Lustig • Margarette Lustig • Max Lustig • Oshal Lustig • Otto Lustig • Rebeka Lustig • Rosa Lustig • Charlote Lutterorf • Max Lutterorf • Dagobert Lweithan • Anna Lwin • Szmul Lwin • Martha Lychenheim • Max Lychenheim • Alexandra Lykoff • Ivan Lykoff

Fritz Maas • Leopold Maas • Jankiel Machlis • Leon Machlis • Erna macmacher • Froim Macmacher • Rywka Macmacher • Salli macmacher • Alfred Maehrischel • Helene Maehrischel • Karl Maehrischel • Leopold Maehrischel • Georg Maerz • Regine Maehrischel • Ernst Maehrischl • Erwin Maehrischl • Gerhard Maehrischl • Kamilla Maehrischl • Regina Maehrischl • Wilhelm Maehrischl • Bencjon Magazanik • Etie Mahl • Amalie Magnus • Gertrud Magnus • Hugo Magnus • Robert Magnus • Max Mahl • Emil Maier • Julius Maier • Leop.Josef Mahrer • Max Maier • Salomon Maier • Samuel Maier • Anna Maimann • Arthur Maimann • Baruch Maimann • Grete Maimann • Kurt Maimann • Manfred Maimann

• Renee Maimann • Edith Mainzer • Erwin Mainzer • Margarete Mainzer • Paul Mainzer • Lejb Malin • Ruth Mainzer • Wilhelm Mainzer • Szlama Majzlic • Boris Makaroff • Maria Makaroff • Zinaida Makaroff • Fairahman Maksutoff • Hirsz Malachowski • Antonina Malahova • Julius Maler • Nadejda Malieff • Abram Malinowicz • Ernestine Malinowitzer • Vera Malinsky • Jacob Malinowitzer • Alice Malkischer • Arthur Malkischer • Cirla Malkischer • Elsa Malkischer • Elli Mamlok • Helene Malkischer • Ignaz Malkischer • Jakob Malkischer • Kurt Malkischer • Schulim Malkischer • Vera Malkischer • Alexander Maltseff • Alexay Maltseff • Elena Maltseff • Evgeny Maltseff • Larissa Malysheff • Charlotte Malz • Samuel Malz • Hans Mamelok • Erwin Mamlok • Marion Mamlok • Albert Manasse • Berthold Manasse • Frieda Manasse • Gustav Manasse • Alice Mand • Eduard Mand • Elsa Mand • Gertrud Mand • Arthur Mandel • Gertrud Mandel • Gisela Mandel • Leibusch Mandel • Nuchim Mandel • Jakob Mandelbaum • Moszek Mandelbaum • Jakob Mandelker • Else Mandelstamm • Emma Mandelstamm • Hans Mandelstamm • Paul Mandelstamm • Alfred Mandl • Anna Mandl • Desider Mandl • Ernst Mandl • Heinrich Mandl • Hermann Mandl • Jenny Mandl • Ludwig Mandl • Margarete Mandl • Nuchim Mandl • Rosa Mandl • Rosalia Mandl • Hildegard Mandowsky • Ilse Manes • Richard Manes • Edy Manhim • Fritzi Manhim • Arnold Mann • Bernhard Mann • Edward Mann • Erna Mann • Julius Mann • Ruth Mann • Wilhelm Mann • Willy Mann • Heinrich Mannes • Hillel Mannes • Jenta Mannes • Bluma Mannhalt • Guenter Mannhalt • Herbert Mannhalt • Siegbert Mannhalt • Edgar Mannheim • Erich Mannheim • Guenther Mannheim • Hilde Mannheim • Julius Mannheim • Martin Mannheim • Mathilde Mannheim • Max Mannheim • Reha Mannheim • Rosa Mannheim • Rose Mannheim • Rose Mannheim, nee Raubvogel • Salo Mannheim • Ursula Mannheim • Werner Mannheim • Emanuel Mannheimer • Joseph Mannheimer • Paula Mannheimer • Rudolf Mannheimer • Hannelore Mansbacher • Julius Mansbacher • Kaethe Mansbacher • Artur Manuel • Olga Manuel • Walter Manuel • Joan Mapourashvilly • Rose Maqnnheim • Erich Maran • Frieda Maran • Josef Marbach • Lise Marbach • Paula Marbach • Abram Marber • George Marchbanks • H. Marchbanks • Olga Marchbanks • Rosa Marchfeld • Anfisa Marchinina • Heinz Marcks • Charlotte Marcos • Werner Marcos • Clara Marcus • Else Marcus • Ernst Marcus • Erwin Marcus • Fred Marcus • Fritz Marcus • Gert Marcus • Hannah Marcus • Hans Marcus • Heinz Marcus • Irma Marcus • Klaus Marcus • Liselotte Marcus • Ludwig Marcus • Max Marcus • Otto Marcus • Fred Marcus • Kaete Marcuse • Lily Marcuse • Max Marcuse • Abraham Marder • Izabella Marella • Gertrud Maretzki • Heinrich Maretzki • Dora Margoliner • Else Margoliner • Ismar Margoliner • Jakob Margoliner • Johanna Margoliner • Judith Margoliner • Leo Margoliner • Max Margoliner • Rosl Margoliner • Simon Margoliner • Wolfgang Margoliner • Henry Margolinsky • Irene Margolinsky • Izrael Margolis • Alice Margoninsky • Armgard Margoninsky • Ernst Margoninsky • Friedrich Margoninsky • Martha Armgard Margoninsky • Meta Margoninsky • Miukane Marguleff • Egmont Margulies • Fredi Margulies • Izak Margulies • Jadwiga Margulies • Josef Margulies • Margit Margulies • Saul Margulies • Severin Margulies • Siegbert Margulies • Aron Markaurt • Alfred Mark • Beatrice Mark • Hildegard Markaurt • Lila Markaurt • Erika Markaurtz • Martin Markaurtz • Dewora Markbreiter • Erwin Markbreiter • Edith Markiewicz • Martin Markiewicz • Yvonne Markiewicz • Genya Markman • Jony Markman • Lola Markman • Natalia Markotte • Hugo Markovits • Kalman Markowitz • Artur Markowski • Grete Markowski • Isidor Markowski • Bertha Markstein • Erna Markstein • Herbert Markstein • Pauline Markstein • Heinrich Marktz • Alfred Markus • Arthur Markus • Charlotte Markus • Dawid Markus • Ella Markus • Erich Markus • Eva Markus • Felix Markus • Gerhard Markus • Hans Markus • Heinrich Markus • Heinz Markus • Herbert Markus • Hugo Markus • Irma Markus • Isidor

Markus • Jette Markus • Karl Markus • Leib Markus • Liselotte Markus • Manfred Markus • Martha Markus • Meta Markus • Ruth Markus • Siegfried Markus • Sophie Markus • Ursula Markus • Walter Markus • Wolly Markus • Frieda Markwitz • Manfred Markwitz • Eva Marmorusch • Feibisch Marmorusch • Helene Marmorusch • Josef Marton • Mowsza Maruch • Erich Marum • Hans Marum • Samuel Marwilski • Erwin Marx • Eugen Marx • Felicita Marx • Friedrich Marx • Leo Marx • Lina Marx • Walter Marx • Guste Maschke • Leo Maschke • Moses Maschke • Ursula Maschke • Ella Maschkowski • Guenter Maschkowski • Willy Maschkowski • Grigory Mashinsky • Ivan Mashinsky • Ernst Mass • Ernst Mastbaum • Lucie Mastbaum • Elexay Matamin • Antoni Matczak • Fabel Mateiasu • Idel Mateiasu • Ashhen Matevosiants • Arthur Matheus • Heinz Matheus • Max Matheus • Paula Matheus • Rosa Matheus • Georg Mathias • Alma Mathiason • Ernst Mathiason • Henry Matlin • Arutiun Matonts • Gustav Matthias • Leo Matthias • Margarete Matthias • Ivan Matvienko • Ellen Matzdorff • Guenther Matzdorff • Paul Matzdorff • Ralph Matzdorff • Rolf Matzdorff • Julie Maunes • Peter Max • N. Maximenko • Nadejda Maximenko • U.N. Maximenko • Uriy Maximenko • V.P. Maximova • Alfred May • Edith May • Erich May • Ida May • Jeanette May • Margarethe May • Alfred Mayer • Alice Mayer • Babette Mayer • Berthold Mayer • Edith Mayer • Elfriede Mayer • Elsa Mayer • Eric Mayer • Erika Mayer • Ernestine Mayer • Fanny Mayer • Friedrich Mayer • Fritz Mayer • Hans Mayer • Heinrich Mayer • Ilse Mayer • Irma Mayer • Jetty Mayer • Johanna Mayer • Josef Mayer • Jugalore Mayer • Julius Mayer • Karl Mayer • Leo Mayer • Lieselotte Mayer • Ludwig Mayer • Mariane Mayer • Paula Mayer • Ruchel Mayer • Siegfried Mayer • Theodor Mayer • Wilhelm Mayer • Friedrich Mayerfeld • Betty Maylich • Gustav Maylich • Polieut Mazoonin • Viktor Mazur • Ilse Mechlowicz • Jetti Mechlowicz • Egon Mechner • Elise Mecklenburg • Moritz Mecklenburg • Jonny Medalion • Malcza Medalion • Srul Medalion • Mike Medavoy • Constantin Medvedeff • Alexandra Medvedeva • Paul Medvedkoff • Lew Meer • Nathan Meer • Regine Meer • Marie Meerhole • Leopold Mehler • Tinka Mehler • Edith Mehrmann • Alfons Meierstein • Alfred Meinzer • Alexander Meirangulieff • George Meirangulieff • Charlotte Meisel • Else Meisel • Sergino Meisel • Viktor Meisel • Chasa Meiseles • Heinrich Meiseles • Jontel Meiseles • Laye Meiseles • Moses Meiseles • Jakob Meisner • Charlotte Mejerowitsch • Ruwin Melamed • Brenia Melchert • Ursula Melchior • Felix Meldner • M.O. Meleshko • Bruno Melitz • Flora Memisohn • Max Memisohn • Heinrich Menasche • Maria Josefa Menasche • Dorothea Menchau • Horst Menchau • Rosa Menchau • Chaje Sara Menczel • Herbert Menczel • Karl Menczel • Martin Menczel • Rechel Menczel • Sylvia Menczel • Usner Menczel • Alexander Menczer • Alice Menczer • Arthur Mendel • Berta Mendel • Bertha Mendel • Emil Mendel • Ernst Mendel • Eugen Mendel • Hans Mendel • Helene Mendel • Isca Mendel • Margarete Mendel • Alfred Mendelsohn • Erich Mendelsohn • Erna Mendelsohn • Esther Mendelsohn • Eugen Mendelsohn • Harry Mendelsohn • Hedwig Mendelsohn • Jilly Mendelsohn • Lore-Beate Mendelsohn • Marta Mendelsohn • Martha Mendelsohn • Max Mendelsohn • Gerda Mendelson • Werner Mendelson • Marceli Mendrochowicz • Johanna Merde • Sigmund Merde • Harry Mergler • Liselotte Mergler • Igor Mescheriakoff • David Meschulam • Irena Messer • Julius Messer • Oskar Messner • Vera Messner • Arthur Messow • Erna Messow • Martin Messow • Willy Messow • Harry Methner • Jean Methner • Lothar Methner • Martha Methner • Martin Methner • Berthold Metis • Hertha Metis • Rita Metis • Irina Metlikina • Anna Metz • Bertha Metz • Joseph Metz • Martha Metz • Paul Metz • Salo Metz • Ernst Metzl • Heny Meuzer • Leib Meuzer • Maximilian Meworach • Lotte Meyenburg • Abraham Meyer • Adolf Meyer • Alice Meyer • Arno Meyer • Arry Meyer • Caecilie Meyer • Cilly Meyer • Clara Meyer • Claus Meyer • Edith Meyer • Eduard Meyer • Egon Meyer • Elisabeth Meyer • Elsa Meyer •

Erich Meyer • Ernst Meyer • Erwin Meyer • Fanny Meyer • Friedrich Meyer • Georg Meyer • Gertrud Meyer • Hans Meyer • Hedwig Meyer • Heinz Meyer • Helene Meyer • Helga Meyer • Hellmut Meyer • Hellmuth Meyer • Herbert Meyer • Hermann Meyer • Herta Meyer • Hilda Meyer • Ilse Meyer • Inge Meyer • Irma Meyer • Johanna Meyer • Josef Meyer • Julian Meyer • Julius Meyer • Kaethe Meyer • Konrad Meyer • Kurt Meyer • Leni Meyer • Leo Meyer • Leopoldine Meyer • Liselotte Meyer • Lothar Meyer • Margarete Meyer • Maria Meyer • Markus Meyer • Max Meyer • Miryan Meyer • Otto Meyer • Paul Meyer • Rachel Meyer • Rita Meyer • Rosa Meyer • Rudolf Meyer • Ruth Meyer • Sally Meyer • Smuel Meyer • Victor Meyer • Walter Meyer • Wolf Meyer • Leo Meyerheim • Lucie Meyerheim • Ruth Meyerheim • Kaete Meyering • Arthur Meyersohn • Agnes Meyerson • Charlotte Meyerson • Selig Siegbert Meyerson • Martin Meyerstein • Karl Meysel • Elisabeth Mezentseff • Ivan Mezentseff • Nicolas Mezentseff • Peter Mezentseff • Vladimir Mezentseff • Agafia Mezentseva • Eugenia Mezentseva • Valentina Miaxiskoff • Arthur Michaelis • Elisabeth Michaelis • Elly Michaelis • Erich Michaelis • Erna Michaelis • Fanny Michaelis • Gerda Michaelis • Harald Michaelis • Heinz Michaelis • Helga Michaelis • Kurt Michaelis • Max Michaelis • Peter Michaelis • Robert Michaelis • Walter Michaelis • Mihail Michailoff • Petro Michailoff • Wladimir Michailoff • Georg Michel • Herta Michel • Hertha Michel • Leopold Michel • Manfred Michel • Margarete Michel • Margot Michel • Martin Michel • Arthur Michelsohn • Bernhard Michelsohn • Paul Michelsohn • Regina Michelsohn • Jausz Michrowski • Zofja Michrowski • Netty Mick • Seinwel Mick • Georg Miedzwinski • Gerd Miedzwinski • Luise Miedzwinski • Cacilie Miedzwinsky • Edith Miedzwinsky • Moritz Miedzwinsky • Ruth Miedzwinsky • Siegfried Mielzynski • Luise Mielzynsky • E. Mihai • G. Mihai • P. Mihai • S. Mihai • T. Mihai • Z. Mihai • Boris Mihailoff • A.N. Mihailova • Vladimir Mihaleff • Elias Mik • Alexander Mikeladze • Dawid Mikulicki • Albert Mildenberg • Karl Guenter Mildenberg • Max Mildenberg • Henriette Mildwurm • Julius Mildwurm • Bruno Miles • Hinda Milgron • Abraham Milich • Boruch Milikowski • Chaim Milikowski • Hermann Militscher • Boris Miller • Rudolfine Milman • Mejer Minc • Olga Mindel • Pinkus Mindel • Taff Mindel • Bratian Minesko • Grusha Minesko • Konstantin Minesko • Nicolay Minesko • Tamaya Minesko • Michael Minsky • Cacilie Minz • Asnin Mira • Ernst Mirabeau • Filip Mirabo • Izrael Mirod • Symcha Mirod • Abraham Mirsky • Lucie Misch • Alfred Mittler • Egon Mittler • Eva Mittler • Moszek Mkubowicz • Frieda Mlodzik • Gerda Mlodzik • Uri Mlodzik • Abram Mlotek • Constantin Mochaloff • Natalia Mochaloff • Ethel Mochan • Gridaly Mochan • Josef Moddel • Franz Modem • Leo Modz • Ursula Moelhusen • Margarethe Mohoff • Maria Mohoff • Olga Mohoff • Stepan Mohoff • Vera Mohoff • Georg Mohrenwitz • Ida Mohrenwitz • Stefan Mohrenwitz • Benno Mohsler • Pavel Moiseeff • Antonina Moiseeva • Eudokia Moiseeva • Hans Mokil • Mihail Mokin • Anna Mokina • Bertha Moldauer • Desider Molnar • Eva-Marietta Molnar • Maria Molnar • Martha Molnar • Ernste Monaschen • Wilhelm Monaschen • Hans Monaster • Moses Monaster • Olga Monaster • Samuel Monderer • Ernst Mondschein • Ferdinand Mondschein • Heinz Mondschein • Martha Mondschein • Stefanie Mondschein • Reizla Monkarewitz • Ruwen Monkarewitz • Andrey Moorasheff • Charlotte Moral • Frieda Moral • Helmuth Moral • Horst Moral • Max Moral • Siegbert Moral • Jankiel Morduchowicz • Adolf Morgenstern • Anna Morgenstern • Fanny Morgenstern • Hans Morgenstern • Hedwig Morgenstern • Heinrich Morgenstern • Jeanette Morgenstern • Josef Morgenstern • Joseph Morgenstern • Karl Morgenstern • Otto Morgenstern • Regine Morgenstern • Georg Moritz • Heinz Moritz • Hinda Morley • Oscar Morsten • Witel Morsten • Alfred Moser • Heinz Moser • Henry Moser • Lilly Moser • Adolf Moses • Albert Moses • Arthur Moses • Bruno Moses • David Moses • Dina Moses • Dora Moses • Dorothea Moses

• Edmund Moses • Erna Moses • Ernst Moses • Felix Moses • Frida Korytowski Moses • Gerhard L. moses • Gertrud Moses • Herbert Moses • Hertha Moses • Hugo Moses • Jakob Moses • Jella Moses • Johanna Moses • Julius Moses • Karl Moses • Martin Moses • Max Moses • Natalie Moses • Paula Moses • Samuel Moses • Henrietta Moseska • Dora Moskaleva • Daniel Moskiewicz • Herta Moskiewicz • Tatiana Moskina • Herbert Moss • Jerzy Moszowicz • Edith Motirz • Erich Mottek • Margarete Mottek • Alfred Motyches • Sigmund Mowllerich • David Mowshowitz • Georg Mttzl • Benno Mueckenbrunn • Gertrud Muehlenthal • Hans Muehlenthal • Adolf Mueller • Albert Mueller • Aron Mueller • Clara Mueller • Edith Mueller • Ernst Mueller • Fanny Mueller • Ferdinand Mueller • Franz Mueller • Frederick Mueller • Friderike Mueller • Georg Mueller • Gerhard Mueller • Hans Mueller • Heinrich Mueller • Hermann Mueller • Herta Mueller • Hilda Mueller • Hulda Mueller • Irma Mueller • Isac Mueller • Karl Mueller • Maximilian Mueller • Minna Mueller • Oskar Mueller • Recha Mueller • Rosa Mueller • Stella Mueller • Victor Mueller • Wilhelm Mueller • Willi Mueller • Annemarie Muenzer • Hersch Leib Muenzer • Ekaterina Mugantseva • Ariff Muhamedisheff • Sonja Mühlberger • Rahmatulla Mukhametzianoff • Hersz Mul • Alice Muller • Deborah Muller • Erich Muller • Isak Muller • Mojzesz Muller • Ilane Mund • Jerl Mund • Paul Mund • Emma Munderstein • Jakob Munderstein • Luci Munderstein • Else Munk • Josef Munk • Alfons Munter • Anna Munter • Emma Munter • Ernst Munter • Hanne Munter • Leo Munter • Ebrahim Muratoff • Ashapyamal Muratova • Leonid Musin • Alfred Muskat • Elsa Muskat • Kurt Muskat • Otto Muszkat

Nachman Nachamczyk • Herbert Nachemstein • Inge Nachemstein • Ingeborg Nachemstein • Peter Nachemstein • Sosia Nachman • Sznajder Nachman • Elfriede Nachmann • Gerszon Nachmann • Guenter Nachmann • Jentla Nachmann • Robert Nachmann • Rolf Nachmann • Elfriede Nacht • Felix Nacht • Max Nacht • Rosa Nachum • Siegfried Nachum • Symcha Nadberny • Sterejenke Nadejda • Eveline Nadersohn • Helene Nadersohn • Herrmann Nadersohn • Max Nadersohn • Ruth Nadersohn • Elisabeth Naftaniel • Gert Naftaniel • Isidor Naftaniel • George Nagornov • Alexandra Nagornova • Moneli Najman • Moser Najman • Moses Najman • Constantin Nakariakoff • Dagobert Namm • Hertha Namm • Manfred Namm • Melanie Nanseck • Alexander Napadkoff • Anna Naselilos • Valeria Naselilos • Regina Nass • Richard Nassau • Haris Nassifulin • Nuria Nassifulin • Shamsikamiar Nassifulin • Alice Nathan • Anita Nathan • Arthur Nathan • Bernhard Nathan • Berta Nathan • Edith Nathan • Felix Nathan • Frida Nathan • Fritz Nathan • Gertrud Nathan • Herbert Nathan • Hertha Nathan • Ilse Nathan • Johanna Nathan • Julius Nathan • Manfred Nathan • Martin Nathan • Melitta Nathan • Norbert Nathan • Thea Nathan • Ernst Nathanson • Georg Nathansohn •Michael Nathanson • Peter Nathanson • Ruth Nathanson • Klavdia Natochi • Helene Natowic • Hermann Natowic • Salo Natowic • Lea Baroukh Navon • Caecilie Nawiasky • Harry Nawiasky • Julius Nawrath • Anna Naymann • Benjamin Naymann • V. Arthur Nebel • Georg Nebel • Gerhard Nebel • Herta Nebel • Hugo Nebel • Isidor Nebel • Jacob Nebel • Julius Nebel • Margot Nebel • Martha Nebel • Nathan Nebel • Paula Nebel • Franciszka Nebenzahl • Ludwig Nebenzahl • Samuel Nebenzahl • Sophia Nedzveskaya • Ivan Nedzvesky • Boris Nedzvsky • Inokenty Nefessoff • Tamara Nefessoff • Adolf Neger • Herbert Neger • Margarethe Neger • Margit Nelki • Max Nelki • Arnold Nellhaus • Eva Nellhaus • Meta Nellhaus • Erna Nelson • Ludwig Nelson • Ruth Nelson • Samuel Nemtschenko • Vsevolod Neoupokoeff • Natalia Neoupokoeva • Maria Neprentzeff • T.P. Neprentzeff • Jiri Hanus Neubauer • Heinz Neubeck • Jetty Neubeck • Gertrud Neuburger • Hugo Neuburger • Franziska Neufeld • Grete Neufeld • Isaak Neufeld • Karl Neufeld • Margarete Neufeld • Margot Neufeld • Max Neufeld • Otto Neufeld • Robert Neufeld • Rosa Neufeld • Johanna Neugasser • Paul Neugasser • Friedrich

Neuhaus • Gretchen Neuhaus • Hugo Neuhauser • Kurt Neuhoefer • Erwin Neumaier • Alfred Neumann • Anna Neumann • Arthur Neumann • Bela Neumann • Caroline Neumann • Catherine Neumann • David Neumann • Dorothea Neumann • Edith Neumann • Else Neumann • Erich Neumann • Ernst Neumann • Erwin Neumann • Feibisch Neumann • Felix Neumann • Franz Neumann • Fred Neumann • Gerda Neumann • Gertrude Neumann • Hannelore Neumann • Hans Neumann • Hedi Neumann • Hilda Neumann • Horst Neumann • Irmgard Louise Neumann • Jeanette Neumann • Josef Neumann • Juge Neumann • Karl Neumann • Kurt Neumann • Liane Neumann • Lili Neumann • Lisbeth Neumann • Margarete Neumann • Margarethe Neumann • Maria Neumann • Max Neumann • Peter Neumann • Rita Neumann • Rosa Neumann • Siegfried Neumann • Ursel Neumann • Walter Neumann • Eva Neumark • Jakob Neumark • Werner Neumark • Gustav Neurath • Irma Neurath • Karl Neurath • Arthur Neustadt • Emma Neustadt • Ernst Neustadt • Moritz Neustadt • Martin Neuweck • Sonja Neuweck • Bernhard Neuwirth • Vasily Neveroff • Erna Newbieser • Horst Newbieser • Ludwig Newbieser • M. Nezuetaeva • Elsa Nicklas • Herbert Nicklas • Maria Nicolaeva • Hieranim Niemira • Siegfried Nieswitzki • Stepan Nikitin • Michel Nikolaeff • Olga Nikolaeff • Natalie Nikolaeva • Alexis Nikoolenkoff • Elisaveta Nikoolenkoff • Sara Nissenbaumz • Elvira Nissenbaum • Kalman Nissenbaum • Netta Nissenbaum • Abram-Dawid Niznik • Genia Nobel • Günter Nobel • Ernst Noher • Lea Noher • Rudolf Nonseck • Else Nordschild • Hugo Nordschild • Lotte Nordschild • Ludwig Nordschild • Rosa Nordschild • Hilda Norwat • Peppi Norwat • Heinz Nossen • Martin Nossen • Paul Nossoff • Dina Noth • Hirsch Noth • Jeanette Nothenberg • Kurt Nothenberg • Max Nothenberg • Rudolf Nothenberg • Alfred Nothmann • Frieda Nothmann • Georg Nothmann • Kirill Novak • Marina Novak • Anastasia Novikoff • Victor Novikoff • Else Nowak • Willi Nowak • Alexander Nowogrudsky • Sonja Nowogrudsky • Mina Nowomiast • Mojzesz Nowomiast • Stanislaw Nowomiast • Chaskel Nowomzejski • Elly Nudelmann • Hersch Nudelmann • Izek Nudelmann • Lea Nudelmann • Wolfgang Nudelmann • Louis Nuernberg • Steffi Nuhsbaum • Boruch Nusbaum • Albert Nussbaum • Alfred Nussbaum • Bettina Nussbaum • Erich Nussbaum • G. Nussbaum • Herta Nussbaum • Irene Nussbaum • Kurt Nussbaum • L. Nussbaum • Ludwig Nussbaum • Manfred Nussbaum • Oscar Nussbaum • Risa Nussbaum • Rose-Valerie Nussbaum • Sally Nussbaum • Seelig Nussbaum

Moses Oberweger • Hans Obrenz • Moritz Obrycki • Heinrich Obstgarten • Nicolai Obuhoff • A. Obuhova • N.E. Obyskoloff • Z.M. Obyskoloff • Helene Ochs • Kurt Ochs • Max Ochshorn • Tatiana Odenzoff • Gerda Oelsner • Manfred Oelsner • Thea Oelsner • Emil Oesterreicher • Otto Oesterreicher • Berta Oestreicher • Hugo Oestreicher • Franz Oettinger • Mojzesz Offner • Wera Oglobin • Laze Ogly • Maria Ogly • Mary Ogly • Hilda Ohnstein • Irma Ohnstein • Martin Ohnstein • Jakob Ohringer • Max Ohringer • Menachim Oklinski • Chaim Okragly • Pavel Okrujnoff • Vladimir Okuloff • Fekla Okulova • Mojzesz Oldek • Kaete Olivenbaum • Philipp Olivenbaum • Friedrich Ollendorff • Maria Onuchina • Hugo Oplatek • Alfred Oppenheim • Betty Oppenheim • Irma Oppenheim • Klaus Oppenheim • Monica Oppenheim • Salomon Oppenheim • Walther Oppenheim • Bernhard Oppenheimer • Brigitte Oppenheimer • Erich Oppenheimer • Gertrud Oppenheimer • Liesbeth Oppenheimer • Victoria Oppenheimer • Werner Oppenheimer • Irina Oprenchuk • Adele Ordner • Hirsch Ordoner • Nadejda Orehova • Mojzek Orensztejn • Naftula Orensztejn • Natan Orensztejn • Szyfra Orensztejn • Erwin Orgler • Alexis Orinko • Szmul Orlanski • Nicolas Orloff • Vasily Orloff • Marie Orlova • Ivan Orlovich • Wilhelm Ornstein • Edita Orustein • Ernst Orustein • Liouse Orustein • Peter Orustein • Eva Oschinski • Erna Oschinsky • Walter Oschinsky • Alice Oschitzki • Max Oschitzki • Alexander Oseledetz • Kathrina

Oseledetz • Marta Osipenko • Alexander Ossipoff • Irene Ostapovitch • Genady Ostasevich • Frieda Osterweil • James Osterweil • Klaus Osterweil • Alfred Ostreich • Hugo Ostreich • Fritz Ostrodzki • Beate Ostrower • Elli Ostrower • Ismar Ostrower • Stefan Ostrower • Heinrich Ostrowski • Kurt Ostrowski • Selma Ostrowski • Elsa Ostwald • Richard Ostwald • Sofia Oudovenko • Dimitry Ovchinnikoff • Feodor Ovchinnikoff • Vladimir Ovsanikoff • Ernest Owsiak • Martha Owsiak • Roman Ozol

P

Alla Paatashvily • Ilia Paatashvily • Alexandra Padshivaloff • Martin Pagelsohn • B.N. Pajevussky • Ivan Pakin • Maria Pakurarin • Benjamin Paler • Stepan Panassuk • Adolf Pander • Erna Pander • Fred Pander • Heinz Pander • Dmitri Pankoff • Anatoly Panoff • Tamara Panoff • E.N. Panormoff • M.F. Panormoff • N.E. Panormoff • Kurt Panthauer • Jejer Pantol • Evdokia Papanoff • Hans Pape • Sally Pape • Pinkus Papierczyk • Ivan Paramonoff • Heinrich Pardo • Emil Parenczewsky • Gertrud Parenczewsky • Hans Parenczewsky • Karin Zacharias Pardo • Paula Parks • Hemruh Parmatow • Amalia Parnes • Gerhard Parnes • Heinz Parnes • Paul Parnes • Nicolas Paronitsky • Serge Parsheloff • Calageia Paschenko • Constantin Paschenko • Tatiana Paschenko • Alice Paschkes • Ernst Paschkes • Otto Paschkes • Judkov Pasmantier • Boris Patkov • Eugenia Patkova • Evdokia Patlazoff • Jacob Patlazoff • Minna Paucker • Wilhelm Paucker • Heinz Paul • Jacob Pausoff • P.F.Ivanoff Pavel • Teafilia Pavlechuk • Boris Pavloff • Victor Pavlovitch • Helen Pavlovskaja • Antony Pavlovsky • Rachmul Pchahowsky • David Pechner • Herta Pechner • Irma Pechner • Juge Pechner • Julius Pechner • Alex Pecker • Motel Pecyna • Constantin Pedder • George Pedder • Maria Pedder • Leopold Peiser • Erika Pelichower • Karl Pelichower • Kurt Pelichower • Malvine Pelichower • Rudolf Pelichower • Estella Pels • Johanna Pels • Markus Pels • David Pelzer • Selma Pelzer • Hertha Pendzel • Jutta Pendzel • Salomon Pendzel • Werner Pendzel • Cyril Pepeliaeff • Ivan Pepeliaeff • Nochim Percowicz • Alexander Pereboeff • Hildegard Peretz • Leopold Peretz • Alexander Perieff • Boris Perieff • Anna Perieva • Ellen Peritz • Else Peritz • Rene Peritz • Robert Peritz • Esra Perkal • Eva Perkal • Hildegard Perkal • Noel Perkal • Szlama Perkal • Srul Perkowski • Wolf Perkowski • Ewald Perl • Max Perl • Sara Perl • Grete Perla • Oskar Perla • Peter Perla • Lucie Perle • Walter Perle • Bruno Perlmutter • Gabriele Perlmutter • Leoplold Perlmutter • Uscher Perlmutter • Lejzer Perlow • Max Perlstein • Nicolai Perminoff • Helen Urkevitch-Peroff • Gertrude Samuel Perplies • Adolf Perschak • A.R. Alexey Persiu • Mitrophan Pervey • Valentina Pesheva • Alexandra Peshkoff • Barnih Petranker • Ingeborg Petranker • Miriam Petranker • Psachje Petranker • Susanne Petranker • Alexander Petroff • Eugene Petroff • Lev Petroff • Ludmila Petroff • Michail Petroff • Natalia Petroff • Nikonor Petroff • Pavel Petroff • Pelagina Petroff • Peter Petroff • Vassa Petroff • Victor Petroff • Vladimir Petroff • Helen Petrova • Lidia Petrova • M. Petrovich • Pyjikh Petrovich • Else Petzall • Inge Pfeffer • Irma Pfeffer • Zadik Pfeffer • Curt Pfeiffer • Irma Pfeiffer • Margot Pfuetzner • Siegbert Pfuetzner • Dawid Phastag • Mojsz Phastag • Valentin Philipov • Valeria Philipova • Tatiana Philipova • Franziska Philipp • Kurt Philipp • Oskar Philipp • Rudolf Philipp • Alice Philippsborn • Georg Philippsborn • Werner Philippsborn • Alfred Philippsohn • Charlotte Philippsohn • Siegfried Philippson • Julius Pich • Martha Pich • Willy Pich • Alfred Pick • Arthur Pick • Artur Pick • Elfriede Pick • Fritz Pick • Heinz Pick • Josef Pick • Lotte Pick • Margarethe Pick • Robert Pick • Sigmund Pick • Victor Pick • Walter Pick • George Pickard • Gustav Pickhart • Marie Pickhart • Vasily Picvleff • Hanni Piczenik • Max Piczenik • Curt Pieck • Maria Pierce • Elfriede Pietsh • Erna Pikarski • Juge Pikarski • Kurt Pikarski • Maria Pikarski • Max Pikarski • Nathan Pikarski • Rudolf Pikarski • Evelyn Pike Rubin • Lidia Pinchuk • Peter Pinchuk • Vladimir Pinchuk • Berth. Pincus • Berthold Pincus • Edgar Pincus • Elea Pincus • Else Pincus • Gerard Pincus • Heimann Pincus • Herbert Pincus • Siegfried Pincus •

Erwin Pink • Kaethe Pink • Joseph Pinkas • Alicja Pinkiert • Noe Pinkiert • Alfred Pinkus • Anna Pinkus • Elfriede Pinkus • Elisabeth Pinkus • Erla Pinkus • Guenter Pinkus • Hanchen Pinkus • Hans Pinkus • Heinrich Pinkus • Henryk Pinkus • Hermann Pinkus • Isidor Pinkus • Martin Pinkus • Max Pinkus • Otto Pinkus • Siegfried Pinkus • Thekla Pinkus • Fritz Pinner • Paula Pinner • Bernhard Pinsky • Leonore Pinsly • Anna Pintscheffsky • Max Pintscheffsky • Vera Pintscheffsky • Manfred Pintus • Margarete Pintus • Paul Pintus • Max Pipel • Eugenie Piper • Theodora Pirojkoff • Vladimir Pirojkoff • Mowsza Pirutynski • Olga Pisarchuk • Ernst Pisk • George Pisk • Guenter Pisk • Irma Pisk • Leopold Pisk • Sali Pisk • Walter Pisk • Franz Pisker • Sofie Pisker • Leon Pistol • Theresia Pistol • Moszek Piterman • Eva Piwnik • Ignaz Piwnik • Emil Placek • Herbert Placzek • Jeanette Placzek • Otto Placzek • Fritz Plaschkes • Gisela Plaschkes • Hermann Plaschkes • Jankel Plaskowski • Hans Plathau • Hildegard Plathau • Peter Plathau • Fredi Platschek • Lydia Platschek • Maria Plattner • Charlotte Plaut • Frida Plaut • Gertrud Plaut • Moritz Plaut • Larisa Plavsky • Leonid Plavsky • Olog Plavsky • Vladimir Plavsky • A.A. Pleshakov • A.M. Pleshakov • K.A. Pleshakov • M.A. Pleshakova • Nathalla Pleshakova • Ismar Plessner • Helene Plohn • Leo Plohn • Siegfried Plonski • Jaques Plotke • Rosa Plotke • Tamara Plushkina • Leonhard Pmogar • Ivan Pneff • Ernst Poch • Izrael Pocztaruk • Ingelore Poczter • Jakob Poczter • Nanni Poczter • Zysko Podbereski • Jetti Podbielski • Elena Podoprigord • Nadejda Podprugina • Anna Podshivaloff • George Podshivaloff • Vladimir Podshivaloff • Vasily Pogoodin • Boris Pogoreloff • N. Pogoreloff • Natalia Pogoreloff • T. Pogoreloff • V. Pogoreloff • Dirk Pohlandt • Paul Pokorny • Hermine Polansek • Abram Polejes • Feodosiy Poletika • Anastasia Poliansky • Ernestine Politzer • Ernst Politzer • Georg Politzer • Hedwig Politzer • Heinz Politzer • Isidor Politzer • Rudolf Politzer • Curt Pollack • Ida Pollack • Martin Pollack • Adelheid Pollak • Alfred Pollak • Chaje Pollak • Clementine Pollak • Dora Pollak • Edith Pollak • Egmont Pollak • Ella Pollak • Ernst Pollak • Felix Pollak • Heinrich Pollak • Karl Pollak • Ludwig Pollak • Lydia Pollak • Marie Pollak • Oskar Pollak • Otto Pollak • Paula Pollak • Rosalia Pollak • Rudolf Pollak • Siegmund Kafka-Pollak • Therese Kafka-Pollak • Theresia Pollak • Wilhelm Pollak • Josef Pollatschek • Erich Pollnow • Sophie Pollnow • Ela Polonski • Alexander Polouneff • M.V. Ponamareff • Alexandra Poniatovsky • Maximilian Poniatovsky • Toni Poniquer • Jacob Ponomareff • Vladimir Ponomoreff • Leopold Ponzen • Victor Poostinkeff • Margarete Poper • Ester Popiel • Moritz Popiel • Toni Popiel • Benno Popielarz • Evelyn Popielarz • Rika Popielarz • Therese Popielarz • Ester Popko • Alexandra Popoff • Elisabetha Popoff • Michael Popoff • Mihail Popoff • Vladimir Popoff • Innokenty Poposs • Valentina Poposs • L.A. Popova • Ernst Popp • Erwin Popper • Frank Popper • Friedrich Popper • Gisela Popper • Gottfried Popper • Hans Popper • Hedy Popper • Julie Popper • Justine Popper • Karl Popper • Oscar Popper • Richard Popper • Robert Popper • Rosa Popper • Werner Popper • Heinz Poppert • Frederick Pordes • Chaim Porfnoj • Erich Porges • Rosa Reiss-Pories • Oskar Porjes • Josef Portowicz • Hoisia Posamentir • Richard Posamentir • Gerhard Posener • Hildegard Posener • Johanna Posener • Leo Posener • Sally Posener • Claus Eduard Posner • Eric Posner • Erich Posner • Gerhard Posner • Guenter Posner • Johanna Posner • Ruth Posner • Sally Posner • Dina Potanin • Ernst Potok • Rosel Potok • Chaja Potosznik • Mendel Potosznik • Alexander Pourin • Zinaida Pourin • Agafia Pousanoff • Dmitry Poutinzeff • Elena Poutinzeff • Efrosinia Pouzanoff • Viachislav Pouzanoff • Hermann Powisteitzki • Max Powisteitzki • Rebekka Powisteitzki • Rudolf Powisteitzki • Grete Powisteitzky • Julius Powisteitzky • Ruth Powisteitzky • Else Powitzer • Felicitas Praeger • Heinz Praeger • Karl Praeger • Alma Prager • Bruno Prager • Curt Prager • Eva Prager • Fritz Prager • Georg Prager • Gertrude Prager • Gretchen Prager • Hans Prager • Hertha Prager • Lothar Prager • Margarete Prager • Salo Prager • Sara Prager • Vera

Prager • Wilhelm Prager • Babetha Praschkauer • Georg Praschkauer • Heinz Praschkauer • Margot Praschkauer • Max Praschkauer • Lasb. Prasgrod • P.I. Praskovia • Majer Praszker • A. Pratasoff • A.L. Pratasoff • A.V. Pratasoff • Pelageia Pravossoudoff • Vladimir Pravossoudoff • Nachum Preger • Hugo Preis • Marta Preis • Josef Preiss • Kaethe Preiss • Maria Preiss • Marie Preiss • Karl Preisz • Markus Premitke • Regine Premitke • Susanne Premitke • Fritz Prerauer • Ilse Prerauer • Liselotte Prerauer • Bederick Pressburger • Ernst Presser • Ernst Pretess • Adolf Preuss • Frieda Preuss • Johanna Preuss • Paul Preuss • Rolf Preuss • Siegfried Preuss • Charlotte Priefer • Elfy Priefer • Jacques Priefer • Jeannette Priefer • Kitty Priefer • Leopold Priefer • Lotte Priefer • Malvine Priefer • Moritz Priefer • Norbert Priefer • Peter Priefer • Sabine Priefer • Samuel Priefer • R.C. Prihodeo • Alexis Prilevsky • Else Primo • Kurt Primo • Curt Pringsheim • Hugo Pritsch • Maria Pritsch • Artur Probst • Artur Probst • Frieda Probst • Jutta Probst • Margot Probst • Johann Prochaczka • Max Prochownik • Maria Prokofieva • Perla Prokosz • Szmul Prokosz • Ivan Proodnikoff • Charlotte Propst • Emil Propst • Kurt Proshornick • Erich Proskauer • Hans Proskauer • Maria Protopopoff • Andrey Provintsoff • Chaim Pruzanski • Erna Przybille • Hermann Przybille • Alfred Puechler • Max Puechler • Ottilie Puechler • Peter Puetz • Stepan Pugacheff • Erhard Pulvermacher • Fritz Pulvermacher • HEINZ PETER PULVERMACHER • Hildegard Pulvermacher • Kurt Pulvermacher • Peter Pulvermacher • Anna Pundyk • Joachim Pundyk • Leonid Putintzeff • Bernhardt Pyiker • Berta Pyiker • Frumcha Pyiker • Wolf Pyiker • Frieda Pytowski • Max Pytowski • Moszek Pytowski • Susanna Pytowski • Ursula Pytowski

Q

Philipp Quartiermeister • Edith Quasnik • Ignatz Quasnik • George Quelch • Ella Quetsch • Ernst Quetsch

R

Alice Rabau • Gunther Rabau • Louis Rabau • Boris Rabin • Hannelore Rabin • Jenny Rabin • Julius Rabin • Martha Rabin • Otto Rabin • Abram Rabinowicz • Jankiel Rabinowicz • Pejsach Rabinowicz • Max Rabinowitz • Emmy Rabow • Hans Rabow • Herbert Rachmann • Georg Rachwalsky • Egon Radinger • Goldman Radney • Agnes Radt • Ilse Radt • Kurt Radt • Gary Raduk • Josef Rafaikes • Samuel Rafin • Gerhard Rahmer • Gertrud Rahmer • Hilde Rahmer • Srol Rajchlin • Mojsze Rajter • Epatrakia Rakitina • Brigitta Rakowiec • Harry Rakowiec • Hedwig Rakowiec • Israel Rakowiec • Hermann Rand • Luise Ransburg • Erna Ranzenhofer • Fridrich Ranzenhofer • Ernst Raphael • Frieda Raphael • Hans Raphael • Julian Raphael • Boris Rapidoff • Irina Rapidoff • Lydia Rapidoff • Abrahan Rapp • Marjen Rapp • Meta Rapp • Richard Rappaport • Sabine Rappaport • Ludmilla Raschke • Imoty Raskazoff • Praskovia Rastaschenova • Jakob Rath • Moses Rath • Sosia Rath • Chase Rathspecher • Simon Rathspecher • Arthur Rattner • Hella Rattner • Gustav Ratz • Hedwig Ratz • Heinrich Ratz • Lisbeth Ratz • Hans Ratzenhofer • Merte Ratzenstein • Emil Raubicek • Edgar Rauch • Rosa Rauch • Hencie Raucher • Maximilian Raucher • Max Rauschmann • Stephan Ravith • Hans Rawack • Rose Rawack • Martin Rawitscher • Erich Rawitz • Josef Rawitz • Amalia Razdowitz • Otto Razdowitz • Mihail Rebrikoff • Janernik Rechenberg • Maximilian Rechenberg • Hans Joachim Rechlin • Erika Rechnitz • Eva Rechnitz • Gunter Rechnitz • Walter Rechnitz • Jakub Recht • Perla Recht • Anschel Rechtschaffen • Erich Redich • Karl Redisch • Siegfried Redisch • Louis Redl • Martha Redl • Artur Redler • Ida Redlich • Kurt Redlich • Ralf Redlich • Oswald Redlinger • George Redroff • Herta Regenstreif • Margarete Regnis • Robert Regnis • Albert Rehfeld • Alex Rehfeld • Erna Rehfeld • Paul Rehfeld • Rita Rehfeld • Belhald Rehfing • Elfride Rehfing • Hedwig Rehfisch • Adolf Reich • Alfred Reich • Alice Reich • Anna Reich • Benno Reich • Betty Reich • Dagobert Reich • Ella

Reich • Elsa Reich • Erich Reich • Erna Reich • Erwin Reich • Fanny Reich • Gabi Reich • Georg Reich • Helga Reich • Hilda Reich • Hugo Reich • Isidor Reich • James Reich • Joachim Reich • Johanna Reich • Josef Reich • Joseph Reich • Leo Reich • Liane Reich • Lisbeth Reich • Maria A. Reich • Martin Reich • Max Reich • Philipp Reich • Rudolf Reich • Ruth Reich • Sara Reich • Taubina Reich • Ottomar Reichard • Therese Reichard • Eugen Reichenbach • Lothar Reichenbach • Rosa Reichenbach • Ilona Reichenfeld • Erich Reichenheim • Margot Reichenheim • Frieda Reicher • Jacobea Reichfeld • Karoline Reihs • Max Reihs • Frieda Reiker • Hermann Reiker • Hans Reimann • Karl Reimann • Walter Reimann • Maria Reimer • Margarete Rein • Peter Rein • Peter C. Rein • Rudolf Rein • Paula Reindler • Benno Reiner • Else Reiner • Gertrude Reiner • Horst Reiner • Richard Reichfeld • Bernhard Reinisch • Charlotte Reimann • Rudolf Reichfeld • Chaskiel Reichmann • Norbert Reiner • Robert Reiner • Sara Reiner • Robert Reinhard • Isaak Reinharz • Georg Reinisch • Ida Reinisch • Max Reis • Ignaz Reisberg • Eric Reisman • Paul Reisman • Trude Reisman • Erich Reismann • Hermina Reismann • Oskar Reismann • Paul Reismann • Ursula Reismman • Herta Reisner • Oskar Reisner • Therese Reisner • Adolf Reiss • Arnold Reiss • Erwin Reiss • Gerhard Reiss • Gisela Reiss • Hannelore Reiss • Hans Reiss • Hermina Reiss • Herta Reiss • Marianne Reiss • Max Reiss • Otto Reiss • Rubin Reiss • Rudolf Reiss • Sigmond Reiss • Sofie Reiss • Stanislaus Reiss • Wilhelm Reiss • Margot Reissmann • Simon Reissmann • Ursula Reissmann • Anna Reissner • Anna Reissner • Moritz Reissner • Ernst Reisz • Vladimir Reitarovsky • Adele Reiter • Jakob Reiter • Oskar Reiter • Sara Reiter • Abram Reizmann • Gertrud Remak • Paul Remak • Bernhard Rendelstein • Rosa Rendelstein • Rudolf Rendelstein • Stefi Rendelstein • Max Renkazischok • Fritz Renner • Irene Renner • Julius Renner • Adolf Renzer • Elise Renzer • Dora Resch • Edith Resch • Franz Resch • Josef Resch • Schase Resch • Bella Resek • Erika Resek • Frederick Resek • Max Resek • Siegfried Resek • Rita Reshef • Jacques Reti • Siegbert Reutlinger • Stanislav Reutt • Jeno Revitz • Ivan Revoitz • Mendel Rezler • Olga Reznick • Abram Reznik • Jankiel Reznik • Jakob Rheinfelder • R. Riabuhin • S.N. Riabuhin • Ellen Richheimer • Paul Richheimer • Max Richnowsky • Otto Richter • Hans Richtman • Leo Richtman • Margarete Richtman • Arnold Ries • Georg Ries • Joachim Ries • Vally Ries • Adolf Riesenfeld • Curt Riesenfeld • Therese Riesenfeld • Emmi Riess • Erna Riess • Georg Riess • Hans Riess • Leo Riess • Ruth Riess • Walter Riess • Edmund Rind • Heinrich Rind • Wilhelm Rind • Max Rindl • Jankiel Ring • Richard Ringel • Caecilie Ringer • Kalmann Ringer • Bernhard Rinkel • Ella Rinkel • Fritz Rinkel • Harry Rinkel • Ingeberg Rinkel • James Rinkel • Jakob Rippel • Therese Risenzweig • Martin Ritlenoller • Phoebus Rittberg • Georg Ritter • Hugo Ritter • Karte Ritter • Selma Ritter • Werner Ritter • Anna Rittermann • Elisabeth Rittermann • Fanny Rittermann • Heinrich Rittermann • Isidor Rittermann • Adele Rittner • Pinkas Rittner • Kaethe Robenstein • Alfred Robert • Alwin Robert • Charlotte Robert • Berta Robinstein • Alfred Robitschek • Elise Robitschek • Annie Rodin • Margarete Rodmann • Siegmund Rodmann • Franz Roenau • Henriette Roenau • Ella Roesler • Gertrud Roesler • Ludwig Roesler • Eva Rogazinski • Hans Rogazinski • Herta Rogazinski • Benjamin Rogow • Estera Rogow • Morduch Rogow • Nechama Rogow • Eugen Rogowski • Helene Rogowski • Chaim Rogozinski • Rita Rogozinski • Peter Roismann • Ursula Roismann • Tewja Rojtenberg • Ignatz Rok • Martha Sara Rok • Wilhelm Rok • Abraham Roliberger • Luser Roliberger • Machla Roliberger • Walter Rollmann • Alexandra Romanoff • Margareta Romoff • Hans Ronemann • Erich Ronis • A.B. Rooshkovsky • Ludmila Rooshkovsky • Hugo Ropenberg • Hildegard Rosam • Peter Rosam • Siegbert Rosam • Ilse Rosanowski • Kurt Rosanowski • Alfred Rose • Michael Rosemann • Alfred Rosen • Chana Rosen • Erich Rosen • Eva Rosen • Frieda Rosen • Hedwig Rosen • Heinz Rosen

• Heinz Hermann Rosen • Hildegard Rosen • Leo Lieb Rosen • Martin Erich Rosen • Max Rosen • Amalie Rosenan • Gersen Rosenan • Fritz Rosenau • Scheind Rosenau • Siegfried Rosenau • Willy Rosenau • Ernst Rosenbach • Helga Rosenbach • Alois Rosenbaum • Antonio Rosenbaum • Arthur Rosenbaum • Berta Rosenbaum • Berta Rosenbaum • Blanca Rosenbaum • Crika Rosenbaum • Daisy Rosenbaum • Dorothea Rosenbaum • Edith Rosenbaum • Else Rosenbaum • Felix Rosenbaum • Fritz Rosenbaum • Georg Rosenbaum • Gerhart Rosenbaum • Hedwig Rosenbaum • Heinz Rosenbaum • Hermann Rosenbaum • James Rosenbaum • Kaete Rosenbaum • Kurt Rosenbaum • Liselotte Rosenbaum • Lothar Rosenbaum • Lucie Rosenbaum • Ludwig Rosenbaum • Margot Rosenbaum • Otto Rosenbaum • Regina Rosenbaum • Samuel Rosenbaum • Setta Rosenbaum • Walter Rosenbaum • Albert Rosenberg • Alexander Rosenberg • Alfred Rosenberg • Anna Rosenberg • Berthold Rosenberg • Dwore Rosenberg • Elias Rosenberg • Else Rosenberg • Emmi Rosenberg • Erna Rosenberg • Gerda Rosenberg • Gerson Rosenberg • Grete Rosenberg • Heinrich Rosenberg • Helene Rosenberg • Herbert Rosenberg • Hermann Rosenberg • Hilde Rosenberg • Horst Rosenberg • Hugo Rosenberg • Israel Rosenberg • Ivemus Rosenberg • Jakob Rosenberg • Johanna Rosenberg • Josef Rosenberg • Julie Rosenberg • Katharina Rosenberg • Kurt Rosenberg • Leo Rosenberg • Ludwig Rosenberg • Margarete Rosenberg • Margot Rosenberg • Marie Rosenberg • Max Rosenberg • Mirtze Rosenberg • Myriam Rosenberg • Olga Rosenberg • xIsidor Rosenblatt • Leo Rosenblatt • Moses Rosenblatt • Pepi Rosenblatt • Samuel Rosenblatt • Flora Rosenblum • Alfred Rosenfarb • Clara Rosenfarb • Leiser Rosenfarb • Alexander Rosenfeld • Anna Rosenfeld • Editha Rosenfeld • Edmund Rosenfeld • Eugen Rosenfeld • Frieda Rosenfeld • Hans Rosenfeld • Ingeberg Rosenfeld • Karl Rosenfeld • Manfred Rosenfeld • Rebekka Rosenfeld • Ruth Rosenfeld • Therese Rosenfeld • Viktor Rosenfeld • Elisabeth Rosengart • Julius Rosengart • Margot Rosengart • Gertrud Rosengarten • Sally Rosengarten • Ernst Rosenhein • Walter Rosenhein • Arnold Rosenkranz • Karl Rosenkranz • Lea Rosenkranz • Sali Rosenkranz • Hertha Rosenmann • Ingeborg Rosenmann • Martha Rosenmann • Michael Rosenmann • Moritz Rosenmann • Alma Rosenow • Erich Rosenow • Gerhard Rosenow • Herbert Rosenow • Max Rosenow • Simon Rosenstahl • Benedief Rosenstein • Herta Rosenstein • Julius Rosenstiel • Srul Rosental • Albert Rosenthal • Anna Rosenthal • Anni Rosenthal • Arthur Rosenthal • Bella Rosenthal • Butty Rosenthal • Charlotte Rosenthal • Delly Rosenthal • Erich Rosenthal • Erna Rosenthal • Ernst Rosenthal • Erwin Rosenthal • Ester Rosenthal • Evelyn Rosenthal • Felix Rosenthal • Felix Rosenthal • Hanns Rosenthal • Hans Rosenthal • Heinz Rosenthal • Helene Rosenthal • Herald Rosenthal • Hermann Rosenthal • Ida Rosenthal • Inna Rosenthal • Irma Rosenthal • Johanna Rosenthal • Johannes Rosenthal • Julius Rosenthal • Kurt Rosenthal • Louis Rosenthal • Ludwig Rosenthal • Margarete Rosenthal • Mina Rosenthal • Minna Meta Rosenthal • Richard Rosenthal • Rita Rosenthal • Rosa Rosenthal • Sigmar Rosenthal • Vera Rosenthal • Werner Rosenthal • Isaak Rosentreter • Marga Rosentreter • Margarete Rosentreter • Alexander Rosenzweig • Berta Rosenzweig • Dina Rosenzweig • Diter Rosenzweig • Edgar Rosenzweig • Heinrich Rosenzweig • Herta Rosenzweig • Hilde Rosenzweig • Icyk Rosenzweig • Lea Rosenzweig • Margot Rosenzweig • Maria Rosenzweig • Markus Rosenzweig • Nuta Rosenzweig • Oskar Rosenzweig • Regina Rosenzweig • Rhth Rosenzweig • Theodor Rosenzweig • Wilhelm Rosenzweig • Fritz Rosergart • Anna Rosler • Ernst Rosler • Alfred Rosner • Anny Rosner • Antonie Rosner • Ella Rosner • Eva Rosner • Georg Rosner • Ida Rosner • Jacques Rosner • Josef Rosner • Leo Rosner • Liselotte Rosner • Melitta Rosner • Moritz Rosner • Nathan Rosner • Sabine Rosner • Wilhelm Rosner • Semi Rosold • Bernhard Rossbach • Dolly Rossbach • Helene Rossbach • Josef Rossbach • Leo Rossbach • Mindel Rossbach • Selma Rossbach • Ernst Rosset • Henry Rossetty • Henry

Rosenfeld-Rossetty • Wally Rosenfeld-Rossetty • Frieda Rosskamm • Fritz Rosskamm • Perl Rosskamm • Arnold Rossmann • Martha Rossmann • David Rostholder • Eric Rostholder • Ester Rostholder • Frida Rostholder • Henryk Rostholder • Josef Rostholder • Hirsz Rot • Adolf Roth • Aron Roth • Bezalel Roth • David Roth • Emanuel Roth • Ernst Roth • Friedrich Roth • Helene Roth • Henriette Roth • Hersch Roth • Ida Roth • Leo Roth • Margarete Roth • Marzem Roth • Bezalel Roth (salo) • Leo Rothbarth • Alfred Rothen • Erich Rothenberg • Ludwig Rothkopf • Amalia Rothmann • Emil Rothmann • Gertrud Rothmann • Kaethe Rothmann • Liddy Rothmann • Lore Rothmann • Margarete Rothmann • Max Rothmann • Salomon Rothmann • Johanna Rotholz • Margot Rotholz • Oskar Rotholz • Rale Rotholz • Rudolf Rotholz • Salomon Rotholz • Bruno Rothschild • Edith Rothschild • Fanny Rothschild • Franz Rothschild • Max Rothschild • Otto Rothschild • Rene Rothschild • Heinz Rothstern • Martin Rottenberg • Leon Rottenstreich • Franz Rotter • Margarete Rotter • Siegmund Rotter • Annie Rottwin • Dora Rottwin • Marcel Rottwin • Josefine Roubuck • Lisbeth Roubuck • Richard Roubuck • Salomon Rouge • George Rousset • Vera Rousset • Alfred Rowald • Artur Rowelski • Joel Rozen • Abraham Rozenbaum • Estera Rozenbaum • Mordchaj Rozenbaum • Pola Rozenbaum • Boruch Rozenberg • Chaja Rozenberg • Josef Rozenberg • Izrael Rozenblum • Mendel Rozenblum • Szmelka Rozenblum • Chil Rozencwaig • Chaja Rozencwajg • Hawa Rozencwajg • Lezer Rozencwajg • Helen Rozental • Josef Rozentvaic • Sofia Ruas • Alice Ruben • Bette Ruben • Ella Peilte Benedict Ruben • Else Ruben • Heinrich Ruben • Klara Ruben • Marcus Ruben • Markus Ruben • Paul Ruben • Max Rubenstein • Felix Rubin • Franz Rubin • Hirsz Rubin • Lion Rubin • Mowsza Rubin • Sanel Rubin • Bela Rubinstein • Bernhard Rubinstein • Chaim Rubinstein • Georg Rubinstein • Gunther Rubinstein • Ilse Rubinstein • Kurt Rubinstein • Louis Rubinstein • Martin Rubinstein • Josef Rubinsztejn • Icek Ruchlejmer • Nina Rudenko • George Ruebner • Grete Ruebner • Max Ruebner • Netty Ruebner • Eli Rueckenstein • Salomon Rueckenstein • Anny Ruff • Bernhard Ruff • Berthold Ruff • Henny Ruff • Herbert Ruff • Leo Ruff • Otto Ruff • Rosa Ruff • Dora Ruhemann • Fritz Ruhemann • Paul Ruhemann • A. Rumiantzewa • Auguste Rumsaner • Eva Rumsaner • Jacob Rumsaner • Heinz Rundstein • Erna Ruschin • Kaspar Ruschin • Mishel Rusetsky • Adolf Ruth • Laura Ruth • Srul Ruziewicz • Samuel Rybak • David Ryszfeld • Rosa Ryszfeld • Izrael Ryzak • Pinches Ryzowy

S

Georg Saaber • Joel Saalkind • Ruth Saalkind • Marie Sabath • Dagobert Sabatzky • Peter Sabatzky • Albert Sachs • Anna Sachs • Dora Sachs • Feodor Sachs • Gertrud Sachs • Hermann Sachs • Hildegard Sachs • Ida Sachs • Josef Sachs • Karl Sachs • Martin Sachs • Mary Sachs • Moritz Sachs • Rudi Sachs • Siegfried Sachs • Wilhlem Sachs • William Sachs • Erwin Sachsenhaus • Ida Sachsenhaus • Alexander Sadkeed • Ekaterina Sadkovskaya • Alexander Safian • Ita Safronoff • Salomon Safronoff • Josef Sagan • Gitla Saitmann • Max Saling • Alfred Salinger • Anni Salinger • Erna Salinger • Erwin Salinger • Frieda Salinger • Hans Salinger • Hermann Salinger • Kaete Salinger • Kurt Salinger • Lore Salinger • Margot Salinger • Peter Salinger • Rolf Salinger • Ruth Salinger • Siegbert Salinger • Theodor Salinger • Walter Salinger • Rosa Sallisohn • Werner Sallisohn • Adolf Salomon • Alfred Salomon • Beate Salomon • Bernhard Salomon • Dora Salomon • Doris Salomon • Dorit Salomon • Elisabeth Salomon • Ellen Salomon • Else Salomon • Erika Salomon • Ernestine Salomon • Ernst Salomon • Erwin Salomon • Felix Salomon • Frieda Salomon • Georg Salomon • Gerd Salomon • Gert Salomon • Gertrud Irma Salomon • Guenter Salomon • Hannah Salomon • Heinrich Salomon • Heinz Salomon • Helene Salomon • Hertha Salomon • Hildegard Salomon • Horst alfred Salomon • Jacob Salomon • Johanna Salomon • Jueliane Salomon • Juliane Salomon • Kaete Salomon • Karl Salomon • Leo

Salomon • Lydia Salomon • Malwine Salomon • Margarete Salomon • Margarethe Salomon • Margot Salomon • Martha Salomon • Martin Salomon • Mathilde Salomon • Max Salomon • Moses Salomon • Paul Salomon • Rosenblatt Salomon • Sally Salomon • Susanne Salomon • Berta Salomonis • Georg Salomonis • Karl Salomonis • Senter Salomonis • Gertrud Salomonski • Heinz Salomonski • Heinz Salomonski • Margot Salomonski • Hans Salomonsky • Les Salter • Oskar Salter • Arnolf Salzberger • Edith Salzberger • Ernst Salzberger • Heinz Salzberger • Hermine Salzberger • Lisl Salzberger • Therese Salzberger • Ludwig Salzer • Siegfried Salzer • Benno Salzmann • Chaje Salzmann • Lizzi Salzmann • Manfred Salzmann • Maximilian Salzmann • Rudolf Salzmann • Sidonie Salzmann • Kurt Samaskewitz • Magda Samaskewitz • Grette Samek • Adolf Samet • Josef Samet • Olga Samet • Sprinze Samet • Erich Sametz • Hedy Sametz • Rudolf Sametz • Julius Samson • Nicolai Samsona • Berta Samter • Rudolf Samter • Adolf Samuel • Alfons Samuel • Arthur Samuel • Hermann Samuel • Hilda Samuel • Isabella Samuel • Leopold Samuel • Minna Samuel • Ralph Samuel • Richard Samuel • Edith Samuely • Leopold Samuely • Frieda Samulon • Hans Samulon • Harry Samulon • Ruth Samulon • Josef Sandberg • Leo Sandberg • Pepi Sandberg • Louis Sander • H.J. Sandig • Moritz Sandmann • Eugen Sandor • Paul Saphir • Jakob Sapir • Piotr Sapir • Srul Sapir • Tola Sapir • Boris Sapiro • Ruth Sapiro • Moritz Saposchnik • Alexandra Sapova • Anna Sapova • Lida Sapova • Maria Sapova • Raya Sapova • Tamara Sapova • Leonid Sapove • Nikolai Sapove • Willy Sarfis • Carry Sarne • Edgar Sarne • Edith Sarne • Horst Sarne • Kaethe Sarne • Siegfried Sarne • Alfred Sass • Bruno Sass • Erna Sass • Heinrich Sass • Salomon Sasslawsky • Benjamin Sassower • Lea Sassower • Mina Sassower • Heinrich Sattler • Herz Sattler • Mina Sattler • Sara Sattler • Frieda Saubel • Irmgard Saubel • Jankiel Saubel • Alfred Saul • Arno Saul • Arthur Saul • Kurt Saul • Martin Saul • B.N. Savinich • Lubev Savroutskaya • Valentina Savroutskaya • Heinrich Sax • Konrad Sax • Lisbeth Sax • Walter Sax • Adele Saxl • Franc Otto Saxl • Erna Schaat • Kurt Schaat • Siegfried Schachtel • Isac Schachter • Jerome Schachter • Hans-Dieter Schack • Herbert Schack • Hildegard Schack • James Schack • Mejer Schadel • Anna Schaechter • David Schaechter • HELEN ESTER Schaechter • Hena Schaechter • Henry Schaechter • Isak Schaechter • Moses Schaechter • Sophie Schaechter • Abraham Schaefer • Alfred Schaefer • Felicia Schaefer • Frieda Schaefer • Ilse Schaefer • Lucie Schaefer • Ludwig Schaefer • Max Schaefer • Silva Schaefer • Hermann Schaffa • Abraham Schaffer • Jette Schaffer • Liselotte Schaffer • Max Schaffer • Mordko Schaffer • Werner Schaffer • Nikolaus Schaffner • Seraphine Schaffner • Hermann Schaffranski • Otto Schafranek • Henryk Schagrun • Marcell Schagrun • Rachil Schagrun • Zlata Schagrun • Anita Schaie • Erna Schaie • Gerhard Schaie • Klaus Schaie • Lotte Schaie • Sally Schaie • Anni Schallamach • Arno Schallamach • Josef Schallamach • Julius Schallamach • Regina Schallamach • Abraham Schalmann • Elfriede Schalmann • Friedrich Schaner • Klara Schapira • Klemens Schapira • Leon Schapira • Mayer Strauber-Schapira • Rachel Strauber-Schapira • Abraham Schapiro • Anna-Karja Schapiro • Hedwig Schapiro • Ilse Schapiro • Ruth Schapiro • Schlem Schapiro • Schmuil Schapiro • Ilse Schapse • Max Schapse • Bernhard Scharf • Betti Scharf • Ernestine Scharf • Eugen Scharf • Klaus-Peter Scharf • Emma Scharff • Siegbert Scharff • Alfred Scharnitzki • Regina Scharnitzki • Edith Schattner • Peter Schattner • Siegfried Schattner • Paul Schauder • Abraham Schechter • Schmerka Schechter • Anna Schecoldin • Peter Schecoldin • Oskar Scheer • Taube Scheer • Mejer Scheffer • Claire Schefftel • Heinz Schefftel • Helene Schefftel • Herbert Schefftel • Kurt Schefftel • Siegfried Schefftel • Maria Scheglova • Efimia Schehovtsteva • Hermann Scheiberg • Eduard Scheidemann • Max Scheidlinger • Simche Scheidlinger • Taube Scheidlinger • Arthur Scheiga • Hildegard Scheige • Max Scheige • Carry Schein • Gerda Schein • Herbert Schein • Joel Schein •

Maximilian Schein • Pora Schein • Ignatz Scheiner • Julius Scheiner • Ladislaus Scheiner • Leopold Scheiner • Margarete Scheiner • Elsbeth Scheininger • Ignatz Scheininger • Albert Scheinmann • Erna Scheinmann • Hans Scheinmann • Leo Schenkel • Chaje Schenker • Karl Schenker • Neschia Schenker • Rosa Schenker • Chaim Scher • Johanna Scher • Martha Scher • Walter Scherlinski • Jankel Scherman • Moritz Scherman • Simon Scherman • Alexandra Scheu • Richard Scheu • Frieda Schewelon • Jakob Schewelon • Rose Schewelon • Ruth Schewelon • David Schey • Frieda Schey • Ernst Scheye • Erwin Schick • Robert Schick • Theresia Schick • Hans Schiff • Margot Schiff • Dwore Schiffman • Irre Schiffman • Ida Schiffmann • Irma Schiffmann • Moses Schiffmann • Adolf Schiftan • Edith Schiftan • Erich Schiftan • Ilse Schiftan • Julia Schiftan • Marrie Schiftan • Martin Schiftan • Max Schiftan • Paula Schiftan • Herbert Schilbolski • Albert Schiller • Amelie Schiller • Betty Schiller • Friedrich Schiller • Leon Schiller • Max Schiller • Arthur Schimek • Frieda Schimek • Irene Schimek • Steffi Schimek • Josef Schimel • Rifka Schimel • Magnus Schimmek • Erich Schimmelmann • Hanni Schimmelmann • Robert Schimmelpfennig • Adolf Schindler • Bertha Schindler • Eduard Schindler • Gerhard Schindler • Gertrud Schindler • Herbert Schindler • Johanna Schindler • Louise Schindler • Luise Schindler • Paul Schindler • Simon Schindler • Walter Schindler • Werner Schindler • Betty Schirling • Hans Schirokauer • Nathan Schirokauer • Siegmund Schischa • Edith Schlam • Elsa Schlam • Karl Schlam • Benno Schlamm • Else Schlamm • Martin Schlamm • Julius Schlanger • Margarete Schlauchauer • Bruno Schleich • Alfred Schleimer • Guenther Schleimer • Irma Schleimer • Julius Schleimer • Martha Schleimer • Salo Schleimer • Aron Schleiter • Hedwig Schleiter • Adeline Schlemme • Joachim Schlemme • Waldemar Schlemme • Adolf Schlesinger • Arthur Schlesinger • Berta Schlesinger • David Schlesinger • Edith Schlesinger • Elly Schlesinger • Elsa Schlesinger • Else Schlesinger • Emma Schlesinger • Emmy Schlesinger • Erich Schlesinger • Ernst Schlesinger • Erwin Schlesinger • Florentine Schlesinger • Franz Schlesinger • Fritz Schlesinger • Hanna Schlesinger • Hans Schlesinger • Heinz Schlesinger • Hermann Schlesinger • Hermine Schlesinger • Jacob Schlesinger • Kaethe Schlesinger • Koloman Schlesinger • Laura Schlesinger • Leo Schlesinger • Louis Schlesinger • Ludwig Schlesinger • Margarete Schlesinger • Martha Schlesinger • Max Schlesinger • Melanie Schlesinger • Minna Schlesinger • Pauline Schlesinger • Peter Schlesinger • Richard Schlesinger • Ruth Schlesinger • Siegfried Schlesinger • Sofie Schlesinger • Sophie Schlesinger • Steffi Schlesinger • Sybilla Schlesinger • Walter Schlesinger • Wolfgang Schlesinger • Guenther Schlewinsky • Hugo Schleyer • Izac Schleyer • Julie Schleyer • Pepi Schleyer • Hermann Schlielerth • Johanna Schlielerth • Chaia Schliesser • Salomon Schliesser • Adele Schlittner • Berta Schlittner • Ernst Schlittner • Felix Schlittner • Hermann Schlittner • Robert Schlittner • Julius Schlochauer • Kurt Schlochauer • Lilli Schlochauer • Regina Schlochauer • Ida Schlossberg • Rudolf Schlossberg • Rachela Schlosser • Rita Schlosser • Salomon Schlosser • Adolf Schmeizler • Franziska Schmerlere • John Schmerlere • Manuel Schmerlere • Henny Schmidt • Martha Schmidt • Max Schmidt • Frantizer Schmied • Erica Schmitz • Amalie Schmoll • Ludwig Schmoll • Erich Schmuhl • Hans Schmuhl • Heinz Schmuhl • Kurt Schmuhl • Leo Schmuhl • Margarete Schmuhl • Rika Schmuhl • Toni Schmuhl • Otto Schnabl • Leo Schnapper • Malga Schnapper • Paul Schnarr • Isidor Schneebalg • Mina Schneekraut • Elisabeth Schneid • Ignatz Schneid • Willi Schneid • Eva Schneidemann • Herbert Schneidemann • Ilse Schneidemann • Wally Schneidemann • Willy Schneidemann • Adolf Schneider • Alfred Schneider • Alice Schneider • Brunno Schneider • Erwin Schneider • Fanny Schneider • Frida Schneider • Fritz Schneider • Gabriele Schneider • Georg Schneider • Hans Schneider • Klara Schneider • Leopold Schneider • Lucie Schneider • Marta Schneider • Martha Schneider • Nuchim Schneider • Paul Schneider • Regina

Schneider • Rosa Schneider • Rudi Schneider • Sali Schneider • Siegmund Schneider • Simon Schneider • Werner Schneider • Zusman Schneider • Beila Schnek • Hans Schnek • Jozef Schnek • Charlotte Schnell • Dora Schnell • Elisabeth Schnell • Frieda Schnell • Hugo Schnell • Johanna Schnell • Klaus Schnell • Max Schnell • Paul Schnell • Siegfried Schnell • Siegmund Schnell • Walter Schnell • Bruno Schnellenberg • Richard Schnellenberg • Bruno Schnepp • Elisabeth Schnepp • Otto Schnepp • Marga Schniermacher • Michael Schniermacher • Erich Schnirmacher • Fritz Schnitzer • Gisela Schnitzer • Leopold Schnitzer • Betty Schnur • Faye Schnur • Liselott Schnur • Manfred Schnur • Marcus Schnur • Pinkas Schnur • Pinkus Schnur • Renata Schnur • Joachim Schodos • Gertrud Schoeftan • Ella Schoemann • Julius Schoemann • Emil Schoen • George Schoen • Isaak Schoen • Alfred Schoenberg • Else Schoenberg • Johanna Schoenberg • Julius Schoenberg • Moritz Schoenberg • Alfred Schoenfeld • Chaim Schoenfeld • Eliese Schoenfeld • Erich Schoenfeld • Isaak Schoenfeld • Jonas Schoenfeld • Julius Schoenfeld • Leopoldine Schoenfeld • Margot Schoenfeld • Mendel Schoenfeld • Rebecca Schoenfeld • Robert Schoenfeld • Selig Schoenfeld • Otto Schoengut • Bertha Schoenmann • Ernst Schoenmann • Lily Schoenmann • Eugen Schoenwald • Franz Schoenwald • Frieda Schoenwald • George Schoenwald • Ida Schoenwald • Margarete Schoenwald • Peter Schoenwald • Manfred Schoenwetter • Gerda Schoeps • Hertha Schoeps • Liesbeth Schoeps • Richard Schoeps • Rosa Schoeps • Stefanie Schoeps • Josef Schoff • Lieselotte Schoff • Eva Schonberg • Susi Schonberg • Gerd Schoofs • Simmel Schornstein • Alfred Schorr • Irene Schott • Olga Schott • Erich Schragenheim • David Schrager • Marie Schrager • Alice Schram • Siegmund Schram • Heinz Schramm • F. Schranz • Lissi Schranz • Emilie Schreiber • Georg Schreiber • Henriete Schreiber • Jaques Schreiber • Werner Schreiber • Beril Schreier • Elise Schreier • Herta Schreier • Otto Schreier • Hans Schreiner • Alma Schrenbaum • Hans Schroepel • Marie Schroepel • Bernhard Schroeter • Clara Schroeter • Elsa Schruber • Amalie Schudmak • Heinrich Schudmak • Max Schuefftan • Alfred Schueftan • Erwin Schueftan • Georg Schueftan • Gisela Schueftan • Hans Schueftan • Herta Schueftan • Marianne Schueftan • Pauline Schueftan • Werner Schueftan • Alfred Schueler • Hermann Schueler • Ruth Schueler • Ewald Schueller • Friederike Schueller • Alfred Schuettenberg • Werner Schufftan • Else Schuh • Gerasim Schukin • Ivan Schukin • Maxim Schukin • Alexandra Schukina • Ekaterina Schukina • Matrena Schukina • Nadejda Schukina • Miksa Schulczer • Adele Schulhof • David Schulman • Herman Schulman • Leiser Schulman • Selig Schulman • Alfred Schulz • Erna Schulz • Walter Schulz • Wilhelm Schulzer • Max Schurgast • Senta Schurgast • Wilhelm Schurgast • Fritzi Schurtman • Leo Schurtman • William Schurtman • Friderike Schurtmann • Leon Schurtmann • Willie Schurtmann • Ernst Schustak • Jaques Schustak • Marion Schustak • Osias Schustak • Karl Schuster • Margot Schuster • Baruch Schustik • Leo Schustik • Alexander Schwab • Frieda Schwab • Gustav Schwab • Herbert Schwab • Jenta Schwab • Oskar Schwab • Walter Schwabach • Arthur Schwach • Johanna Schwach • Josefine Schwach • Paul Schwach • Walter Schwach • Anna Schwaetzer • Berthold Schwaetzer • Inge Schwaetzer • Richard Schwager • Isaak Schwalb • Berisch Schwalinger • Jochebed Schwalinger • Kurt Schwan • Arthur Schwanthaler • Jesina Schwanthaler • Manfred Schwanthaler • Herbert Schwarcz • Julius Schwarcz • Ludwig Schwarcz • Sophie Schwarcz • Bernat Schwartz • Elsa Schwartz • Jenny schwartz • Alfred Schwarz • Anna Schwarz • Berta Schwarz • Berthold Schwarz • Cacilie Schwarz • Camilla Schwarz • Chana Schwarz • David Schwarz • Delma Schwarz • Dorothea Schwarz • Egon Schwarz • Elisabeth Schwarz • Elsbeth Schwarz • Erna Schwarz • Ernestine Schwarz • Ernst Schwarz • Eugen Schwarz • Eva Schwarz • Franz Schwarz • Franziska Schwarz • Frederic Schwarz • Frieda Schwarz • Friedrich Schwarz • Fritz Schwarz • Georg Schwarz • Gertrud Schwarz • Grete Schwarz • Guenther Schwarz •

Hannchen Schwarz • Hans Schwarz • Heinz Schwarz • Herbert Schwarz • Hermann Schwarz • Hugo Schwarz • Ignatz Schwarz • Jacob Schwarz • Josef Schwarz • Julius Schwarz • Katharine Schwarz • Leopold Schwarz • Lia Schwarz • Lotte Schwarz • Luzer Schwarz • Margarete Schwarz • Maria Schwarz • Marianne Schwarz • Max Schwarz • Nelly Schwarz • Nicolai Schwarz • Otto Schwarz • Pauline Schwarz • Rachmil Schwarz • Regine Schwarz • Rudolf Schwarz • Ruth Vera Schwarz • Simon Schwarz • Steffi Schwarz • Tibor Schwarz • Trude Schwarz • Walter Schwarz • Josef Schwarzbartel • Chaje Schwarzbaum • Minna Schwarzbaum • Elisabeth Schwarzmann • Ernst Schwarzmann • Schlama Schwarzmann • Arthur Schweitzer • Betti Schweitzer • Helga Schweitzer • Jacob Schweitzer • Rosa Schweitzer • Heinz Schwenk • Arthur Schwerin • Berta Schwerin • Heinz Schwerin • Pauline Schwerin • Fanny Schwerseng • Siegmund Schwerseng • Dorothy Schwersenz • Eva Schwersenz • Jean Schwersenz • Lucie Schwersenz • Siegbert Schwersenz • Vladimir Scliamin • Eva Sdomonik • Rosa Sdomonik • Fritz Seelenfreund • Helga Seelig • Herbert Seelig • Lothar Seelig • Ruth Seelig • Edith Seeliger • Ella Seeliger • Hermann Seeliger • Sigmund Seeliger • Franziska Seeligmann • Hans Seeligmann • Horst Seeligmann • Abraham Seemann • Hugo Seemann • Rosa Seemann • Siegmund Seemann • Chaim Segal • Chana Segal • Joseph Segal • Dorothea Segall • Elvira Segall • Harry Segall • Herbert Segall • Julius Segall • Margit Segall • Mathilde Segall • Susanie Segalowicz • Isaak Segel • Voldemar Segel • Erich Seibiger • Fanny Seibiger • Horst Seidel • Mali Seidel • Martin Seidel • Kurt Seiden • Mari Seiden • Hans Seidenberg • Klara Seidenberg • Fredy K. Seidel • Atrur Seidl • Erich Seidl • Viktor Seidl • Ernst Seidler • Margarete Seidler • Siegmund Seidler • Markus Seidmann • Oskar Seidmann • Sara Seidmann • Josef Seiferheld • Gisela Seifert • Otto Seifert • Klara Seinwel • Marion Seinwel • Ludwig Seinwell • Leo Seitelbach • Hans Selig • Arnold Seligmann • Elfriede Seligmann • Elli Seligmann • Robert Seligmann • Sigismund Seligmann • Kurt Seligsohn • Max Seligsohn • Norbert Seligsohn • Arnold Selinger • Betty Selinger • Bernhard Seiferheld • Mathilde Selkowitsch • Karoline Seiferheld • Sigmund Selkowitsch • Betti Sello • Siegmund Selmanson • Ida Selmeczi • Otto Selmeczi • Bernhard Selzer • Helene Semenski • Samuel Semenski • Boris Semeshkoff • Vladimir Semeshkoff • Yakov Semibratoff • Kurt Semmel • Blanka Sender • Johanna Sender • Karl Sender • Siegfried Sender • Ernst Senger • John Senichenko • Alfred Senzer • Maria Serebrova • Abram Serebrowski • Nicolai Serejnikoff • Zoya Serejnikoff • Raiso Sergeantoff • Lev. Sergiesky • Michael Sergiesky • Nina Sergiesky • Victoria Sergiesky • Mihail Serousoff • Boris Sesko • Anna Sessel • Arnold Sessel • Efim Setzer • Ursel Setzer • Feodor Sevastianaff • Michael Shabouroff • Edith Shafer • F.I. Shahoff • E.S. Shanigina • Abraham Shapira • Leon Shapira • Efim Shapiro • eugene shapiro • Glafira Shapiro • Jerzy shapiro • Mary Shapiro • Worak Shapiro • Valentin Shatokine • Zinaida Shehovtseva • Elchonen sheinerman • Victor Shelomintzeff • Grigory Sheludka • Anton Shereneff • Anna Shessmann • Ilia Shibanoff • Maria Shibanoff • Anatoly Shishkin • Isai Shkoinikoff • Nahum Shlapakoff • Abram Shlomovitz • Efraim Shlomovitz • Arcady Shmagin • Helen Shmagin • Esther Shmulevsky • Carla Shock • Carl Sholler • Hans Sholler • Margit Sholler • Boruch Shoshun • Valentina Shpuntoff • Vasily Shtempeleff • Haritina Shubin • Tihon Shubin • Anna Shulepoff • Leo Shvartz • A.A. Sibogothulin • Jakob Sichelmann • Palina Sidoroff • Varnara Sidoroff • Adelheid Siedner • Ernst Siedner • Friedrich Siedner • Hans Siedner • Heinrich Siedner • Helga Siedner • Kaete Siedner • Paula Siedner • Rudolf Siedner • Betta Siegel • Johanna Siegel • Julius Siegel • Chaja Sieger • Izaak Sieger • Friederike Siegmann • Hans Siegmann • Waklaw Siekierski • Auguste Sievers • Erna Sigmund • Horst Sigmund • Paul Sigmund • Breindla Silber • Margot Silber • Martka Silber • Paul Silber • Rosalie Silber • Ursel Silber • Walter Silber • Werner Silber • Alta Silberberg • Chaim Silberberg • Chana Silberberg • Curt

Silberberg • Erna Silberberg • Esther Silberberg • Fanny Silberberg • Gertrud Silberberg • Israel Silberberg • Lissie Silberberg • Louis Silberberg • Sallo Silberkleid • Berta Silbermann • Bruno Silbermann • Ella Silbermann • Frieda Silbermann • Georg Silbermann • Gustav Silbermann • Helene Silbermann • Kurt Silbermann • Kurt Silbermann • Leo Silbermann • Max Silbermann • Otto Silbermann • Paula Silbermann • Peter Silbermann • Renate Silbermann • Rhea Silbermann • Ruth Silbermann • Therese Silbermann • Heinrich Silberschein • Gert Silberschlag • Herta Silberschlag • Hertha Silberschlag • Lothar Silberschlag • Arthur Silberschuetz • Isaak Silberschuetz • Johanna Silberschuetz • Leo Silberschuetz • Alice Silberstein • Dieter Silberstein • Emil Silberstein • Fritz Silberstein • Gertrud Silberstein • H. Silberstein • Hermann Silberstein • Kaete Silberstein • Kurt Silberstein • Leo Silberstein • Lieselothe Silberstein • Paul Silberstein • Paula Silberstein • Ernst Silbiger • Leo Silbiger • Anna Silina • Nina Silina • Vasily Silina • Maria Silkina • A.O. Simahin • I.P. Simahin • N.I. Simahin • Gedaly Simanowsky • Else Simenauer • Kurt Simenauer • Oskar Simenauer • Ruth Simenauer • George Siminutin • Gertrud Simmel • Richard Simmel • Arnold Simon • Artur Simon • Ella Simon • Erna Simon • Georg Simon • Gustav Simon • Inge Simon • Jenny Simon • Kaethe Simon • Kurt Simon • Leo Simon • Martha Simon • Moriz Simon • Nachem Simon • Paul Simon • Rolf Simon • Rosa Simon • Ruth Simon • Sally Simon • Siegmar Simon • Slata Simon • Susi Simon • Theodor Simon • Walter Simon • Michael Simononko • Adolf Simonsohn • Ala Simonsohn • Ella Simonsohn • Erich Simonsohn • Georg Simonsohn • Herbert Simonsohn • Martha Simonsohn • Mischka Simonsohn • Bassie Simpkin • Gerhard Simson • Henriette Simson • Ernst Sinai • Greta Sinai • Karl Sinai • Otto Sinai • Terese Sinai • Valerie Sinai • Harry Sinasohn • Klara Sinasohn • Oskar Sinasohn • Selma Sinasohn • Bronislava Sinek • Robert Sinek • Gabriel Singalowski • Alex Singer • Aranka Singer • Berta Singer • Dora Singer • Edgar Singer • Edmund Singer • Emilie Singer • Erna Singer • Ernst Singer • Frieda Singer • Gitta Singer • Isidor Singer • Julius Singer • Karl Singer • Kurt Singer • Ludwig Singer • Marcel Singer • Paul Singer • Salomon Singer • Samuel Singer • Saul Singer • Sigismund Singer • Vera Singer • Walter Singer • Alfred Sinnreich • Alfred Sinnreich • Harry Eduard Sinnreich • Hermine Sinnreich • Margarete Sinnreich • Peter Sinnreich • Arthur Sinzheimer • Alice Sirota • Horst Sirota • Johann Sirota • Agrafena Sirotkina • Alfred Sittner • Else Sittner • Lydia Sittner • Siegmund Sittner • M. Sivakova • Katherine Skachkoff • Michael Skachkoff • Berta Skall • Ernst Skall • Lily Skall • Wilhelm Skall • Vassilisa Sklima • Heinz Skomlinski • Margarete Skomlinski • Victorin Skooieff • Arthur Skutezky • Jeanette Skutezky • A.N. Slautina • Hinda Sliwka • Inka Sliwka • Itzig Sliwka • Salomon Sliwka • Ernest Sloan • Adolf Slotowsky • Johanna Slotowsky • Gino Smart • Olga Smart • Sviatoslav Smehoff • Maria Smehova • Erna Smilowski • Ernst Smilowski • Ilse Smilowski • Ingeborg Smilowski • Alfred Smoliansky • Elli Smoliansky • Louis Smoliansky • Benjamin Smucar • Afanasy Snegireff • Susanna Snuggs • Getrude Sobel • Siegmund Sobel • Karlheinz Sober • Innokenty Soboleff • Elena Sobolinkova • Anneliese Sobotker • Annelise Sobotker • Fanny Sobotker • Richard Sobotker • Nathan Sochaczewski • Taube Sochaczewski • Alexander Soffer • Klara Jetty Sokal • Ludwig Sokal • Robert Reuven Sokal • Siegfried Sokal • Alexander Sokoloff • Gregory Sokoloff • Maria Sokoloff • Michel Sokoloff • Nikita Sokoloff • Sergey Sokoloff • Valentin Sokoloff • Vasily Sokoloff • Vladimir Sokoloff • Rudolf Sokolowky • Hertha Sokolowsky • Martin Sokolowsky • Elli Solberg • Clavdia Solianova • Herbert Soliman • Cilly Sollander • Siegmund Sollander • Heinrich Solmersitz • Louis Solms • Hans Solmsen • Chaim Solny • Leonid Solohin • G.D. Solohina • K.G. Solohina • Marta Solomon • Max Solomon • Werner Solomon • K.I. Solovey • Ivan Solovieff • Ludmila Solovieva • Ela Soltan • Moses Somer • Arthur Sommer • Else Sommer • Erich

Sommer • Fritz Sommer • Josef Sommer • Joseph Sommer • Leiser Sommer • Liselotte Sommer • Margot Sommer • Monika Sommer • Rudolf Sommer • Stephannie Sommer • Victor Sommer • Wolf Sommer • Aribert Sommerfeld • Charlotte Sommerfeld • Ella Sommerfeld • Else Sommerfeld • Fritz Sommerfeld • Ilse Sommerfeld • Kurt Sommerfeld • Loni Sommerfeld • Lucie Sommerfeld • Moses Sommerfeld • Norbert Sommerfeld • Ruth Sommerfeld • Saroni Sommerfeld • Walter Sommerfeld • Betty Sondheimer • Hannelore Sondheimer • Karl Sondheimer • Moritz Sondheimer • Eberhard Sondland • Eugen Sondland • Harrie Sondland • Hulda Sondland • Max Sondland • Rosalie Sondland • Wilhelm Sondland • Adolf Sonnenfeld • Ellen Sonnenfeld • Guenter Sonnenfeld • Hans Sonnenfeld • Martha Sonnenfeld • Peter Sonnenfeld • Anny Sonnenschein • Richard Sonnenschein • Rosa Sonnenschein • Alexis Soodak • Lidia Soodak • Olga Soodak • Patiana Soodak • Stephan Soodak • Chana Soroczkin • Lejzer Soroczkin • Antonina Soroka • Nick Soroka • Leonid Sorokin • Max Sostherg • George Sotnichenko • Leenila Souk • Natalia Souk • Svetlana Souk • Anna Souriakoff • Pavel Souriakoff • Beile Soyfer • Fritz Soyfer • Henoch Soyfer • Isidor Spaet • Dora Spanier • Hildegard Spanier • Joseph Spanier • Max Spanier • Karl Spaniermann • Ernestine Spatz • Klara Spechter • Norbert Spechter • Auguste Speier • Emma Speier • Julius Speier • Manfred Speier • Theodor Speier • Willi Speier • Anna Speiser • Dawid Speiser • Edith Speiser • Feige Speiser • Jenny Speiser • Jessel Speiser • Karl Speiser • Max Speiser • Hana Spekling • Jakob Spektor • Ascher Sperber • Sofie Sperber • Imre Sperlinger • Kornelia Sperlinger • Georg Spicker • Sofie Spicker • Ann Spiegel • Aron Spiegel • Cella Spiegel • David Spiegel • Elka Spiegel • Fela Spiegel • Grete Spiegel • Hermann Spiegel • Inge Spiegel • Jakob Spiegel • Lothar Spiegel • Ludwig Spiegel • Nina Spiegel • Rosa Spiegel • Sally Spiegel • Max Spielberg • Hans spieldoc • Ilse Spieldoc • Editha Spieldoch • Emma Spieldoch • Guenther Spieldoch • Hans Spieldoch • Ilse Spieldoch • Alexander Spielmann • Carola Spielmann • Gertrude Spielmann • Josef Spielmann • Karl Spielmann • Rudolf Spiewkowski • Imre Spilzer • Sina Spilzer • Erica Spindel • Otto Spindler • Arnold Spingarn • Klaus Spingarn • Vally Spingarn • Erwin Spira • Fritz Spira • Gisela Spira • Hilda Spira • Marianne Spira • Max Spira • Nathan Spira • Peter Spira • Richard Spira • Sabine Spira • Adele Spitz • Berta Spitz • Egon Spitz • Erich Spitz • Felix Spitz • Karoline Spitz • Charlotte Spitzer • Eugene Spitzer • Franz Spitzer • George Spitzer • Gertrude Spitzer • Hilda Spitzer • Ignaz Spitzer • Isidor Spitzer • Karoline Spitzer • Kurt Spitzer • Leopold Spitzer • Lipe Spitzer • Louise Spitzer • Marianne Spitzer • Oskar Spitzer • Pauline Spitzer • Regina Spitzer • Roman Spitzer • Rosa Spitzer • Sigmund Spitzer • Erich Splitter • Rudolf Sporn • Chaskel Springer • Claire Springer • Hildegard Springer • Max Springer • Kurt Sprinz • Hermann Srulowitz • Klara Srulowitz • Osias Srulowitz • Stefanie Srulowitz • Anna Stafeichuk • Antonina Stafeichuk • Boris Stafeichuk • Gregory Stafeichuk • Tatiana Stafeichuk • Fritz Stahl • Margot Stahl • Gusta Stambler • Helen Stanecke • Alexander Stanovoy • Edith Stappler • Rudolf Stappler • Johann Stauber • Julius Stefansky • Wilhelm Steigerwald • Max Steigmann • Charlotte Steilberg • Siegmung Steilberg • Abraham Stein • Alfred Stein • Artur Stein • Camillo Stein • Cornelia Stein • Edith Stein • Egon Stein • Elfriede Stein • Elly Stein • Ernst Stein • Eugen Stein • Frieda Stein • Gerda Stein • Heinz Stein • Hertha Stein • Julius Stein • Kurt Stein • Leopold Stein • Manfred Stein • Margarete Stein • Marius Stein • Martha Stein • Moritz Stein • Richanrd Stein • Ruth Stein • Therese Stein • Walter Stein • Wilhelm Stein • Baila Steinbach • Marcus Steinbach • Markus Steinbach • Sheindla Steinbach • Grigory Steinberg • Hedwig Steinberg • Helmut Steinberg • Isaak Steinberg • Leo Steinberg • Marianne Steinberg • Natan Steinberg • Olga Steinberg • Otto Steinberg • Paul Steinberg • Robert Steinberg • Willi Steinberg • Chany Steinberger • Edith Steinberger • Eva Steinberger • Siegfried Steinberger • Ernst Steindler •

Friederike Steindler • Adolf Steiner • David Steiner • Egon Steiner • Else Steiner • Felix Steiner • Franziska Steiner • Hans Steiner • Hedwig Steiner • Hermine Steiner • Hilda Steiner • Ignaz Steiner • Jacob Steiner • Josef Steiner • Joseph Steiner • Julius Steiner • Karl Steiner • Kurt Steiner • Leopold Steiner • Lewi Steiner • Lina Steiner • Marianne Steiner • Olga Steiner • Oskar Steiner • Paul Steiner • Regina Steiner • Rudolf Steiner • Sebastian Steiner • Viktor Steiner • Walpurga Steiner • Chana Steinfeld • Wilhelm Steinfeld • Laszlo Steingiesser • Anna Steingraber • Lina Steingraber • Max Steingraber • Jacob Steingut • Friedrich Steinhardt • Leopold Steinhardt • Margarete Steinhardt • Berta Steinhart • Herta Silberschlag • Hertha Silberschlag • Lothar Silberschlag • Arthur Silberschuetz • Isaak Silberschuetz • Johanna Silberschuetz • Leo Silberschuetz • Alice Silberstein • Dieter Silberstein • Emil Silberstein • Fritz Silberstein • Gertrud Silberstein • H. Silberstein • Hermann Silberstein • Kaete Silberstein • Kurt Silberstein • Leo Silberstein • Lieselothe Silberstein • Paul Silberstein • Paula Silberstein • Ernst Silbiger • Leo Silbiger • Anna Silina • Nina Silina • Vasily Silina • Maria Silkina • A.O. Simahin • I.P. Simahin • N.I. Simahin • Gedaly Simanowsky • Else Simenauer • Kurt Simenauer • Oskar Simenauer • Ruth Simenauer • George Siminutin • Gertrud Simmel • Richard Simmel • Arnold Simon • Artur Simon • Ella Simon • Erna Simon • Georg Simon • Gustav Simon • Inge Simon • Jenny Simon • Kaethe Simon • Kurt Simon • Leo Simon • Martha Simon • Moriz Simon • Nachem Simon • Paul Simon • Rolf Simon • Rosa Simon • Ruth Simon • Sally Simon • Siegmar Simon • Slata Simon • Susi Simon • Theodor Simon • Walter Simon • Michael Simononko • Adolf Simonsohn • Ala Simonsohn • Ella Simonsohn • Erich Simonsohn • Georg Simonsohn • Herbert Simonsohn • Martha Simonsohn • Mischka Simonsohn • Bassie Simpkin • Gerhard Simson • Henriette Simson • Ernst Sinai • Greta Sinai • Karl Sinai • Otto Sinai • Terese Sinai • Valerie Sinai • Harry Sinasohn • Klara Sinasohn • Oskar Sinasohn • Selma Sinasohn • Bronislava Sinek • Robert Sinek • Gabriel Singalowski • Alex Singer • Aranka Singer • Berta Singer • Dora Singer • Edgar Singer • Edmund Singer • Emilie Singer • Erna Singer • Ernst Singer • Frieda Singer • Gitta Singer • Isidor Singer • Julius Singer • Karl Singer • Kurt Singer • Ludwig Singer • Marcel Singer • Paul Singer • Salomon Singer • Samuel Singer • Saul Singer • Sigismund Singer • Vera Singer • Walter Singer • Alfred Sinnreich • Alfred Sinnreich • Harry Eduard Sinnreich • Hermine Sinnreich • Margarete Sinnreich • Peter Sinnreich • Arthur Sinzheimer • Alice Sirota • Horst Sirota • Johann Sirota • Agrafena Sirotkina • Alfred Sittner • Else Sittner • Lydia Sittner • Siegmund Sittner • M. Sivakova • Katherine Skachkoff • Michael Skachkoff • Berta Skall • Ernst Skall • Lily Skall • Wilhelm Skall • Vassilisa Sklima • Heinz Skomlinski • Margarete Skomlinski • Victorin Skooieff • Arthur Skutezky • Jeanette Skutezky • A.N. Slautina • Hinda Sliwka • Inka Sliwka • Itzig Sliwka • Salomon Sliwka • Ernest Sloan • Adolf Slotowsky • Johanna Slotowsky • Gino Smart • Olga Smart • Sviatoslav Smehoff • Maria Smehova • Erna Smilowski • Ernst Smilowski • Ilse Smilowski • Ingeborg Smilowski • Alfred Smoliansky • Elli Smoliansky • Louis Smoliansky • Benjamin Smucar • Afanasy Snegireff • Susanna Snuggs • Getrude Sobel • Siegmund Sobel • Karlheinz Sober • Innokenty Soboleff • Elena Sobolinkova • Anneliese Sobotker • Annelise Sobotker • Fanny Sobotker • Richard Sobotker • Nathan Sochaczewski • Taube Sochaczewski • Alexander Soffer • Klara Jetty Sokal • Ludwig Sokal • Robert Reuven Sokal • Siegfried Sokal • Alexander Sokoloff • Gregory Sokoloff • Maria Sokoloff • Michel Sokoloff • Nikita Sokoloff • Sergey Sokoloff • Valentin Sokoloff • Vasily Sokoloff • Vladimir Sokoloff • Rudolf Sokolowky • Hertha Sokolowsky • Martin Sokolowsky • Elli Solberg • Clavdia Solianova • Herbert Soliman • Cilly Sollander • Siegmund Sollander • Heinrich Solmersitz • Louis Solms • Hans Solmsen • Chaim Solny • Leonid Solohin • G.D. Solohina • K.G. Solohina • Marta Solomon • Max Solomon • Werner Solomon • K.I. Solovey • Ivan

Solovieff • Ludmila Solovieva • Ela Soltan • Moses Somer • Arthur Sommer • Else Sommer • Erich Sommer • Fritz Sommer • Josef Sommer • Joseph Sommer • Leiser Sommer • Liselotte Sommer • Margot Sommer • Monika Sommer • Rudolf Sommer • Stephannie Sommer • Victor Sommer • Wolf Sommer • Aribert Sommerfeld • Charlotte Sommerfeld • Ella Sommerfeld • Else Sommerfeld • Fritz Sommerfeld • Ilse Sommerfeld • Kurt Sommerfeld • Loni Sommerfeld • Lucie Sommerfeld • Moses Sommerfeld • Norbert Sommerfeld • Ruth Sommerfeld • Saroni Sommerfeld • Walter Sommerfeld • Betty Sondheimer • Hannelore Sondheimer • Karl Sondheimer • Moritz Sondheimer • Eberhard Sondland • Eugen Sondland • Harrie Sondland • Hulda Sondland • Max Sondland • Rosalie Sondland • Wilhelm Sondland • Adolf Sonnenfeld • Ellen Sonnenfeld • Guenter Sonnenfeld • Hans Sonnenfeld • Martha Sonnenfeld • Peter Sonnenfeld • Anny Sonnenschein • Richard Sonnenschein • Rosa Sonnenschein • Alexis Soodak • Lidia Soodak • Olga Soodak • Patiana Soodak • Stephan Soodak • Chana Soroczkin • Lejzer Soroczkin • Antonina Soroka • Nick Soroka • Leonid Sorokin • Max Sostherg • George Sotnichenko • Leenila Souk • Natalia Souk • Svetlana Souk • Anna Souriakoff • Pavel Souriakoff • Beile Soyfer • Fritz Soyfer • Henoch Soyfer • Isidor Spaet • Dora Spanier • Hildegard Spanier • Joseph Spanier • Max Spanier • Karl Spaniermann • Ernestine Spatz • Klara Spechter • Norbert Spechter • Auguste Speier • Emma Speier • Julius Speier • Manfred Speier • Theodor Speier • Willi Speier • Anna Speiser • Dawid Speiser • Edith Speiser • Feige Speiser • Jenny Speiser • Jessel Speiser • Karl Speiser • Max Speiser • Hana Spekling • Jakob Spektor • Ascher Sperber • Sofie Sperber • Imre Sperlinger • Kornelia Sperlinger • Georg Spicker • Sofie Spicker • Ann Spiegel • Aron Spiegel • Cella Spiegel • David Spiegel • Elka Spiegel • Fela Spiegel • Grete Spiegel • Hermann Spiegel • Inge Spiegel • Jakob Spiegel • Lothar Spiegel • Ludwig Spiegel • Nina Spiegel • Rosa Spiegel • Sally Spiegel • Max Spielberg • Hans spieldoc • Ilse Spieldoc • Editha Spieldoch • Emma Spieldoch • Guenther Spieldoch • Hans Spieldoch • Ilse Spieldoch • Alexander Spielmann • Carola Spielmann • Gertrude Spielmann • Josef Spielmann • Karl Spielmann • Rudolf Spiewkowski • Imre Spilzer • Sina Spilzer • Erica Spindel • Otto Spindler • Arnold Spingarn • Klaus Spingarn • Vally Spingarn • Erwin Spira • Fritz Spira • Gisela Spira • Hilda Spira • Marianne Spira • Max Spira • Nathan Spira • Peter Spira • Richard Spira • Sabine Spira • Adele Spitz • Berta Spitz • Egon Spitz • Erich Spitz • Felix Spitz • Karoline Spitz • Charlotte Spitzer • Eugene Spitzer • Franz Spitzer • George Spitzer • Gertrude Spitzer • Hilda Spitzer • Ignaz Spitzer • Isidor Spitzer • Karoline Spitzer • Kurt Spitzer • Leopold Spitzer • Lipe Spitzer • Louise Spitzer • Marianne Spitzer • Oskar Spitzer • Pauline Spitzer • Regina Spitzer • Roman Spitzer • Rosa Spitzer • Sigmund Spitzer • Erich Splitter • Rudolf Sporn • Chaskel Springer • Claire Springer • Hildegard Springer • Max Springer • Kurt Sprinz • Hermann Srulowitz • Klara Srulowitz • Osias Srulowitz • Stefanie Srulowitz • Anna Stafeichuk • Antonina Stafeichuk • Boris Stafeichuk • Gregory Stafeichuk • Tatiana Stafeichuk • Fritz Stahl • Margot Stahl • Gusta Stambler • Helen Stanecke • Alexander Stanovoy • Edith Stappler • Rudolf Stappler • Johann Stauber • Julius Stefansky • Wilhelm Steigerwald • Max Steigmann • Charlotte Steilberg • Siegmung Steilberg • Abraham Stein • Alfred Stein • Artur Stein • Camillo Stein • Cornelia Stein • Edith Stein • Egon Stein • Elfriede Stein • Elly Stein • Ernst Stein • Eugen Stein • Frieda Stein • Gerda Stein • Heinz Stein • Hertha Stein • Julius Stein • Kurt Stein • Leopold Stein • Manfred Stein • Margarete Stein • Marius Stein • Martha Stein • Moritz Stein • Richanrd Stein • Ruth Stein • Therese Stein • Walter Stein • Wilhelm Stein • Baila Steinbach • Marcus Steinbach • Markus Steinbach • Sheindla Steinbach • Grigory Steinberg • Hedwig Steinberg • Helmut Steinberg • Isaak Steinberg • Leo Steinberg • Marianne Steinberg • Natan Steinberg • Olga Steinberg • Otto Steinberg • Paul Steinberg • Robert Steinberg • Willi Steinberg •

Chany Steinberger • Edith Steinberger • Eva Steinberger • Siegfried Steinberger • Ernst Steindler • Friederike Steindler • Adolf Steiner • David Steiner • Egon Steiner • Else Steiner • Felix Steiner • Franziska Steiner • Hans Steiner • Hedwig Steiner • Hermine Steiner • Hilda Steiner • Ignaz Steiner • Jacob Steiner • Josef Steiner • Joseph Steiner • Julius Steiner • Karl Steiner • Kurt Steiner • Leopold Steiner • Lewi Steiner • Lina Steiner • Marianne Steiner • Olga Steiner • Oskar Steiner • Paul Steiner • Regina Steiner • Rudolf Steiner • Sebastian Steiner • Viktor Steiner • Walpurga Steiner • Chana Steinfeld • Wilhelm Steinfeld • Laszlo Steingiesser • Anna Steingraber • Lina Steingraber • Max Steingraber • Jacob Steingut • Friedrich Steinhardt • Leopold Steinhardt • Margarete Steinhardt • Berta Steinhart • Ludwig Steinhart • Eugenie Steinhauser • Jakob Steinhauser • Mary Steinhauser • Moritz Steinhauser • Martha Steinherz • Theodor Steinherz • Alexander Steinitz • Franz Steinitz • Grete Steinitz • Harry Steinitz • Erich Steinmann • Mathilde Steinmann • Siegmund Steinmann • Adolf Steinsberg • Elli Steinsberg • Erich Steinsberg • Albert Steinweg • Else Steinweg • Meta Stempel • Oskar Stempel • Julius Stenger • Emma Stenger • Frieda Stenger • Hans Stenger • Hermann Stenger • Kurt Stenger • Martin Stenger • A.P. Stepanian • Alfred Stern • Arthur Stern • Bejla Stern • Bernhard Stern • Berta Stern • Bruno Stern • Cammilla Stern • Desiderus Stern • Edith Stern • Eduard Stern • Egon Stern • Erich Stern • Eugenie Stern • Flora Stern • Fritz Stern • Hans Stern • Hans Georg Stern • Hedwig Stern • Heinrich Stern • Hermann Stern • Hugo Stern • Irma Stern • Irmgard Stern • Jakob Stern • Jochewit Stern • Johann Stern • Josef Stern • Julius Stern • Kaethe Stern • Kurt Stern • Lisa Stern • Marianne Stern • Marie Stern • Moritz Stern • Nachim Stern • Norbert Stern • Paula Stern • Peter Stern • Regina Stern • Renee Stern • Robert Stern • Siegfried Stern • Sophie Stern • Stella Stern • Susanne Stern • Therese Stern • Walter Stern • Wilhelm Stern • Hermina Sternbach • Auguste Sternberg • Edgar Sternberg • Elise Sternberg • Eugen Sternberg • Gerd Sternberg • Hans Sternberg • Heinrich Sternberg • Hermann Sternberg • Hugo Sternberg • Kurt Sternberg • Louis Sternberg • Lucie Sternberg • Meta Sternberg • Olga Sternberg • Roderich Sternberg • Ruth Sternberg • Victor Sternberg • Walter Sternberg • Walther Sternberg • Clara Sternfeld • F.M. Sternfeld • Leopold Sternfeld • Symcha Sternfeld • Alfred Sternheim • Martha Sternheim • Leo Sternschein • Mariem Sternschein • Siegmund Sternson • Otto Sterzer • Azarja Steuer • Mina Stiasny • Suse Stiassnie • Eduard Stiassny • Irma Stiassny • Greta Stiefel • Max Stiefel • Siegmund Stiefel • Leopold Stieglitz • Karl Stier • Max Stier • Rosa Stier • Susi Stier • Hilda Stignitz • Erna Stiliger • Max Stillschweig • Ruth Stillschweig • Isaak Stobecki • Fritz Stock • Johanna Stock • Richard Stock • Irmgard Stockmann • Leonhard Stodola • Leo Stoerk • Alfred Stoessler • Hugo Stoessler • Anna Stolpin • Max Stolpin • Leon Stolz • Horst Stork • Karl Stork • Linda Stork • Peter Stork • Werner Story • Erich Stransky • Eugenie Stransky • Friedrich Straschitz • Margarete Zeisel-Strassberger • Maximilian Strassberger • Salomon Strassmann • Alfred Strauss • Alice Strauss • Dagmar Strauss • Doris Strauss • Ellen Strauss • Ernst Strauss • Erwin Strauss • Gottfried Strauss • Herman Strauss • Hermann Strauss • Hugo Strauss • Irene Strauss • Johanna Strauss • Josef Strauss • Julius Strauss • Kurt Strauss • Lina Strauss • Malchen Strauss • Markus Strauss • Max Strauss • Noemi Strauss • Richard Strauss • Senta Strauss • Siegmund Strauss • Valerie Strauss • Walter Strauss • William Strauss • Clavdia Streikova • Bettina Streimer • Chaje Streimer • Jeffrey Streimer • Ludwig Streimer • Max Streimer • Samuel Streimer • Maria Strekaloff • Walter Stricks • Wilhelm Stricks • Edith Striemer • Hans Stroh • Kaete Stroh • Lotti Stroh • Anna Stross • Franziska Stross • Hans Stross • Valentina Strujanoff • Vasily Strujanoff • Henka Strummer • Samuel Strummer • Eva Strumpener • Otto Strumpener • Denny Stryer • Erich Stryer • Ida Stueckgold • Martin Stueckgold • Erika Stuhler • Walter Stulz • Viktor Stummer • Adolf Stux • Elsa Stux • Feige Sub • Schase Sub • Margarethe Subert • Viktor Subert •

Philipp Suehs • Leopold Suesser • Emilie Suessholz • Julius Suessholz • Emma Suesskind • Amalie Suessmann • Arnold Suessmann • Ellen Suessmann • Fritz Suessmann • Kaethe Suessmann • Martin Suessmann • Ruth Suessmann • Nicolai Suhanoff • Anastasia Suhanova • Ruth Sultan • Ruth Sumner • Lucie Sundermann • Martha Sundermann • Valentin Sunovsky • Charlotte Suran • Friedrich Suran • Ilse Suran • Olga Surina • Gertrude Susskind • Heinz Susskind • Paul Susskind • Siegfried Susskind • Gertrud Süsskind • Flora Sussmann • Julius Sussmann • Luise Sussmann • Siegbert Sussmann • Theodor Sussmann • A.F. Svhott • David Swidrygalski • Golda Swiecarz • Mororacha Swiecarz • Abraham Swislocki • Masza Swislocki • Norbert Swislocki • Prokopy Sych • Feiwisch Sygal • Sary Sygal • Nathan Sypersztein • Sarolta Syrop • Hanna Szabmann • Jirla Szabmann • Rachmil Szabmann • Basia Szafran • Icek Szafran • Josek Szafran • Codek Szaingarten • Pinchos Szaingarten • Betty Szajnberg • Josef Szajnberg • Nuta Szajnberg • Fiszel Szajniak • Ilse Szamatolski • Kurt Szamatolski • Benno Szanto • Else Szanto • Fritz Szanto • Martha Szanto • Sylva Szanto • Sylvia Szanto • jerzy szapiro • Majer Szapiro • Malka Szapiro • Salomon Szapiro • Serene Szapiro • Szolem Szapiro • Moszek Szaps • Rosa Szaps • Hanski Szattner • Moriz Szattner • Helene Szayntal • Josef Szayntal • Josef Szczytnicki • Pinchos Szebszajewicz • Lejb Szejnbaum • Esther Szekeres • George Szekeres • Peter Szekeres • Kiwa Szewczyk • Anda Szigeti • Bela Szigeti • Jacob Szmuilowicz • Samuel Szmuilowicz • Eljasz Taub Szmul • Hilde Szmulewicz • Jakob Szmulowicz • Samuel Szmulowicz • Nathan Szokaler • Majer Szpryngir • Margarete Szpryngir • Mordechai Szraibman • Pejsach Sztejn • Mowsza Sztejnberg • Izrael Sztiglie • Nachman Sztycer • Nachman Boruch Sztycer • Aisig Szulmann • Ingrid Szwabe • Max Szwabe • Miriom Szwabe • Abram Szwarc • Aleksander Szwarcman • Golda Szwarcman • Josef Szwarcman • Isko Szymszelewicz

T

Wilhelm Tabacnik • Isaak Tabakiman • Wilhelm Tag • Arnold Takacs • Frieda Takacs • Clara Tamler • Andrew Tanayeff • Inna Tand • Irma Tand • Leon Tannenzapf • Minna Tannenzapf • Walter Tannenzapf • Antonina Tantz • Ariadna Tantz • Oleg Tantz • Sergei Tantz • Galina Tarasoff • Maria Tarasoff • Nicolai Tarasoff • Sara Tarmenbaum • Olga Tarnowski • Willy Tarnowski • Leo Tarnowsky • Nadejda Taroshenko • Eugen Tarrasch • Leon Tartakower • Anna Tarvid • Herschel Tatar • Abram Taub • Kurt Taube • Isak Taubenkubel • Henny Taubenschlag •Sieffi Taubenschlag • Ernst Tauber • Harry Tauber • Margarete Tauber • Renolf Tauber • Robert Tauber • Salo Tauber • Schma Tauber • Steffanie Tauber • Zita Tauber • Arthur Tausig • Auguste Tausig • Cacilie Tausig • Franziska Tausig • Fritz Tausig • Gertrude Tausig • Heinz Tausig • Paul Tausig • Viktor Tausig • Ernst Walter Tauss • Erica Willich Taut • George Tchekmareff • Andrey Tchernikh • Agnia Tchijoff • A.N. Tchucha • E.I. Tchucha • I.S. Tchucha • P.I. Tchucha • Eva Teicher • Isaak Teicher • Israel Teicher • Issae Teicher • Johnny Teicher • Selma Teicher • Somer Teicher • Edith Teichner • Vera Telithin • Erwin Teller • Julius Teller • Wally Teller • Abraham Tellner • Fritz Teltscher • Hertha Teltscher • Kitty Teltscher • Said Temiroff • Nadejda Temnikoff • Herbert Tempelberg • Peter Tempelberg • Willy Tempelberg • Calko Tenenbaum • Josef Tenger • Meta Tenger • David Tennenbaum • Dwora Tennenbaum • Alexandra Teper • Ita Teper • M. Terentieff • Adeline Teri • Lilly Teri • Richard Teri • T. Terisia • Ilse Terner • Jakob Terner • Lazar Terner • Leon Terner • Martha Terner • Paula Terner • Sidi Terner • Maria Teutloff • Fredy Thal • Frieda Thal • Salomon Thal • Bernhard Thaler • Gerda Thaler • Klara Thaler • Lea Thaler • Selma Thaler • Margarete Theischer • Irma Thieberberg • Emanuel Thieberger • Theresia Thieberger • Hale Thiemann • Anneliese Thoman • Else Thomas • Paul Thomas • Erich Tichaner • Hanni Tichaner • Margot Tichaner • Siegfried Tichaner • Werner Tichaner • Arthur Tichauer • Berta Tichauer • Emanuel Tichauer • Eva

Tichauer • Hildegard Tichauer • Irma Tichauer • Ruth Tichauer • Walter Tichauer • Adolf Tiefenthal • Ilse Tiefenthal • William Tiefenthal • Herbert Tieger • Pauline Tieger • Chaim Tiferis • Moses Tiffenbrunn • Ekaterina Tikhanoff • Nicolas Tikhanoff • Nikolas Tikhomiroff • Abraham Tikotzky • Gerhard Tikotzky • Wolfgang Tikotzky • Mihail Timony • Cilla Tisch • Willi Tisch • Margot Tischauer • Werner Tischauer • Czarne Tischenkel • Wolf Tischenkel • Alice Tischler • Arthur Tischler • Edith Tischler • Franz Tischler • Herbert Tischler • Helmut Tischler • Irmgard Tischler • Salomon Tischler • Susanne Tischler • Vera Tischler • Nicolai Titoff • Siegfried Toch • Berta Tochten • Ella Tochten • Heinrich Tochten • Isidor Tochten • Johanna Tochten • Moritz Tochten • Lejb Tod • Alexandra Toikach • Konstantin Toikach • Natalia Tokmakoff • Helga Toller • Joachim Toller • Lina Toller • Max Toller • Szmul Tolwinski • Feodor Tomilin • Willy Tonn • Bela Tootenkopf • Felix Tootenkopf • Gerda Tootenkopf • Harry Tootenkopf • Nerbert Tootenkopf • Arthur Topf • Mayer Topor • Mella Topor • Sara Topor • Boris Toporkoff • Inokenty Toporkoff • Henry Topper • Leo Topper • Osias Topper • Salka Topper • Mortiz Tordonski • Valentina Tormakoff • Fedor Toropin • Margarete Toropina • Irma Torunczyk • Jeszua Torunczyk • Herman Totihadze • Erna Toufar • Fritz Toufar • Lilian Toufar • Nicolai Toumanoff • Gittel Trattner • Hersch Trattner • Rosa Trattner • Josef Traub • Erich Trebitsch • Erwin Trebitsch • Gertrude Trebitsch • Hans Georg Treibl • Bronislawa Trepman • Anatoly Tretiakoff • Linda Tretiakoff • Stepan Tretiakoff • Vasili Tretiakoff • Victor Tretiakoff • Maria Tretiakova • Vera Tretiakova • Arnold Triebwasser • Werner Triest • Valerian Trifonoff • Michael Trofimoff • Olga Trofimoff • Tatiana Trofimoff • Valentina Trofimoff • S. Trofimova • Anna Troitsky • Alexandra Troobin • Arseny Troobin • Alexey Truhin • Nadejda Truhina • Albert Trum • Johannes Tschaplizki • Josephine Tschaplizki • Manfred Tschernigow • Anna Tschmul • Binnem Tschmul • Alex Tsehn • Anna Tsehn • Ivan Tsehn • Nikolas Tsehn • Sophia Tsehn • Pavel Tseveloff • Fritz Tuch • Georg Tuch • Harry Tuch • Heinrich Tuch • Hella Tuch • Hugo Tuch • Katharina Tuch • Leon Tuch • Margot Tuch • Martha Tuch • Regina Tuch • Siegmund Tuch • Hans Tuchler • Lilli Tuchler • Gertrud Tuemimel • Regina Tuerk • Rosalia Shoshana Tuetzer • Werner Tuetzer • Josef Tugendhaft • Liche Tugendhaft • Erna Tugendhal • Rudolf Tugendhal • Antonie Tuschak • Fritz Tuschak • Otto Tutsch • Vera Tutsch • Josef Tuttmann • trudchen Tuttmann • Gerhard Tutzer • Joachim Tutzer • Rosel Tutzer • Wincenty Twierski • Szoel Tyk • Friedel Tytrasch

Samuel Ucko • Helen Ufimtzeff • Kapitalina Ufimtzeff • R. Uhlich • Karl Uhlmann • Gertzel Ulizaika • Sophie Ulizaika • Leo Ulmann • Hugo Ulmer • Sofie Ulmer • Boruch Ulrych • Mayer Uminsky • Taube Uminsky • Vladimir Umshanoff • Albert Ungar • Anny Ungar • Friedrich Ungar • Albert Unger • Anneliese Unger • Bernhard Unger • Eva Ungar • Edith Unger • Gella Unger • Gertrud Unger • Horst Henry Unger • Julius Unger • Malvine Unger • Margarete Unger • Marie Unger • Wilhelm Unger • Willy Unger • Alice Urbach • Irene Urbach • Josef Urbach • Lucian Urbach • Stephanie Urbach • Theodor Urbach • Ernest Urman • Judy Urman • Max Urman • Olga Urman • Alexander Usanoff • Boris Usanoff • Lidia Usanoff • Vera Usanoff • Aron Uvadieff • Naphtal Uvadieff • Nihama Uvadieff

Nicolas Vajenin • Frieda Valder • Herhard Valentin • Peter Valentin • Regina Valentin • Abdul Valitoff • Selma Lewinthal-Van • Waldemar Varatchev • Raissa Varatcheva • Daria Varavina • A.A. Varnel • Heinz Vasen • Irma Vasen • Moritz Vasen • Otto Vasen • Walter Vasen • Hionia Vasilikovsky • Nikolai Vasilikovsky • Dora Vassilieff • Michael Vassilieff • Natalia Vassilieff • Nicolas Vassilieff • Nikcolas Vassilieff • Lydia Vassiliena • A.P. Vedensky • N.D. Vedensky • Esther Veinerman • Ran Veinerman • Elizabeth Veltman • Jeam Veltsky • Alise Versz • Leo Versz • Vasily Verzolovich • Arthur Vetoe

• Marion Victor • Max Victor • Ruth Victor • Martha Vielgut • Otto Vielgut • Josephine Violin • Daria Vishenskaya • Efroim Vishnevsky • Julia Vishnevsky • Sergej Vishnewsky • Tatiana Vishnevsky • Uzef Viun • Valentina Viun • Yuzepha Viun • Maria Vlcek • Arnold Vogel • Asher Vogel • Erna Vogel • Fritz Vogel • Gerhard Vogel • Gertrud Vogel • Leopoldine Vogel • Maria-Edith Vogel • Rebeka Vogel • Rudolf Vogel • Walter Vogel • Hanni-Lore Vogelweid • Matilda Volofoff • J. Volokitina • Vladimir Voloshin • Anna Voloshina • Zinaida Voloshina • Nikita Volosniakoff • Fedosia Volosnikova • Albert Voos • Dimitry Voronin • Eudokia Voronin • Nicolai Voronin • Lubov Voronjcva • Efim Voronoff • Iliador Voropay • Josef Vos • Anna Voticka • Vera Voticka • Arnold Voticky • Milan Voticky

ש Hilde Wabnitz • Elisabech Wachiel • Ernst Wachiel • Ludwig Wachsberger • Erich Wachsmann • Gertrud Wachsmann • Ruth Wachsmann • Alice Wachsner • Artur Wachsner • Else Wachsner • Franz Wachsner • Gerta Wachsner • Lutz Wachsner • Steffi Wachsner • Trixie Wachsner • Anita Wachtel • Frieda Wachtel • Friedrich Wachtel • Jakob Wachtel • Lily Wachtel • Sofie Wachtel • Stella Wachtel • Manni Wachterkong • Markus Wachterkong • Mishet Wachterkong • Siegfried Wachterkong • Sonja Wachterkong • Debora Wacs • Henia Wacs • Ilie Wacs • Moritz Wacs • Aurelia Wagenberg • Hermann Wagenberg • Paul Wagenberg • Guntter Wagner • Hans Wagner • Arthur Wagowski • Betty Wagowski • Clara Wagschal • Siegmund Wagschal • Alma Wahlgren • Paul Wahrburg • Rita Wahrburg • Ygnacy Wahrhaftig • Anszel Wainhauz • Romuald Waisman • Victoria Waisman • Angrel Wajnhaiz • Moszek Wajntraub • Mendel Wajs • Maraka Wajser • Abram Wajzer • Josefine Wajzer • Arnold Walach • Israel Walach • Norbert Walach • Ruchla Walach • Dorothea Waldbaum • Harry Waldbaum • Otto Waldbaum • Cila Walden • Hirsh Walden • Meno-Moses Walden • Selma Walder • Adolf Waldmann • Erich Waldmann • Gustav Waldmann • Leopold Waldmann • Margarete Waldmann • Marta Waldmann • Martin Waldmann • Chaim Walkin • Chaya Walkin • Cila Walkin • Moshe Walkin • Shmuel Walkin • Arnold Wallach • Margot Wallach • Heinz Wallerstein • Else Wallfisch • Kurt Wallfisch • Adele Wallis • Leopold Wallis • Ludwig Wallis • Sofie Wallis • Willibald Wallis • Friedrich Wallisch • Gertrud Wallisch • Max Wallisch • Fritz Walter • Gabriete Walter • Holdesard Walter • Robert Walter • Benjamin Wamberger • Laura Wamberger • Rafael Wang • Fanni Wank • Johanna Wank • Jose Wank • George Warner • Sara Warner • Erwin Warschauer • Eva Warschauer • Gerda Warschauer • Ludwig Warschauer • Max Warschauer • Ralph Warschauer • Arnold Warschawski • Doris Warschawski • Editha Warschawski • Ella Warschawski • Grete Warschawski • Max Warschawski • Frid Wartenberger • Heinz Wartenberger • Horst Wartenberger • Marga Wartenberger • Margot Wartenberger • Walter Wartenberger • Morduch Wasilski • Lucie Wasserman • Meyer Wasserman • Hedwig Wassermann • Heinz Wassermann • Inge Wassermann •Julius Wassermann • Leo Wassermann • Leon Wassermann • Lina Wassermann • Rosa Wassermann • Wilhelm Wassermann • Gerty Waszkoutzer • Lyba Waszkoutzer • Moses Waszkoutzer •Helene Weber • Josef Weber • Mordko Weber • Roschen Weber • Simon Weber • Alfred Wechsler • Edith Wechsler • Ernst Wechsler • Hermann Wechsler • Ilona Wechsler • Karl Wechsler • Moritz Wechsler • Samuel Wechsler • Sidonie Wechsler • Wilhelmine Wechsler • Max Wegsmann • Eugenie Wehle • Margarethe Wehle • Norbert Wehle • Oskar Wehle • Fritz Weich • Gertrud Weich • Isidor Weichbrodt • Meta Weichbrodt • Werner Weichbrodt • Sanel Weichselbaum • Joseph Weidler • Rita Weidler • Henry Weihl • Lyda Weihl • Rahel Weihl • Ruth Weihl •Adolf Weihs • Alfred Weihs • Edith Weihs • Elsa Weihs • Fritz Weihs • Gisela Weihs • Paul Weihs • HAns Weihsenstein • Felix Weikerheimer • Alfred Weil • Arthur Weil • Fritz Weil • Gert Weil • Isidor Weil • Leo Weil • Ludwig Weil • Otto Weil • Richard Weil • Rosa Weil • Sally Weil • Theophil Weil •

Wilhelm Weil • Gerhard Weile • Ruth Weile • Edmund Weiller • Berthold weinbach • Israel Weinbach • Kurt Weinbach • Rachel Probst Weinbach • Curt Weinbaum • Adolf Weinberg • Alexander Weinberg • Alfred Weinberg • Alice Weinberg • Arthur Weinberg • Edith Weinberg • Fritz Weinberg • Gertrud Weinberg • Heinrich Weinberg • Hugo Weinberg • Irma Weinberg • Joachim Weinberg • Johanna Weinberg • Kurt Weinberg • Ludwig Weinberg • Malwine Weinberg • Mathilde Weinberg • Moritz Weinberg • Sabine Weinberg • Sara Weinberg • Ursel Weinberg • Georg Weinberger • Ignaz Weinberger • Julius Weinberger • Otto Weinberger • Paul Weinberger • Richard Weinberger • Rosa Weinberger • Sophie Weinberger • Anni Weinblum • Jakob Weinblum • Leiser Weinblum • Max Weinblum • Paula Weinblum • Pessa Weinblum • Siegfried Weinblum • Ettel Weindling • Josef Weindling • Sara Weindling • Berta Weiner • Elisabeth Weiner • Ernst Weiner • Frieda Weiner • Hansi Hoffmann-Weiner • Johanna Weiner • Max Weiner • Otto Weiner • Paul Weiner • Theodor Weiner • Walter Weiner • Wilhelm Weiner • Hilde Weiniger • Kurt Weiniger • Peter Weiniger • Richard Weininger • Stanislaw Weinkiper • Bazar Weinmann • Desiderius Weinmann • Emil Weinmann • Marie Weinmann • Melanie Weinmann • Lazar Weinraub • Beer Weinstein • Bertha Weinstein • Chaim Weinstein • Elfriede Weinstein • Fanny Weinstein • Fritz Weinstein • Georg Weinstein • Heinrich Weinstein • Jutta Weinstein • Kurt Weinstein • Machla Weinstein • Sigurd Weinstein • Alice Weinstok • David Weinstok • Susanna Weinstok • David Weintraub • Gerhart Raduk Weintraub • Stanislas Weintraub • Stanley Weintraub • Thea Klein Goldman Weintraub • Emil Weinwurm • Alfred Weirner • Magoa Weis • Richard Weis • Dorit Weiser • Gertrude Weiser • Hans Weiser • Robert Weishut • Fanny Weisinger • Julius Weisinger • Adalbert Weiss • Adolf Weiss • Alfred Weiss • Alice Weiss • Anna Weiss • Arnold Weiss • Arthur Weiss • Aurelia Weiss • Bela Weiss • Blanka Weiss • Caecilie Weiss • Dorothea Weiss • Edith Weiss • Egon Weiss • Elisabeth Weiss • Else Weiss • Eric Weiss • Erich Weiss • Erna Weiss • Ernestine Weiss • Ernst Weiss • Eva Weiss • Franz Weiss • Fredric Weiss • Friedrich Weiss • Fritz Weiss • Gisela Weiss • Gustav Weiss • Hadda Weiss • Hans Weiss • Hermine Weiss • Hilde Weiss • Ilse Weiss • Jenny Weiss • John Michael Weiss • Jorefa Weiss • Kurt Weiss • Leo Weiss • Lizzi Weiss • Manfred Weiss • Margarete Weiss • Nacha Weiss • Nobbert Weiss • Olga Weiss • Otto Weiss • Paul Weiss • Regina Weiss • Richard Weiss • Robert Weiss • Rosa Weiss • Ruth Weiss • Sabine Weiss • Siegfried Weiss • Sigmund Weiss • Walter Weiss • Werner Weiss • Minna Weissbartlf • Selma Weissbaum • Edith Weissberger • Edwin Weissberger • Hildegard Weissblum • Siegfrid Weissblum • Alfred Weissenberg • Georg Weissenberg • Jetty Weissenberg • Jolan Weissenberg • Markus Weissenberg • Martha Weissenberg • Paul Weissenberg • Robert Weissenberg • Abraham Weissfisch • Lassar Weissfisch • Alice Weisskopf • Ernst Weisskopf • Richard Weisskopf • Ursula Weissman • Gerhard Weissmann • Ilse Weissmann • Johann Weissmann • Marcel Weissmann • Rudolf Weissmann • Ursula Weissmann • Bine Weisstein • Moses Weisstein • Bela Weisz • Charlotte Weisz • Edith Weisz • Ernst Weisz • George Weisz • Grete Weisz • Hermann Weisz • Irma Weisz • Lina Weisz • Max Weisz • Nelly Weisz • Olga Weisz • Otto Weisz • Paul Weisz • Risa Weisz • Rosa Weisz • Rubert Weisz • Rudolf Weisz • Salomon Weisz • Walter Weisz • Wilhelm Weisz • Doris Weitz • Frymet Weitz • Joel Weitz • Michal Weitz • Noah Weitz • Rosa Weitz • Edith Weitzmann • Josef Weitzmann • Viktor Weitzmann • Chaim Weitzner • Ingeborg Weitzner • Ekan Weizberger • Johanna Weizberger • Eugen Weldler • Fany Werbel • Friedrich Weldler • Hermann Weldler • Toni Weldler • Hannah Weller • Isaac Weller • Jeuta Weller • Alice Welsch • Erich Weltner • Lilly Alice Weltner • Willy Weltner • Willy Welzer • Curt Wendriner • Ernest Wendriner • Martin Wendriner • Ruth Wendriner • Carl Wenger • Hertha Wenger • Ernestine Wengraf • Julius Wengraf • Fritzi Wenkert • Izak Wenkert • Roza Wenkert • Kurt Wenschek • Magdalene Wenschek • Chaim Werbel • Gerda

Werchssner • Harry Werchssner • Steffi Werchssner • Horst Wermuth • Paul Wernberger • Geza Werner • Gisela Werner • Heinz Werner • Julie Werner • Oskar Werner • Paul Werner • Richard Werner • Ruth Werner • Jakub Wertans • Judzif Wertans • Nina Wertans • Adolf Wertheim • Alfred Wertheim • Chase Wertheim • Gisela Wertheim • Heinrich Wertheim • Sandor Wertheim • Anna Wertheimer • Antonie Wertheimer • Leo Weschler • Helene Wertheimer • Hildegard Wertheimer • Jacques Wertheimer • Josef Leo Wertheimer • Leo Wertheimer • Otto Wertheimer • Rudolf Wertheimer • Paula Weschler • Albert Wesel • Oskar Wesel • Hans Wessely • Kurt Wessely • Lea Wessely • Benno Wessolowski • Max Wetterhahn • Klaus Wessolowski • Lina Wessolowski • Susan Westheimer • Heinrich Westphal • Karl Wetter • Hildegard Wetzlar • Theodor Wetzlar • Siegfried Wezlar • Peter Wiatkin • Edith Wickelholz • Josefine Wickelholz • Kurt Wickelholz • Moritz Wickelholz • Siegmund Wickelholz • Abraham Wicznewski • Elisabeth Wicznewski • Berthold Widder • Emil Wiehl • Adolf Wiener • Babette Wiener • Charlotte Wiener • Else Wiener • Friedrich Wiener • Fritz Wiener • Ida Wiener • Anna Wigdor • Lore Maria Wiener • Paul Wiener • Peter Wiener • Rosa Wiener • Ursula Wiener • Walter Wiener • Moszek Wiernir • Paul Wieruszunski • Ernst Wiesel • Herschel Wiesen • Jenny Wiesen • Edit Wilk • Renate Wiesen • David Wiesenfeld • Sheina Wiesenfeld • Sonja Wiesenfeld • Martin Wigdor • Hermann Wikowski • Margot Wikowski • Jakob Wilczek • Henryk Wilczer • Fabian Wilczinski • Harry Wilczinski • Lili Wilde • Samuel Wilde • Ernestina Wildstoser • Hermann Wildstoser • Siegmund Wildstoser • Chana Wilenski • Girsz Wilenski • Szmuild Wilenski • Gert. Wilgurski • Helene Wilgurski • Max Wilgurski • Ernst Wilhelm • Hans Wilk • Denny Wilkovoski • Nora Wilkovoski • Vera Wilkovoski • Leopold Wilkovski • Luise Wilkovski • Charlotte Will • Gester Will • Günter Will • Jacob Will • Julia Will • Josef Willdorff • Rene Willdorff • Friedericke Willer • Julius Willer • Franz Willheim • Irma Willheim • Erna Willinger • Adele Willner • Ester Willner • Ethel Willner • Morris Willner • Nathan S. Willner • Olga Willner • Aria Wilner • Karl Wilner • Regina Wilner • Robert Wilner • Julianna Wiloszan • Fritz Wilt • Ida Wilt • Jacob Wilzig • Moritz Wilzig • Sara Wilzig • Theodor Wilzig • Willi Wilzig • Ernst Wimmer • Erwin Wimmer • Hanna Wimmer • Lotte Wimmer • Marie Wimmer • Mojzesz Wind • Rita Wind • Srul Windgrad • Moritz Windmueller • Frieda Windstrauch • Moses Windstrauch • Siegmund Windstrauch • Abram Winer • Hedwig Winkler • Hugo Winkler • Lina Winkler • Nathan Winkler • Paula Winkler • Albert Winter • Auguste Winter • Berek Winter • Egon Winter • Else Winter • Eva Winter • Georg Winter • Gertrude Winter • Helmut Winter • Hermann Winter • Johann Winter • Johanna Winter • Josef Winter • Julie Winter • Kurt Winter • Ludmila Winter • Oskar Winter • Rudolf Winter • Tobias Winter • Herbert Winterberg • Karl Winterberg • Marie Winterberg • Heinz Winterfeld • Leo Winterfeldt • Max Winterfeldt • Carl Winternitz • Melanie Winternitz • Frieda Winterstern • Henry Winterstern • Herbert Winterstern • Alfred Winzer • Helene Winzer • Eugen Wisch • Georg Wisch • Gerda Wisch • Arno Wischtinetzky • Eilen Wischtinetzky • Herta Wischtinetzky • Ingrid Wischtinetzky • Leo Wischtinetzky • Lejbko Wisniewski • Elvira Wiszniak • Hermann Wiszniak • Ilse Wiszniak • Ela Witelson • Szlama Witelson • Szmul Witelson • Klaus Witkowski • Lutz Witkowski • Gustav Witt • Alfred Wittenberg • Benno Wittenberg • Else Wittenberg • Georg Wittenberg • Gitta Wittenberg • Hejmann Wittenberg • Hirsch Wittenberg • Jutta Wittenberg • Klara Wittenberg • Klaus Wittenberg • Max Wittenberg • Paula Wittenberg • Willia Wittenberg • Annie Felicitas Witting • Georg Witting • Marion Ellen Witting • Peter Heinz Witting • Geuilge Wittmann • Josef Wittmann • Rudolf Wittmann • Alice Wobser • Ludwig Wobser • Frieda Wodicka • Ludwig Wodicka • Guenter Wohl • Gustav Wohl • Helene Wohlauer • Edith Wohlgemuth • Max Wohlgemuth • Hermann Wohlkoenig • Therese Wohlkoenig • Minna Wohlmann • Arnold Wohlstein • Hilde Wohlstein • Olga Wohlstein • Inge Wohrisek •

Josef Wohrisek • Stella Wohrisek • Ella Wohryzek • Abraham Woikowitz • Minna Woikowitz • Rosa Woikowitz • Hildegard Woislanski • Irmgard Woislanski • Peter Woislanski • Zelik Woislanski • Jehude Wojdeslawski • Anneliese Wolf • Benno Wolf • Donat Wolf • Egon Wolf • Ellen Wolf • Elsa wolf • Ernst Wolf • Hany Wolf • Heinz Wolf • Henriette Wolf • Henry Wolf • Hertha wolf • Hugo Wolf • Isaak Wolf • James Wolf • Kate wolf • Katharina Wolf • Kurt Wolf • Margarete Wolf • Marion Wolf • Martha Wolf • Mary Wolf • Herta Wolf • Nelly Wolf • Nuchim Wolf • Paula Wolf • Selma Wolf • Siegfried Wolf • Sysla Wolf • Anna Wolfenstein • Ignaz Wolfenstein • Ameliese Wolfers • Fritz Wolfers • Adolf Wolff • Anita Wolff • Annliese Wolff • Arthur Wolff • Artur Wolff • Bela Wolff • Berta Wolff • Charlotte Wolff • Curt Wolff • Denny Wolff • Edith Wolff • Eduard Wolff • Eleonore Wolff • Elisabeth Wolff • Emil Wolff • Emmy Wolff • Erich Wolff • Erna Wolff • Ernst Wolff • Erwin Wolff • Eva Wolff • Evelyne Wolff • Flora Wolff • Friedrich Wolff • Frokmand Wolff • Gerda Wolff • Gertrud Wolff • Gittel Wolff • Gunther Wolff • Gustav Wolff • Hanna Wolff • Hans Wolff • Hedwig Wolff • Heinz Wolff • Herbert Wolff • Herta Wolff • Ida Wolff • Isidor Wolff • Jenny Wolff • Johanna Wolff • Julius Wolff • Kaete Wolff • Karl Wolff • Kaete Wolff • Kate Wolff • Kurt Wolff • Leni Wolff • Leopold Wolff • Lillian Wolff • Lotte Wolff • Louis Wolff • Luise Wolff • Manfred Wolff • Margot Wolff • Maria Wolff • Max Wolff • Meta Wolff • Michaelis Wolff • Peter Wolff • Rose Wolff • Rudi Wolff • Rudolf Wolff • Ruth Wolff • Sally Wolff • Siegfried Wolff • Theodor Wolff • Walli Wolff • Werner Wolff • Wilhelm Wolff • Julius Wolffberg • Eva Wolffheim • Karl Wolffheim • Charlotte Wolfshaut • Emil Wolfshaut • Charlotte Wolfskehl • Martin Wolfskehl • Anna Wolfsohn • Anni Wolfsohn • Armand Wolfsohn • Edith Wolfsohn • Erna Wolfsohn • Fenny Wolfsohn • Fritz Wolfsohn • Jeanette Wolfsohn • Renate Wolfsohn • Robert Wolfsohn • Yoko Wolfson • Norbert Wolkowitz • Sally Wollheim • Hilda Wollmann • Otto Wollmann • Bruno Wollstein • Ella Wollstein • Fritz Wollstein • Gertrud Wollstein • Kurt Wollstein • Leo Wollstein • Margot Wollstein • Marta Wollstein • Maximilian Wollstein • Ria Wollstein • Siegbert Wollstein • Werner Wollstein • Willi Wollstein • Benjamin Wolmark • Chana Wolmark • Israel Wolmark • Szmul Wolmark • Erika Wolpert • Evelyn Wolpert • Viktor Wolpert • Margrete Wood • Peggy Wood • Hildegard Worm • Manfred Worm • Wolfgang Worm • Lydia Worms • Oskar Wortmann • Julie Wossings • Edith Wotizky • Harry Wotizky • Alois Wotzasek • Gertrud Wotzasek • Johanna Wotzasek • Nina Wotzasek • Oskar Wotzasek • Max Woyde • Gisela Wozasek • Leopold Wozassek • Debora Elka Wozassel • Mira Wreschmer • Beila Wroclawski • Isser Wroclawski • Martha Wroclawski • Rose Wroclawski • Claire Wronker • Rudolf Wronker • Charlotte Wulff • Erika Wulff • Evalore Wulff • Hermann Wulff • Klaus Wulff • Fanny Wunderlich • Felix Wunderlich • Karl Wunderlich • Kurt Wunderlich • Susi Wunderlich • Gertrud Wunsche • Martin Wurzburg • Ingrid Wyan • Margot Wyan • Salomon Wyan • Chaim Wysokier

N.G. Yablokova • Igor Yakounin • Ivan Yakounin • Nina Yakounina • Varvara Yakounina • Paul Yamschikoff • Elena Yarkova • Mark Yaron • Syla Yasinova • Isaak Yasinover • Marian Yasinover • Clara Ybardolaza • Alexander S. Ylinsky • A. Yookoff • Gleb Yookoff • V. Yookoff • E.S. Yookova • V. Yookova • Sergei Yurchenko

Jankiel Zabare • Joseph Zabare • Wolf Zabielowicz • Jankiel Zablicki • Aron Zablocki • Makar Zabrodin • Evdokia Zabusky • Alfred Zacharias • Hanspeter Zacharias • Hildegard Zacharias • Irmgard Zacharias • Karin Zacharias • Leo Zacharias • Arthur Zadeik • Gertrud Zadeik • Berko Zafran • Nicolai Zagainoff • Alexander Zagriachsky • Alexandrew Zagriachsky • Valentina Zagriachsky • Khoussain Zairoff • Josef Zaitschek • Aba Zajac • Dawid Zajdband • Chaim Zak • Izrael Zakulnik • Jakob Zalc • Abram Zalcgendler • Idel

Zalcman • Ernestine Zalman • Lipa Zalman • David Zalusky • Gertrude Zalusky • Kaethe Zalusky • Moritz Zalusky • Stella Zalusky • Vera Zalusky • Berl Zamotre • Heinz Zamoyre • Olga Zamoyre • Georg Zander • Johanna Zander • Norbert Zander • Selma Zander • Gisela Zangen • Helene Zangen • Isidor Zangen • Aron Zankier • Nadejda Zaplatina • Arthur Zappler • Georg Zappler • Maria Zappler • Hersz Zarkowski • Ekeria Zaspanova • Alfred Zatharias • Hanspeter Zatharias • Hildegard Zatharias • Karin Zatharias • Leo Zatharias • Bella Zatz • Esthen Zatz • Esther Zatz • Paul Zauer • Galia Zavislak • Olga Zavislak • Hanna Zeidler • Jassmann Zeidler • Lotte Zeidler • Paul Zeidler • Rolf Zeidler • Rudolf Zeidler • Buium Zeilig • Henriette Zeilig • Alfred Zeilinger • Elisabeth Zeilinger • Felix Zeilinger • Victor Zeisel • Hans Zeisner • Otto Zekendorf • Aba Zelcer • Grace Zelinka • Hans Zelinka • Rudolf Zelinka • Heila Gitla Zell • Sally Zeller • Ephraim Zellermayer • Flora Zellermayer • Lina Zellermeyer • Kaijla Zelman • Singel Zelman • Dimitry Zemliakoff • Timofei Zenin • Georg Zerkowitz • Else Zernik • Helmut Zernik • Herbert Zernik • Max Zernik • Wilhelm Zernik • Charlotte Zilbersain • Ilse Zilbersain • Salomon Zilbersain • Zuzena Zilova • Flora Zimak • Leopold Zimak • Artur Zimmermann • Basia Zimmermann • Cilly Zimmermann • Erich Zimmermann • Guenther Zimmermann • Herbert Zimmermann • Ida Zimmermann • Manfred Zimmermann • Markus Zimmermann • Rita Zimmermann • Walter Zimmermann • Fritz Zimut • Herbert Zimut • Kita Zimut • Sophie Zimut • Alfons Zinkower • Herbert Zinner • Magdalena Zinner • Erich Zipper • Josef Zipper • Malvine Zipper • Henriette Zippert • Hugo Zippert • Margot Zippert • Artur Zirker • Frida Zirker • Maria Zisenko • N.I. Zisenko • Uban Zisenko • Ajzyk Zlates • Elise Zlotnicki • Harry Zlotnicki • Herta Zlotnitzki • Nathan Zlotnitzki • Izrael Znamirowski • Leonia Znamirowski • Symcha Znamirowski • Artur Zobel • Caesar Zobel • Erna Zobel • Leo Zobel • Wolf Zojmen • Felicia Zoldester • Frieda Zoldester • Johanna Zollnep • Klaus Zollnep • Leo Zollnep • Liselotte Zollnep • Alexander Zolotareff • Evgraf Zolotareff • Trofin Zolotareff • Vera Zolotareff • Aza Zolotareva • Maria Zolotareva • Nikolai Zolotoochin • Anastasia Zorenkoff • Vladimir Zorin • Vladimir Zoukakin • Vera Zoukakina • Zoukakina • Ekaterina Zrnecko • Franz Zrnecko • Irene Zsoobodor • Boris Zubrovsky • Arthur Zucker • Ernst Zucker • Siegfried Zucker • Therese Zucker • Anna Zuckermann • Deborah Zuckermann • Elly Zuckermann • Georg Zuckermann • Leander Zuckermann • Luise Zuckermann • Lutzi Zuckermann • Moritz Zuckermann • Alfred Zunterstein • Eva Zunterstein • Hildegard Zunterstein • Josef Zunterstein • Stella Zunterstein • Moshe zupnik • Ivan Zurak • Symcha Zurawin • Gustav Zurndorfer • Vladimir Zvirgzde • Helene Zweig • Moritz Zweig • Elisabeth Zwicker • Georg Zydower • Leib Zylberberg • Leonia Zylberman • Lipa Zylberman • Josef Zylberstein • Zelda Zylberstein • Hermann Zylbersztejn • Chil Menachem Zynger • Oskar Zyodwer • Ermolai Zyrianoff • Katherina Zyrianova • Maria Zyrianova • Vigdor Zyskand • Chaim Gabriel Zyskind • Abram Zytman • Mejer Zywica

图书在版编目（CIP）数据

上海名单：我和上海犹太难民名单墙的故事 / 何宁著 . -- 上海：上海社会科学院出版社，2019
ISBN 978-7-5520-2689-4

Ⅰ . ①上… Ⅱ . ①何… Ⅲ . ①散文集－中国－当代
Ⅳ . ① I267

中国版本图书馆 CIP 数据核字 (2019) 第 024281 号

上海名单：我和上海犹太难民名单墙的故事

何　宁 著

责任编辑：章斯睿
装帧设计：北京诗雅颂文化传媒有限公司
出版发行：上海社会科学院出版社
地　　址：上海顺昌路 622 号　　邮　　编：200025
电话总机：021-63315900　　销售热线：021-53063735
http://www.sassp.org.cn　　E-mail：sassp@sass.org.cn
印　　刷：上海景条印刷有限公司
开　　本：787x1092 毫米 1/16 开
印　　张：16.5
字　　数：250 千字
版　　次：2019 年 6 月第 1 版　2019 年 6 月第 1 次印刷

ISBN 978-7-5520-2689-4/I.319　　**定　　价**：128.00 元